원하시는 성과와 사람까지 얻는
성공적인 협상 하시기 바랍니다.
류재언드림.

류재언 변호사의
협상바이블

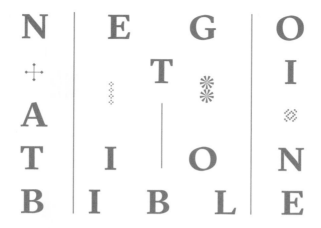

류재언 변호사의
협상바이블

협상이 불안한 당신을 위한
12가지 솔루션

류재언 지음

라이프레코드

아내 한이에게,
이 책을 바친다.

＊

글로벌 협상 테이블에서 크고 작은 협상을 경험하며, 협상의 본질을 꿰뚫는 눈과 노련한 협상기술이 비즈니스의 성공에 필수적임을 알 수 있었다. 이 책은 저자가 오랜 기간 쌓아온 실전 경험을 기반으로 협상에 관한 다양한 인사이트를 사려 깊게 기술해둔 책이다. 성공적인 비즈니스를 원한다면, 꼭 한번 읽어 보길 권한다.

SK바이오팜 이동훈 대표

류재언 변호사는 국내에서 가장 믿을 만한 협상전문가다. 그의 이야기에 귀기울이다 보면 협상이 단순한 대화 스킬이 아닌 철저한 상호 신뢰와 배려 끝에 나오는 결과물이라는 것을 깨닫는다. 이 책은 단 한번의 협상으로 단기적 이익을 얻으려는 사람보다 장기적인 안목으로 오랫동안 성공적인 비즈니스를 꿈꾸는 사람들에게 더 많은 지혜와 인사이트를 줄 것이다.

퍼시스홀딩스 손태희 사장

체계적이다. 그리고 놀랍도록 직관적이다. 협상의 원칙과 기술에 대한 최고의 실전 지침서로 손색이 없다. 『류재언 변호사의 협상 바이블』을 정독한 후, 나는 수없는 협상 테이블에서 확신을 가지고 임할 수 있었다. 이 책을 통해 당신의 협상력은 한 차원 높아질 것이다. 하지만 이 책의 존재를 아는 사람이 적을수록 당신에게 더 유리할 것이다.

육아용품 코스닥 상장기업 꿈비 박영건 대표

이 책을 통해 알게 된 두 가지 진실이 있다. 하나는 협상은 늘 우리 일상에 존재한다는 것, 그리고 또 다른 하나는 협상의 본질이 승패가 아니라 상생이란 사실이다. 우리는 크고 작은 순간마다 무언가를 조율하고 타협하며 살아간다. 이 책은 협상을 특별한 능력이 아닌, 더 나은 관계를 위한 필수적인 대화의 기술로 풀어낸다. 결국 협상은 나를 알고 상대를 이해하며, 함께 나아가기 위한 과정이다. 『류재언 변호사의 협상 바이블』은 우리에게 협상이라는 언어로 세상과 소통하는 법을 가르쳐준다.

세바시 구범준 대표 PD

사실 우리는 생각보다 자주 협상 테이블에 앉는다. 채용부터 투자유치까지, 때론 제휴 논의에서도 나는 이 책을 떠올린다. 류재언 변호사는 긴 관점에서 이기는 법, 웃으며 악수할 수 있는 법을 가르쳐준다. 여유있는 미소로 협상 테이블에 앉고 싶은 분들께 추천한다.

롱블랙 운영사 타임앤코 임미진 대표

선물 같은 책이다. 개인적으로는 협상이 우리의 삶에 무기가 된다는 사실을 일깨워준 책이기도 하다. 디테일한 협상 기술은 물론이고, 협상이라는 과정을 통해 사람과 사람 사이에 신뢰를 쌓고 관계를 만들어가는 방법까지 깨우치게 된다. 어려운 상황에서도 상대방과 함께 웃을 수 있는 협상의 비밀을 알고 싶다면 이 책을 읽어보기 바란다.

글로벌 자동차 부품기업 CTR그룹 강상우 부회장

✳

지난 수년간『류재언 변호사의 협상 바이블』은 꾸준한 사랑을 받았다. 대단한 책이 아님에도 진심을 담아 응원을 보내주신 독자분들에게 이 글을 빌려 깊은 고마움을 전한다. 그리고 독자분들에게 조금이라도 도움이 되면 좋겠다는 마음으로 전면 개정판을 준비했다.

중요한 협상 사례들을 더해서 개정했고, 실전 협상에 활용할 수 있도록 협상 원칙들을 더욱 세밀하게 기술했다. 협상은 철저히 현실에 기반을 둔 실용 학문이기에 끊임없이 바뀌고 발달한다. 그동안 협상을 잘 안다고 생각해왔지만, 이번 개정판을 준비하며 또 한 번 겸손해진 이유도 그 때문이다.

변화무쌍한 흐름 속에서 파도가 아닌 바람을 바라보는 관점을 갖길, 한 번 이기고 적을 만드는 협상이 아니라 지속적으로 내 편을 만드는 협상을 해나가길, 궁극적으로 타인에 의존한 협상이 아닌 나다운 협상을 해나갈 수 있길 기대해본다.

독자분들 모두가,
나다운 협상을 해나가길 바라며.

테헤란 사무실에서

협상이 불안한 당신에게

＊

변호사가 된 후 처음 비즈니스 협상 테이블에 나갔던 날이 또렷하게 기억난다. 상대방은 나보다 경험이 많았고 더 잘 준비된 것처럼 보였다. 내가 할 수 있는 최선의 준비를 다해서 갔다고 생각했지만 막상 협상 테이블에 들어서니 노련한 상대방에게 조금씩 밀리는 느낌이 들었다. 협상 테이블에서 그런 느낌이 들수록 나는 상대방에게 밀리지 않기 위해 과장해서 행동하고 더 강경하게 맞받아쳤다. 지금 생각해보면 지지 않기 위해 발버둥치는 협상을 하고 왔던 것 같다.

식은땀 흐르는 8시간의 협상을 마치고 온몸에 진이 다 빠져서 사무실로 터벅터벅 돌아오는데, 피곤함보다는 다음 날 협상에 대한 불안함이 더 컸다. 저녁을 먹는 둥 마는 둥 하고 다시 계약서를 들여다보며 다음 날 협상을 준비했다.

돌이켜보면 나에게 협상은 늘 불안의 감정과 맞닿아 있었다. '협상 테이블에 들어서기 전, 어떻게 하면 내가 가진 불안감을 떨쳐낼 수 있을까'에 대한 고민이 내가 이제껏 수년간 협상을 연구하게 된 가장 큰 동기였다. 그리고 그 불안의 근원에 대해 오랫동안 고민해왔다.

> 당신은 운전을 해서 출퇴근하는 시간보다
> 협상을 하는 데 더 많은 시간을 쓴다.

『지성과 감성의 협상 기술』의 저자인 리 톰슨Leigh L. Thompson 교수가 한 말이다. 우리는 매일같이 협상을 한다. 하지만 그동안 누구에게도 협상을 배워본 적이 없었다. 초중고 교육과정은 물론이고, 대학교에서도 협상을 가르치지 않는다. 심지어 비즈니스를 가르치는 경영전문대학원(MBA)이나 법조인을 양성하는 로스쿨에도 제대로 된 협상교육 커리큘럼을 갖춘 곳이 드물다.

결국 그동안 우리는 본능과 경험에 의존한 협상을 할 수밖에 없었다. 그리고 이는 필연적으로 불안함을 야기한다. 협상을 준비할 때 무엇부터 어떻게 준비해야 할지 잘 모르겠다. 협상 테이블에서도 자꾸 밀리는 기분이 든다. 협상이 끝나고도 왠지 손해를 본 것 같은 느낌을 지울 수 없다.

이 책은 협상을 앞두고 나와 비슷한 감정을 느꼈을 독자들이 불안감을 해소하고 자신감을 가지고 협상에 임할 수 있도록 돕기 위해 썼다. 되도록 많은 분들이 어렵지 않게 접할 수 있도록 비즈니스 협상과 외교 협상뿐만 아니라 연봉 협상, 부동산 거래, 자동차 매매, 배우자와의 협상 등 일상에서 겪을 수 있는 다양한 사례들을 다루고자 노력했다.

또한 독자분들이 좀 더 체계적으로 협상을 이해할 수 있도록 협상에서 가장 중요한 열두 가지 키워드를 선정하여 이를 공식화시켰고, 이 공식을 적용하여 협상을 준비할 수 있는 NPS(Negotiation Preparation Sheet)를 개발하여 협상 준비 방법론을 제시하고 있다.

지난 수년간 홍콩과 한국에서 근무하며 수많은 협상 테이블을 직접 겪었다. 로펌을 운영하며 자문기업들의 비즈니스 협상을 컨설팅하고, 일상에서 크고 작은 협상과 설득 상황을 마주했다. 그 과정 가운데 고민했던 부분들, 하버드로스쿨 협상프로그램(Program On Negotiation)에 참여해서 얻는 통찰력을 한 권의 책으로 담아내고자 했다. 이는 국내외 협상 관련 책과 논문, 칼럼들을 분석한 토대로 쓰였다. 독자분들이 이 책을 읽고 지지 않으려고 발버둥치는 협상이 아닌, 나와 상대가 모두 만족할 수 있는 지혜

롭고 단단한 협상의 비밀을 발견하기를 바란다.

독자분들에게 주어진 협상의 시간이,
불안의 시간이 아닌 확신의 시간이 되길 바라며.

성수동 인생공간에서

CONTENTS

협상을 위한 마인드셋

손정의와 마윈의
협상이 남긴 두 가지

●

전직 영어 강사였던 마윈은 중국에서도 전자상거래의 시대가 열릴 것이라 예상하고 인터넷 사업을 시작했지만 수차례 실패했다. 그러던 1999년, 심기일전한 마윈은 직원 17명과 알리바바 온라인 Alibaba Online이라는 회사를 창업했다. 이후 예일대 로스쿨을 졸업하고 유럽계 투자회사에서 투자 업무를 담당하던 차이충신蔡崇信이라는 글로벌 인재도 합류했다.

그로부터 몇 개월 후 마윈은 베이징을 방문한 일본 소프트뱅크의 손정의 회장을 만났다. 중국의 수많은 기업가들이 세계적인 투자자인 손정의 앞에서 프레젠테이션을 했고 마윈에게도 10분의 시간이 주어졌다. 손정의와 독대를 한 마윈이 중국의 전자상거래 시장의 가능성과 알리바바의 비전에 대해 6분여 정도를 설명했을 때, 손정의는 마윈의 프레젠테이션을 중단시켰다.

난 반드시

알리바바에 투자를 해야겠소

　당시 손정의는 30여 명 남짓한 팀으로 이루어진, 설립한 지 1년 밖에 안 된 중국의 신생 IT 기업에 3,000만 달러(약 300억 원)라는 거액을 투자하겠다고 제안한 것이다. 손정의가 알리바바에 투자를 결정한 2000년도는 전 세계적으로 닷컴 버블*이 붕괴되고 있던 시기였다. 당시 검증되지 않은 중국의 신생 IT 기업에 300억 원 규모의 투자 제안을 한다는 것은 굉장한 리스크를 부담하는 결정이었다.

　하지만 뜻밖에도 마윈이 오히려 손정의의 3,000만 달러 투자 제안을 거절했다. 알리바바가 필요로 하는 금액은 그렇게 많지 않으며 현실적으로 2,000만 달러로도 충분하다는 이유였다. 당시 마윈은 손정의와의 관계를 더욱 장기적인 관점에서 바라보고 있었다. 첫 번째 계약에서 상대방에게 투자금을 조금 더 얻어내려고 욕심 부리지 않아도, 서로 신뢰가 쌓이면 향후에 더 좋은 관계로 이어질 수 있다고 생각했던 것이다.

　그렇게 마윈과 손정의의 역사적인 투자 계약이 체결되었고, 이

---

* **닷컴버블** 인터넷 사용률과 보급률이 급속히 확장되던 1997년부터 2001년 사이에 발생한 거품 경제 현상. 이 시기 인터넷 기반 기업들에 대한 기대감이 커지고 관련 기업들의 주식이 폭등했지만, 2000년을 기점으로 주식 시장은 다시 폭락하기 시작했다.

단 6분간의 협상으로 손정의 회장에게 투자를 이끌어낸 마윈 ⓒ블룸버그

를 계기로 둘 사이에는 돈독한 신뢰가 형성되기 시작했다. 그리고 소프트뱅크의 투자로 알리바바는 중국 전자상거래 시장에서 무섭게 성장할 수 있는 추진력을 얻었다.

　마윈을 신뢰하게 된 손정의는 알리바바의 든든한 후원자를 자처하며 알리바바가 절실히 자금을 필요로 했던 2004년에 다시 한 번 6,000만 달러(약 600억 원)의 투자를 결정한다. 마윈 역시 손정의라는 사람에 대한 깊은 존경과 신뢰를 바탕으로 도움이 필요할 때마다 손정의를 적극 지원하고 추후 합작 법인을 설립하여 공동으로 사업을 추진하는 등 끈끈한 관계를 이어나갔다.

　2014년 9월, 손정의가 알리바바에 투자한 지 15년 만에 알리바바는 뉴욕 증권거래소에 상장되었다. 당시 알리바바의 기업 가

치는 1,667억 달러(약 174조 원)에 이르렀고, 최대 주주인 소프트
뱅크가 보유한 알리바바의 지분 가치는 578억 달러(약 59조 원)
로 불어났다. 알리바바의 상장을 통한 최대 수혜자 중 1명은 단연
소프트뱅크를 이끄는 손정의였다.

돌이켜보면 마윈과 손정의는 단 6분 동안의 협상을 통해 서로
에게 이익이 되는 결과물을 만들어냈다. 그뿐만 아니라 향후 끈끈
한 인간관계를 지속해나갈 수 있는 신뢰도 쌓을 수 있었다. 그들
의 협상을 통해 우리는 성공한 협상이 무엇인지 생각해보게 된다.

모든 협상은 두 가지를 남긴다.
하나는 협상 결과물이고, 다른 하나는 인간관계다.
이 두 가지를 모두 만족시키는 것,
그것이 바로 성공한 협상이다.

협상에서 많은 사람들은 숫자로 나타나는 협상 결과물에 지나
치게 집착한다. 그리고 상대를 쥐어짜서 조금이라도 더 얻어냈을
때 마치 협상에서 승리한 것처럼 의기양양해한다. 하지만 이런 방
식의 협상은 필연적으로 관계에 상처를 남긴다.

좁디좁은 비즈니스 세계에서 한 번의 이익을 위해 인간관계와
신뢰를 잃으면, 상처를 입은 상대방은 다음 협상 테이블에 이를

갈고 나올 것이다. 설령 상대방과 직접 대면할 일이 없더라도 당신에 대한 부정적 평판이 업계에 퍼져 나가 직간접적으로 다른 협상에까지 악영향을 주게 될 것이다.

그런 의미에서 협상이 남기는 두 가지인 협상 결과물과 인간관계 중에서 우리는 관계의 측면도 절대 소홀히 해서는 안 된다. 이는 감성적이거나 도의적인 차원을 넘어, 추후 협상을 성공적으로 이끌기 위해 반드시 필요한 부분이기 때문이다.

당시 마윈은 어떻게 6분 만에 손정의를 설득시켜 수백 억 원의 투자를 이끌어낼 수 있었을까? 2017년 손정의는 한 인터뷰에서 당시 상황을 이렇게 묘사했다.[1]

"마윈의 사업 계획은 변변치 않았고 영업이익도 전혀 나지 않는 상태였습니다. 직원 수도 불과 30~40명에 불과했지요. 하지만 그의 눈빛이 너무나도 강렬했습니다. 그가 이야기하는 태도와 나를 바라보는 눈빛에서 나는 그가 강한 리더십과 카리스마를 가지고 있다는 것을 발견할 수 있었습니다. 비록 그의 비즈니스 모델은 완벽하지 않았지만, 그가 커뮤니케이션하는 방식과 상대방을 흡입하는 강한 매력에 나는 설득을 당했던 것입니다."

상대방을 설득하는 데 때로는 이성과 논리보다 직감과 감정이 결정적인 역할을 할 때가 적지 않다. 협상에서 감정이 미치는 영향에 대해서는 「원칙 8. 상대의 감정을 뒤흔들어라」에서 자세히 다룬다.

모두가 다 불안하다

●

"변호사님, 개인적으로 지난 20년 동안 중요한 협상을 수없이 많이 했다고 생각하는데, 아직도 협상할 때마다 긴장이 되네요. 저만 그럴까요, 아니면 다른 분들도 마찬가지일까요?"

협상 전략 컨설팅 자리였다. 20년이 넘는 동안 업계 최고의 위치를 유지해온 자문 기업 대표님께서 생각지 못한 이야기를 털어놓으셨다. 늘 철저하게 준비하고 자신감이 넘쳐 보이는 리더도, 사실 마음속 깊은 곳에서 긴장과 두려움이 교차한다.

"대표님, 저도 마찬가지예요. 저도 중요한 협상을 앞두면 긴장되고 불안하고 그렇습니다."

협상을 앞두면 대부분 불안해한다. '나만 불안한가?'라고 생각할 수 있겠지만, 그렇지 않다. 나이, 성별, 지위를 불문하고 협상 전 불안과 긴장은 누구에게나 찾아온다.

대개 불안은 그 원인을 찾는 것만으로도 상당 부분 줄어든다. 그렇다면 협상할 때, 불안의 근원은 무엇일까? 왜 우리는 협상을 앞두고 불안하고 긴장할까?

첫째, 협상에서의 불안은 결과에 따른 부담 때문에 발생한다. 일상 대화와 달리 협상은 결과를 기대한다. 협상은 서로가 원하는 것을 얻기 위한 대화 과정인데, 그 과정에서 내가 원하는 것을 못 얻을 수도 있다. 그에 따른 두려움이 생기는 것이다. 협상 결과가 중요할수록 두려움과 스트레스 지수도 비례해서 커지기 마련이다.

둘째, 협상이 필연적으로 불안한 이유는 불확실성에 기인한다. 스타벅스에 앉아 커피를 마실 때 우리는 불안하지 않다. 피트니스 센터에서 러닝머신을 뛸 때 우리는 불안하지 않다. 대부분 상황이 내가 예상한대로 흘러가기 때문이다. 하지만 협상할 때는 항상 불안하다. 내가 아무리 집중해서 협상을 준비해도, 상대방이 어떻게 나올지 예상이 안 되기 때문이다.

굉장히 중요한 협상을 앞두고 태스크포스팀(TFT)을 구성해서 한 달 동안 협상을 준비했더라도, 상대방이 한 시간 만에 결렬을 선언하고 자리를 박차고 나갈 수도 있다. 그것이 협상이다. 이 불확실성은 상대방이라는 개념이 필수적인 협상에서는 완전히 해소될 수 없다. 그래서 협상은 아무리 베테랑이더라도, 기본적으로 불안하고 긴장될 수밖에 없는 구조다.

셋째, 정보와 힘의 불균형이 불안을 증폭시킨다. 내가 압도적인 '갑'의 위치에서 협상한다면, 협상이 불안할 리 없다. 편안한 마음으로 협상 테이블에 들어설 것이다. 하지만 안타깝게도 우리는 대부분 동등하거나 열위의 지위에서 협상하게 된다. 소수의 '갑'을 상대하는 절대다수의 '을'이 존재하는 것이 실제 비즈니스 세계의 단면이기에, '을'의 지위에서 '갑'을 상대하는 경우가 많다. 그렇게 기울어진 출발점에서 정보와 힘의 우위를 빼앗긴 채 협상에 임하면, 심리적으로도 위축되고 쫓기는 마음으로 협상 테이블에 들어서게 된다.

모두가 다 불안하다. 그렇기에 협상을 앞두고 불안하다는 사실을 애써 부정할 필요가 없다. 나의 불안한 감정을 있는 그대로 받아들일 필요가 있다. 그 불안의 원인 파악이 불안감을 극복하는 기본 전제이다. 그리고 우리는 여기서 한 발짝 더 나아갈 필요가 있다.

북아메리카에서 유일하게 문자를 가진 인디언 체로키족 늑대 이야기는 오래 전부터 널리 알려진 우화이다. 인디언 추장이 어린 손자에게 사람들의 내면에는 두 가지 늑대가 있다고 이야기한다.

"아이야, 우리 안에는 두 마리 늑대가 맹렬하게 싸우고 있단다. 한 마리는 사악하지. 그건 분노, 시기, 질투, 슬픔, 불안, 후회, 욕심, 교만, 자기연민, 죄책감, 열등감, 거짓말, 거짓된 자존심, 우월 감 그리고 아집의 늑대란다. 다른 한 마리는 선한 늑대로 희망, 평화, 사랑, 즐거움, 평온함, 겸손함, 친절함, 너그러움 그리고 자신감과 믿음의 늑대란다. 두 마리 늑대가 매일 아침 마음속에서 싸우는 일은 누구에게나 일어나지."

손자는 할아버지를 쳐다보면서 다시 묻는다.

"그럼 어느 늑대가 이기나요?"

손자의 질문에 체로키족 인디언 추장이 대답한다.

"네가 먹이를 주는 쪽이 이기지."

결국 불안과 열등감에 사로잡히느냐, 스스로에 대한 믿음과 자신감으로 협상하느냐는 내 자신의 문제이다. 지금 내가 발 딛고 있는 현재 상황을 객관적으로 인지하고, 내가 가진 것, 내가 잘할 수 있는 것, 내 강점에 집중해야 한다. 그 강점에 집중해서 에너지를 쏟을 때, 협상 초반에 상대의 기세와 내가 처한 상황에 휘둘리지 않고 담담하게 원하는 협상을 해나갈 수 있다.

협상 전,
나만의 케렌시아에서 읽는 문장

•

투우 경기장에서 투우사와 마지막 일전을 앞둔 소가 잠시 숨을 고르며 쉴 수 있는 공간을 '케렌시아Querencia'라고 한다. 중요한 협상을 앞두고, 케렌시아처럼 스스로를 정리할 수 있는 자신만의 시간과 공간이 필요하다. 아래 문장은 중요한 일전을 앞두고 나만의 케렌시아에서 숨을 고를 때, 조용히 낭독할 수 있는 문장이다.

———————— ✳ ————————

모든 협상은 자신과의 협상으로 시작된다. 자기 자신을 믿는 것, 이것이 성공적인 협상의 전제조건이다. 내 가치, 내가 도달할 수 있는 목표, 내 강점, 내 역량을 스스로 깎아내리고 타협하지 않길 바란다. 내 안에 부정적 편견과 못난 선입관, 패배의식으로 스스로를 비하하고 불신한다면, 그 누구도 설득할 수 없을 것이다.

나를 믿는다. 스스로의 가치를 인정한다. 생각하는 만큼 이루어질 수 있고, 생각하는 것보다 더 도달할 수 있다. 나는 스스로에게 더 친절할 것이다. 내가 나를 귀하게 여겨야 세상이 나를 귀하게 여긴다. 자신의 가치를 인정하는 사람만이 상대를 인정할 수 있고, 상대로부터 자신의 가치를 인정받을 수 있다.

그러기 위해 먼저 나를 더 잘 알아야 한다. 지금 이 순간, 나는 스스로를 대면하고 있다. 나의 깊은 내면을 정면으로 바라보고, 나의 자아와 대화하고 있다. 지금 바라보는 내 자아의 모습은 단단하고 선명하다. 나는 내 자신이 가진 강점을 잘 안다. 나는 그것들을 활용하여 더 나은 협상을 할 것이다. 좋은 협상을 할 수 있다. 나에게도 상대에게도 충분히 좋은 협상을 할 수 있다.

이제 나는 준비가 되었다. 이런 나를 마주하는 상대방도 나의 긍정 에너지를 느낀다. 협상 상대로 만났지만, 이 일이 잘 마무리되고 언젠가 다시 만나 나와 새로운 일을 하고 싶다는 생각이 들 것이다. 나는 결국 서로가 원하는 것을 얻고 상대의 마음도 얻는 협상을 할 것이다.

때로 상대방이 부정적인 반응을 보일 수 있다. 그래도 괜찮다. 그것에 대해 발끈하거나 예민하게 대응할 필요 없다. 그것은 상대가 가진 욕구를 솔직하게 드러내는 방식이다. 그것에 나는 관용을 베풀 수 있다. 내가 줄 수 있는 것은 주고, 내가 얻을 수 있는 것은 당당하게 요구할 것이다. 그래도 관계가 불편해지거나 나빠지지 않을 수 있다. 솔직하고 차분하게 내가 원하는 것을 이야기할 것이다.

결국 성공적인 협상은 나로부터 시작된다.

나는 준비가 되었다.

나는 좋은 에너지를 전달할 것이다.

나는 서로에게 도움이 되는 좋은 제안을 할 것이다.

나를 믿는 만큼 상대도 존중할 것이다.

그렇게 우리는 성공적인 협상을 시작할 것이다.

협상에 반복적으로
실패하는 사람들의 공통점

●

비즈니스에 대한 이해도, 날카로운 분석력, 업계의 경험과 인맥은
물론이고 언변도 좋은 A가 있다. A는 국내 최고의 대학과 세계적
인 컨설팅 회사 출신으로 집안도 배경도 어느 하나 빠질 것이 없
는 완벽한 커리어를 갖춘 사람이다. 그런데 이상하게도 중요한 협
상에서 번번이 고배를 마신다. 똑똑한 것이 분명한데 협상에 반복
적으로 실패하는 사람들, 그들이 가진 공통점은 무엇일까?

지인 소개로 만난 A와 몇 차례 대화를 나누며 몇 가지 특징을
발견할 수 있었다.

첫째, 모든 대화를 본인이 주도한다. 대화의 80~90%는 본인
이 이야기한다. 처음 만난 날부터 자기 이야기를 한없이 늘어놓더
니, 시간이 다 되어서는 "어머, 오늘 제가 제 이야기만 했네요. 다

음번에 뵐 때는 류 변호사님 이야기를 들어보고 싶어요"라고 말하며 헤어졌다. 하지만 다음번 만남에서도 같은 패턴이 이어진다. 조리 있게 말도 잘하고 자신감도 묻어나는데, 대화 내내 자기 말만 계속한다.

둘째, 정작 다른 사람이 이야기할 때에는 집중력이 현저히 떨어진다. 전체 20%도 안 되는 시간 동안 상대방의 대화가 시작되면, 본인이 대화를 주도하느라 미처 확인하지 못했던 핸드폰을 만지작거리기 시작한다. 자기가 말할 때 적극적으로 쏟아부었던 에너지를, 상대가 말할 때에는 전혀 사용하지 않는다.

셋째, 자기가 하고 싶은 말을 자꾸 반복해서 이야기한다. 같은 주제를 다른 방식으로 돌려가며 이야기를 되풀이한다. 두 번째 만남부터는 그 사람의 뻔한 이야기에 나도 관심이 뚝 떨어지기 시작했다.

그러다보니 그 사람과의 대화의 질이 너무 떨어졌다. 두세 차례 만났을 뿐인데, 그 사람의 이야기가 더 이상 궁금하지 않았고, 그 사람도 내가 자신에게 흥미가 없다는 것을 어렵지 않게 알 수 있었다. 더 이상 대화를 섞고 싶지 않았다. 그 순간 그 사람이 가진 모든 멋진 커리어와 배경, 화려한 이야기 소재들이 내게는 아무런 의미가 없게 느껴졌다.

여기서 잠깐 생각해보자. 내가 상대방보다 말을 더 많이 한다고 해서 상대방을 설득할 확률도 그만큼 높아질까?

대화 전문가들은 상대방을 설득하기 위한 대화의 황금비율은 3 대 7이라고 이야기한다. 즉 내가 말하는 비율이 30%이고 상대방의 이야기를 듣는 비율이 70%일 때, 상대방의 마음을 움직이기 가장 좋다는 것이다. 생각보다 상대의 이야기를 잘 들어주기만 해도 얻을 수 있는 것이 많다. 예를 들면, 이런 것이다.

- 상대는 내가 자신을 배려한다고 여긴다.
- 상대는 본인이 대화를 주도하고 있다고 생각하고 정서적 만족감을 얻는다.
- 상대의 감정 상태와 욕구를 파악할 수 있고 생각지도 못한 정보를 얻을 수 있다.
- 내가 말을 많이 할 때 드러나는 실수를 줄일 수 있다.

하지만 일반적으로 우리는 상대방을 설득할 때 본인이 대화를 주도해야 한다는 강박관념이 있는 듯하다. 대화의 황금비율이 3 대 7이라는 사실을 아는 사람들조차, 실제 협상이나 설득 상황에서는 오히려 자신이 월등하게 말을 많이 하는 경향이 있다.

말을 많이 한다고 절대로 설득력이 높아지지 않는다. 가급적 상대방의 말을 조금 더 들어주려고 노력하자. 지극히 현실적으로는 적어도 5 대 5는 넘지 않길 권한다. 의식적으로라도 '대화의 절반 이상은 상대방의 이야기를 듣자'라고 생각하면 도움이 될 것이다.

같은 상황에서 협상을 해도 누군가는 성공적인 협상을 하고, 누군가는 실패하는 협상을 한다. 그런데 본질적으로 협상이라는 것은 결국 상대방 입에서 YES라는 말이 나와야 성공적인 협상이 된다. 내가 원하는 것을 강요하는 관점에서만 접근하면, 결코 성공적인 협상으로 이끌 수 없다.

수많은 협상 테이블을 경험하고 1만 명이 넘는 협상 실무자들의 협상 상황을 관찰하면서, 필자는 중요한 깨달음을 하나 얻을 수 있었다.

협상에 반복적으로 실패하는 자들의 공통점,
그것은 바로 '철저한 자기중심성'이다.

준비에 소홀하여 협상에 실패하는 자들도 많지만, 의외로 열심히 준비하고도 협상에 실패하는 사람들이 적지 않다. 그들은 협상을 준비할 때조차 철저히 자기 관점에서만 접근한다. 하지만 협상은 나 혼자 하는 것이 아니다. 상대방이 움직이지 않는다면 결코 성공적인 협상이란 있을 수 없다.

그렇다면 자기중심성에서 벗어날 수 있는 방법은 무엇일까? 우선 협상 테이블에서 협상 상대의 니즈를 파악하는 것이 꼭 필요한데, 이에 대해서는 「원칙 2. 요구가 아닌 욕구에 집중하라」에서 자세히 다룬다.

협상과 흥정의
결정적 차이

●

흔히 시장에서 물건을 살 때 우리는 '흥정을 한다'고 표현하지 '협상을 한다'고 표현하지는 않는다. 흥정과 협상, 비슷한 듯 다른 두 개념의 차이는 무엇일까?

국어사전에 '흥정'을 찾아보면 '물건을 사고팔기 위해 가격 등을 의논하는 것'이라고 정의되어 있다. 우리가 흥정할 때는 대개 가격이라는 한 가지 기준으로 밀고 당기기를 한다. 그러나 곰곰이 생각해보면 가격이라는 한 가지 조건을 가지고 거래하면 필연적으로 한쪽이 얻으면 다른 한쪽은 잃을 수밖에 없는 제로섬 게임 Zero-sum game으로 귀결된다.

하지만 협상은 다르다. 적어도 둘 이상의 거래 조건들을 협상 테이블 위에 올려두고 서로가 만족할 수 있는 합의점을 찾기 위해 노력한다. 이 과정에서 가치 교환이 일어나고, 서로의 만족도는 높아진다. 같은 유형의 거래를 하더라도 누군가는 흥정 수준의 거래에 머물고, 누군가는 협상 수준의 거래로 나아간다.

첨단장비를 개발하여 B2B 사업을 하는 기업의 세일즈 담당자 B와 이를 구매할 의사가 있는 기업의 구매 팀장 A가 거래를 하는 상황을 예로 살펴보자.

구매 팀장 A 시장조사를 해보니 경쟁 업체들이 판매하는 장비는 4억 원 중후반대도 있던데, 5억 3,000만 원은 아무래도 부담스럽네요. 이 가격으로는 대표님께 결재 올리기도 힘들 것 같습니다. 5,000만 원 정도 할인해서 4억 8,000만 원 수준으로 계약을 진행해주시면 어떨까요? 저희가 이번에 장비를 사용해보고 괜찮으면 향후 추가 구매를 적극 고려하고 있습니다.

세일즈 담당자 B 팀장님, 저희 회사 내부적으로도 가격 정책이 있기 때문에 5,000만 원까지 빼드리기는 아무래도 힘들 것 같습니다. 저희가 정말 많이 할인을 해드려도 5% 수준이거든요. 최대 할인율을 적용하면 2,650만 원 정도인데, 저도 이 이상은 회사에서 허락 받기가 쉽지 않을 것 같습니다.

한참 동안 실랑이를 벌이다 결국 3,000만 원을 할인해서 5억 원으로 가격이 결정되었다. 결과적으로 생각보다 더 할인을 해준

B나 기대보다 적게 할인을 받은 A, 양쪽 모두 썩 만족스럽지 못한 거래였다.

상황을 바꾸어 이번에는 같은 기업의 노련한 세일즈 담당자 C에게 고객사의 구매팀장 A가 거래 조건 조율을 요구한다.

구매 팀장 A 시장조사를 해보니 경쟁 업체들이 판매하는 장비는 4억 원 중후반대도 있던데, 5억 3,000만 원은 아무래도 부담스럽네요. 이 가격으로는 대표님께 결재 올리기도 힘들 것 같습니다. 5,000만 원 정도 할인해서 4억 8,000만 원 수준으로 계약을 진행해주시면 어떨까요? 저희가 이번에 장비를 사용해보고 괜찮으면 향후 추가 구매를 적극 고려하고 있습니다.

세일즈 담당자 C 팀장님, 기존에 다른 기업 장비도 사용해보셨죠? 어떠셨어요? 만족스러우셨나요?

구매 팀장 A 그럼요, 다른 장비도 사용해봤죠. 나쁘지는 않았어요. 현장에서 피드백도 괜찮았고요. 다만 처음에 생각하지 않았던 유지보수 비용이 예상보다 많이 들더라고요. 매달 거의 500만 원 가까운 비용이 들어서 비용을 조금이라도 아껴보겠다고 최근 1년 동안은 사설 수리 업체를 사용했었는데, 사설 수리 업체는 또 서비스가 생각보다 만족스럽지 않더라고요.

세일즈 담당자 C 맞습니다. 많은 고객사들이 장비를 구입하고 발생하는 유지보수 비용을 상당히 부담스러워하십니다. 그래서 제가 장비 가격에 대한 할인은 1,500만 원 정도에 해드리는 대신 유지보수 서비스 부분에서 상당한 혜택을 드리고자 합니다. 이번에 저희 장비를 구매 시 유지보수 서비스 계약을 3년 이상 체결하시면, 유지보수 비용을 월 380만 원 수준까지 조정해드리고, 첫 3개월은 무료로 유지보수 서비스를 제공해드릴 생각입니다. 기존에 월 500만 원 정도를 부담하셨으니까 첫 3개월 무료 혜택(1,500만 원)에 남은 기간 매달 120만 원씩 비용 절감 혜택(3,960만 원)을 받으시면, 총 5,460만 원의 비용 절감 효과를 누리실 수 있습니다. 이 경우 장비 할인 1,500만 원까지 합치면 3년간 최대 약 7,000만 원 상당의 비용 절감 효과를 누리실 수 있습니다. 이 정도 혜택이면 아마 대표님께서도 상당히 흡족해하시지 않을까 생각됩니다.

동일한 상황에서 B는 장비 가격 할인 방어에 초점을 맞춘 세일즈로 제로섬 게임으로 귀결되는 거래를 하고 말았다. 이 경우 B는 기준 할인율을 초과하는 할인을 하고도 거래의 만족도는 양쪽 모두 그다지 높지 않았다.

	신입 세일즈 담당자 B	노련한 세일즈 담당자 C
장비 판매 가격	▪ 5억 원	▪ 5억 1,500만 원
유지보수 서비스 제공 여부	▪ 미정	▪ 유지보수 서비스 제공 확정 ▪ 3년 총 1억 2,540만 원 규모
거래를 통한 매출 발생	▪ 5억 원	▪ 6억 4,040만 원
고객사의 비용절감 효과	▪ 3,000만 원 (장비 할인)	▪ 6,960만 원 1) 1,500만 원: 장비 할인 2) 1,500만 원: 유지보수 3개월 무료 3) 3,960만 원: 유지보수 월 120만 원 할인 33개월
만족도	▪ 만족도 낮음	▪ 양쪽 모두 만족함

　　반면 노련한 세일즈 담당자인 C는 대화 초반 질문을 먼저 던지면서 고객의 주요 니즈가 무엇인지 파악했다. 고객은 유지보수 비용에 상당한 부담을 느끼고 있었다. 이후 C는 직접적인 가격 할인을 최소화하는 대신(1,500만 원) 유지보수 서비스 비용을 조정해 주는 혜택을 제안했고, 결과적으로 고객은 애초 생각한 5,000만 원 할인보다 훨씬 더 큰 비용 절감 효과(7,000만 원 상당)를 누릴 수 있었다. 또한 C 입장에서는 최근 사설 업체에게 유지보수 서비스를 받는 고객사가 늘어나고 있는 상황에서, 3년 동안 유지보수 서비스 계약까지 추가로 확보하여 1억 2,540만 원 상당의 매출 증대를 약속받을 수 있었다. 결론적으로 양쪽 모두에게 매우 흡

족한 거래가 성사된 것이다.

　동일한 상황에서 누군가는 뺏고 빼앗기는 흥정 수준의 거래를 하고, 누군가는 서로의 파이를 키우는 협상을 한다. 흥정 수준의 제로섬 게임에서 벗어나, 거래 가치를 키우고 서로가 만족할 수 있는 협상으로 이끄는 것, 이것이 바로 고수들의 협상 방식이다.

협상이란
무엇인가?

●

"최근에 협상을 해본 경험이 있으신 분?"

기업과 정부기관에서 협상 강의를 시작하기 전에 교육 참여자에게 던지는 첫 질문이다. 이 질문에 대개 90% 이상의 사람들은 조용히 눈을 피하고, 그중 적극적인 성향을 가진 두세 분 정도가 손을 든다. 그들에게 어떤 유형의 협상을 경험했는지 물어보면 "저는 최근에 회사가 투자를 받는 과정에서 벤처캐피탈 측 심사역과 기업의 밸류에이션 책정과 투자 조건에 대해 협의를 하고 있습니다" 또는 "저는 기업의 노무 담당자인데 지난주에 노사 간 임금 협상에 참여했습니다" 등의 이야기를 한다. 대부분 업무적으로 본인이 경험한 중요한 계약 협상을 언급한다.

실제로 포털사이트에서 '협상'이라는 키워드를 검색하면 연봉협상, 임금협상, 투자협상, 계약협상, 정상회담 등이 연관 검색어로 뜬다. 우리의 고정관념 속에 협상은 주로 국가 간 협정이나 정부나 기업 차원의 계약 등과 연관되는 경우가 많다. 하지만 실제로 협상은 그렇게 거창한 수준의 거래에만 적용되는 것은 아니다.

"당신은 운전을 해서 출퇴근하는 시간보다 협상을 하는 데 더 많은 시간을 쓴다."

세계적인 협상학자인 리 톰슨이 한 말이다. 우리는 일상적으로 협상에 노출되어 있다. 협상을 외교나 정치, 비즈니스 영역에만 적용되는 것으로 국한할 필요가 없다. 의사소통을 통해서 내가 원하는 바대로 상대가 행동하게 하는 과정은 모두 협상의 범주에 포함된다고 볼 수 있다.

주말 아침이 되면 딸 선율이가 먼저 일어나 AI 스피커에게 말을 건다.

선율 ○○ 스피커야, 오늘 날씨 어때?
AI스피커 오늘 날씨는 맑고 화창합니다. 기온은 15~25도 수준이고, 미세먼지는 좋음입니다. 야외활동을 하시기 좋은 날씨입니다.

협상을 위한 사전 정보를 파악한 선율이는 방에서 열심히 원고를 쓰고 있는 아빠에게 말을 건다.

선율 아빠, 오늘 뭐 해? 오늘도 일해? 확인해보니까 오늘 날씨 너무 좋다는데 나랑 에버랜드 가면 안 돼요?

아빠 선율아, 아빠가 오늘은 에버랜드 가기는 조금 힘들 것 같은데. 이따가 오후에 한강공원 가는 건 어떨까?

선율 그건 싫은데. 아빠 오늘 할 일 있어서 그러지? 그럼 빨리 일어나서 아침에 할 일 해요. 내가 동생들이랑 놀면서 기다려 줄 테니까. 점심 먹고 같이 가요. 나는 오늘 꼭 에버랜드 가고 싶어.

선율 그래? 알았어, 그럼. 아빠가 오전에 빨리 할 일 하고, 점심 먹고 오후 2시쯤 출발하자. 아빠 배려해줘서 고마워, 착한 딸.

딸 선율이는 목표했던 에버랜드에 가기 위해 아빠와 대화를 시도했다. 선율이는 우선 날씨를 먼저 파악하고, 아빠의 거절에 당황하지 않고 아빠의 니즈를 파악해서 이를 공략했다. 결국 아빠도 오전에 일할 시간을 확보했고, 선율이도 가고 싶었던 에버랜드를 갈 수 있게 되었다. 이처럼 알게 모르게 우리는 매일 협상을 하고 있는 것이다.

▌합의점을 찾는 의사소통과정

'싫든 좋든 우리는 협상하지 않을 수 없다'라는 문장으로 시작하는 『Yes를 이끌어내는 협상법』이 1981년에 발간된 이후, 협상학에서는 조용한 혁명이 일어나기 시작했다. 이 책이 발간되기 전까지만 해도 사람들은 협상을 한다고 하면 기본적으로 상대를 적으로 간주하고 어떻게 해야 상대를 이겨서 조금이라도 더 많이 얻어낼 수 있을까를 고민했다.

'하버드 협상 프로젝트Harvard Negotiation Project'의 결과물인 이 책을 통해 사람들은 협상 상대방이 적이나 경쟁자가 아닐 수도 있다고 인식하기 시작했다. 그리고 협상을 통해, 양측 모두가 만족하는 결과를 이끌어내는 '윈윈Win-Win'의 해결 방식도 얼마든지 가능하다고 생각하기에 이르렀다.

즉, 1981년도 이전에는 '내가 원하는 것을 최대한 얻어내는 기술' 정도로 정의되었던 협상이, 이후에는 다음과 같이 정의할 수 있게 되었다.

'서로 만족할 수 있는 합의점을 찾기 위한 의사소통과정'

이후에도 협상학자들과 협상 전문가들은 더 나은 협상 개념을 찾기 위해 연구하고 있다. 그러나 1981년도의 '하버드 협상 프로젝트' 때처럼 협상의 패러다임을 바꾸는 정도의 새로운 협상 개념은 아직까지 나오지 않고 있다.

　최근에는 협상을 통해 서로의 심리적 만족도를 극대화시킬 수 있는 협상 방법론을 찾기 위한 다양한 연구가 진행되고 있다. 결국 협상도 사람에 의한, 사람을 위한 것이고, 거래를 통해 서로가 원하는 결과와 이익을 얻는 것뿐만 아니라 서로의 감정, 관계, 심리적인 측면까지 고려하여 충분한 만족감을 얻을 수 있는 거래가 점차 중시되고 있는 것이다.

초전설득

다음 주 월요일 오후 2시에 예정된 당신의 협상 상대방이 러시아 대통령 블라디미르 푸틴*이다. 떨리는 마음으로 시간에 맞춰 약속 장소로 갔더니 약속 장소에는 아무도 없고 6미터에 달하는 기괴하게 큰 테이블만 덩그러니 놓였다. 그런데 한 시간이 지나도 푸틴은 나타나지 않는다. 오후 4시가 되어서야 푸틴이 나타났다. 막상 대화를 시작하려니 테이블이 너무 크고 길어서 상대의 얼굴이 잘 보이지 않고 이야기도 잘 들리지 않는다. 이럴 때는 대화 중 어떤 표정을 지어야 할지 잘 모르겠다. 난감하고 불안해서 빨리 협상을 마치고 싶은 마음만 들었다.

● 실제로 푸틴 대통령은 협상에서 지각 대장으로 악명이 높으며, 독일 전 총리 앙겔라 메르켈과의 미팅에서는 4시간을, 일본 전 총리 아베 신조와의 미팅에서는 3시간을 지각한 적이 있다.

2022년 러시아 대통령 블라디미르 푸틴(좌측)이 모스크바 크렘린궁에서 UN 사무총장 안토니오 구테헤스(우측)와 만나 대화 나누는 모습.[2] ⓒ연합뉴스

    그다음 주 월요일 오후에 초대받은 미팅에는 각국의 정상들이 참여한다고 했다. 어떤 옷을 입고 가야 하나 고민했는데, 편안한 비즈니스 캐주얼 차림도 괜찮다고 사전에 이메일로 알려왔다. 늦지 않게 미팅 장소로 갔더니 이미 편안한 분위기에서 넥타이를 매지 않은 각국의 정상들이 원형 테이블에 둘러앉아 차분하게 이야기를 나누고 있었다. 몇 분 되지 않았는데 금세 긴장이 풀렸다. 대화하는 모든 이들에게 친근감을 느꼈으며 대화도 어느 때보다 밀도가 높았다.

    두 가지 가상 협상 사례에서 어떤 협상 테이블의 결과가 더 좋을 것으로 기대될까? 대부분 독자들은 직관적으로 후자를 선택할

2022년 독일 남부 알프스 산자락의 엘마우 성에서 G7 정상들의 회담 장면[3] ⓒ연합뉴스

것이다. 좋은 협상은 결코 그냥 주어지지 않는다는 것을 경험으로 알기 때문이다. 좋은 협상은 사전에 장소, 시간, 참석자, 식사, 복장, 대화 내용 등에 대한 세심한 준비가 필요하다.

이를 초전설득[4] 이라고 한다. 즉, 내 메시지를 상대방에게 전달하여 설득하기 전에, 이미 상대방이 설득될 수밖에 없는 환경을 사전에 조성해서 설득의 확률을 높일 수 있다는 것이다.

> 평범한 리더는 협상을 우연과 임기응변의 영역으로 바라본다. 하지만 뛰어난 리더는 협상을 준비와 설계의 영역으로 간주한다. 뛰어난 리더는 내게 유리한 판을 미리 설계하여 필연적으로 좋은 결과를 도출해낸다.

결국 협상도 설득도 우연이 아닌, 치밀한 사전 준비와
설계의 영역이다. 그렇게 보면 협상도 설득도
사전 준비가 7할이다.

A기업 팀장이 계약 조건에
점심식사를 명시한 이유

●

기업 대상 항공권 및 호텔 예약 서비스를 제공하는 A 기업은 유명 외국계 기업인 B 기업과 서비스 공급 계약 관련 미팅을 앞두고 있다. A 기업 입장에서는 임직원들의 해외 출장이 많고 업계에서 신뢰받는 기업으로 알려진 B 기업과 거래를 하면 매출 신장과 더불어 좋은 레퍼런스가 될 수 있을 것이라 기대하고 있다.

업계에서 깐깐하기로 소문난 B 기업의 총무 팀장은 협상 테이블에 앉자마자 기존 업체와 재계약을 체결하지 않은 이유를 나열한 뒤 두 가지 요구 사항을 이야기했다.

첫째, 기존 업체보다 만족스러운 서비스를 제공할 수 있는 구체적인 방안들을 제시할 것.

둘째, 기존 업체보다 2% 저렴한 수수료로 서비스를 제공할 것.

노련한 협상가인 A 기업의 세일즈 팀장은 B 기업 총무 팀장의 요구에 어떻게 대응했을까?

A 기업은 B 기업이 제시한 요청을 무조건 받아들이지 않고 역으로 두 가지 조건을 제시했다. 먼저 계약 기간을 1년이 아닌 2년으로 늘리고 연간 서비스 이용 합계액이 일정 금액을 초과하는 경우에 한해 수수료 할인 적용이 가능하다고 했다. 그리고 A 기업의 세일즈 팀장은 추가적으로 한 가지 특이한 제안을 덧붙였다. 분기에 한 번씩 점심식사를 하는 것을 계약서 특약 사항에 명시하자는 것이었다. '서비스의 만족도를 확인하고 서비스에 대한 피드백을 고객사로부터 직접 들어보기 위해서'라는 명분이었다. B 기업의 총무 팀장도 굳이 마다할 이유가 없었다.

결론적으로 B 기업은 A 기업의 요청을 긍정적으로 받아들였고 양 사는 서로가 요구하는 사항들이 모두 충족된 만족스러운 협상을 했다. 특히 A 기업 세일즈 팀장의 점심식사 제안은 거래를 통한 양 사의 심리적 만족도를 극대화시킬 수 있는 신의 한 수였다. B 기업의 총무 팀장은 A 기업이 계약 체결 이후에도 서비스 만족도를 지속적으로 관리하고 신경 쓰겠다는 의지를 내비쳤다는 점을 높게 평가했고, 분기마다 본인과 점심을 함께 하기 위해 회사까지 찾아오겠다는 것에 본인을 중요한 사람으로 여기는 것 같아 내심 흡족했다.

반대로 A 기업 입장에서는 주기적인 점심식사를 통해 비즈니스 의사결정과정에 중요한 영향을 미치는 B 기업의 총무 팀장과 끈끈한 관계를 이어나갈 수 있었다. 그뿐만 아니라 기업 내부적으로 준비하고 있는 새로운 서비스를 소개할 수 있는 자연스러운 기회까지 확보할 수 있게 되었다.

결국 A 기업 입장에서는 B 기업이 요청하는 수수료 일부 할인을 받아들였지만, 2년간의 계약 기간과 안정적인 매출 확보, 그리고 향후에도 B 기업과의 관계를 이어나가면서 새로운 서비스를 소개할 수 있는 기회까지 얻은 만족스러운 협상이었던 것이다.

협상 테이블에서 논의 순서에 대한 고민

협상 테이블에 들어가기에 앞서 여러 가지 이슈 중 어떤 이슈부터 논의를 시작해야 할지 고민이 된다. 중요하고 민감한 이슈부터 먼저 논의하는 것이 좋을까, 아니면 사소한 것부터 하나씩 논의해나가는 것이 좋을까? 정답이 있는 것은 아니고 상황마다 변수가 있겠지만, 경험적으로 비추어 효과적이었던 논의 순서를 정리해보면 다음과 같다.

1. 이번 협상의 전반적인 논의 사항 언급

먼저 협상 초반에 이번 협상에서 결정해야 할 이슈들을 짚어본다. 논의 순서와 시간 배정 등을 함께 이야기 나누며 간단한 리스트로 작성해보기를 권한다. 이를 통해 시간 관리 계획을 세울 수 있을 뿐만 아니라, 각 이슈별로 나와 상대방이 생각하는 중요도가 무엇인지 힌트도 얻을 수 있다. 협상 과정에서 집중해서 논의가 필요한 부분이 무엇인지도 알 수 있다.

예컨대 상대방이 "거래 물량, 계약 기간 등에 대한 부분은 시간이 그리 오래 걸릴 것 같지 않지만, 거래 가격과 위약금 조항, 계약 해지 조항은 아무래도 충분한 협의 시간이 확보되어야 할 것 같습니다"라고 언급한다면 상대방이 거래 대금과 위약금 조항, 계약 해지 조항을 중요하게 생각하고 있으며 우리와 상당한 의견 차이가 예상되는 조항이라는 점을 감지할 수 있다.

(예시) 9월 1일 계약 협상 시 논의 사항

이슈	상태	일정 / 비고
거래 품목	○	협의 완료
거래 물량	△	오전 / 간단한 협의
거래 가격	×	점심 이후 / 집중 협의 필요
품질보증 및 AS	△	오전 / 간단한 협의
계약 기간	△	오전 / 간단한 협의
계약 해지	×	점심 이후 / 집중 협의 필요
위약금	×	점심 이후 / 집중 협의 필요
분쟁 해결 방법 및 관할 법원	△	오전 / 간단한 협의

2. 의견 차이가 크지 않은 부분에 대한 우선 합의

가장 중요하고 민감한 이슈를 초반에 지나치게 부각하면 자칫 전반적인 분위기가 얼어붙을 수 있다. 이럴 때는 협상 전체의 흐름을 위해 어렵지 않게 합의점을 도출할 수 있는 이슈부터 먼저 논의해보자. 'Small Yes'를 이끌어내어 상호 간 의미 있는 거래가 가능하다는 점을 확인하고 협상 초반에 우호적인 분위기를 이끌 수 있다. 또한 전략적으로 먼저 내줄 수 있는 카드가 있다면 협상 초반에 이를 활용하는 것도 방법이다.

3. 중요 이슈의 집중적 논의

어렵지 않게 합의를 이끌 수 있는 부분에 대한 논의가 끝났다면, 중요한 이슈를 집중적으로 논의할 필요가 있다. 당사자들이 분한 시간을 가지고 논의하고, 만약 숨은 이해관계인의 참여가 필요하다면 함께 논의하는 것도 고려해볼 수 있다.

참고로 이 부분은 뒤에 이어지는 '딜 브레이커는 조기에 매듭지어라'와는 조금 다른 맥락이다. 딜 브레이커는 애초에 아예 합의 가능성이 없는 이슈는 사전에 매듭을 짓는 것이 유리하다는 내용이지만, 여기서 말하는 중요 이슈는 어떻게든 합의를 이끌어내야 하는 핵심 사안을 가리킨다.

4. 합의 전 빠뜨린 부분이 없는지 재확인 및 이메일 공유

합의 전, 협상 초반 작성한 협의 사항 리스트를 다시 확인해본다. 만약 빠뜨린 부분이 있거나 논의가 충분히 이루어지지 않은 부분이 있다면 표시해두고, 이번 협상에서 마무리를 지을 것인지 니면 다음 일정을 정할 것인지 논의해야 한다. 그리고 합의된 내용에 대해 계약서 작성 여부를 결정해야 한다. 이와 함께 이번 협상의 결과물 및 다음 협상 일정에 대한 내용은 가급적 협상 당일 이메일로 공유해두기 바란다.

원칙 1

목표를 설정하라

'적당히 하면 된다'고
스스로를 속이는 당신에게

●

협상 실무자들의 협상 장면을 관찰해보면, 협상하기 전에 이미 '적당히 하면 되지 뭐'라는 식의 태도로 협상 테이블에 들어서는 사람들이 적지 않다. 상대방과 협상하기도 전에 스스로 어설픈 타협을 하고 협상을 시작하는 것이다. 이들은 협상 테이블에서 조금 더 좋은 결과를 이끌어낼 수 있다는 사실을 알고도, '이 정도도 나쁘지 않다. 적당히 하면 된다'라고 생각하며 자신의 목표와 기대를 낮추는 쪽을 택한다. 더 나은 결과보다는 쉽게 얻어지는 결과를 선택한 것이다.

어쩌다 한 번은 그럴 수 있지만, 문제는 반복적으로 드러난다. 협상 태도 자체가 늘 '그냥, 적당히'인 것이다. 이런 태도와 행동은 자기 스스로에게도 조직에게도 전혀 도움이 되지 못한다. 상대방에게도 '적당히 하는 태도'는 좋은 인상을 주지 못한다. 협상 상대방에게 그는 그저 협상하기 쉬운 상대일 뿐, 성공적인 협상을 위한 진정한 파트너로 각인되지 않을 것이다.

결국 이런 식의 협상이 최상의 협상이 아님을 자신도 알고 상대도 안다. 다만 그는 스스로를 기만하며 '적당히가 최고야'라는 말로 가짜 위안을 얻는다. 이렇게 슬렁슬렁 적당히 하는 협상을 반복하는 사람에게는 어떤 심리 요인이 작동하고 있을까?

첫째, 자기 가치 폄하형

스스로 더 잘할 수 있고, 더 좋은 결과를 이끌어낼 수 있다는 사실을 잘 모르거나 이를 알고도 부정하면서 자신의 가치를 과소 평가하는 유형. 지나친 자만심도 문제지만, 자기비하도 협상을 막는 결정적 장애물이 된다.

둘째, 협상 회피형

진지하게 협상을 하면 상대방과의 관계가 불편해지거나 멀어질까 두려워 겉으로 협상하는 척만 하면서 적당히 타협하고 마는 유형. 협상에서 내가 원하는 것을 이야기해도 관계가 나빠지지 않고 내가 원하는 것을 얻을 수 있다는 사실을 믿어야 제대로 된 협상이 가능해진다.

셋째, 습관적 대충형

매사 '대충, 적당히' 하는 것이 오랜 기간 쌓여 일관된 태도가 되어버린 유형. 진심을 다해 무엇인가를 해본 경험이 없기에, 주위에도 '대충, 적당히' 하는 사람들만 모이게 된다.

넷째, 단정적 오해형

'에이, 그 사람은 뻣뻣해서 절대로 남의 말 안 받아들여요'라며, 단정적 선입견을 가진 유형. 상대방과 진지한 토론과 협상을 하기도 전에, 자기만의 잣대로 상대를 쉽게 평가하고 협상을 미리 포기해버린다. 어쩌면 상처받거나 지기 싫어서 미리 상대 탓을 하는지도 모르겠다.

결론적으로 이 모든 유형들은 좋은 협상에 전혀 도움이 되지 않는다. 더 좋은 협상이 가능하다는 것을 믿고 더 높은 목표를 설정하는 사람에게만, 더 나은 결과물이 기다린다. 스스로의 가치를 깎아내리고, 단정적으로 상대를 판단하고, 협상 상황을 피하면서, 습관적으로 대충대충 하는 태도로는 절대로 좋은 결과물이 주어지지 않는다.

스스로 가치를 인정하고, 상대를 진지한 협상의 상대방으로
여기고, 작은 것부터 세심하게 챙기고, 협상의 과정을
진중하게 대면할 때 더 나은 협상이 가능하다.
그렇게 하나씩 쌓아가는 마음으로 협상하다 보면,
어느 순간 협상을 피하지 않고 협상 테이블을 기다리는
자신을 발견하게 될 것이다.

협상의 시작,
목표를 설정하라

●

▌목표 설정이 필요한 이유

협상은 의사소통 자체를 목적으로 하는 행위가 아니다. 협상은 서로 만족하는 합의점을 찾는다는 뚜렷한 목적성을 띤 행위이다. 그렇기 때문에 협상을 시작하기 전 가장 먼저 명확한 목표를 설정해야 한다.

목표 설정을 제대로 하지 않고 협상 테이블에 나간 사람은 협상 테이블에서 상대와 협상을 하기보다는 스스로와 타협하는 데 더 많은 시간을 쓴다. 상대가 조금만 강하게 압박해도 한 발짝 물러서며 당황하는 본인의 모습을 발견했다면, 협상에 임하기 전 목표 설정이 부재했거나 목표가 명확하지 못해서인 경우가 많다. 그리고 이러한 행동이 반복될 때 협상은 결국 실패로 귀결된다.

사전 이메일을 작성할 때, 협상 장소와 시간을 정할 때, 협상 참여자를 정할 때, 첫인사를 할 때, 식사할 때, 잠깐 휴식을 요청할 때, 합의서를 작성할 때, 협상을 마무리할 때, 이 모든 협상의 과정은 자신이 설정한 협상의 목표를 달성하기 위한 일련의 과정이어야 한다. 그만큼 협상은 뚜렷한 목적의식과 구체적인 목표 설정이 필요하고, 이것이 전제될 때만 성공적인 협상이 가능하다.

▎실패가 예견된 목표의 유형

원하는 결과를 얻어내는 사람들의 한 가지 공통점은 선명한 목표를 갖고 있다는 것이다. 하지만 생각보다 제대로 된 목표를 설정하기가 쉽지 않다. 다음은 이미 시작 시점부터 실패가 예견된 목표 설정 방식이다.

1) **적당한 목표**: '적당히 하면 된다'는 마음가짐으로 대충 만든 목표

2) **대외 과시용 목표**: 남들에게 알리기 위해 만들어진 그럴싸한 목표

3) **열거방식 목표**: 우선순위가 혼재되어 있어 무엇에 집중해야 되는지 알 수 없는 목표

4) 막연한 목표: '최대한 많이', '가능한 모든'과 같이 애매한 표현이 포함된 목표

5) 고립된 목표: 목표 달성에 필요한 핵심이해관계인들이 모르는 혼자만의 목표

█ 협상에 임하기 전 목표 설정의 4단계

A와 B는 수년 전 신혼집으로 장만한 아파트를 남편 A의 갑작스러운 발령으로 급하게 처분해야 하는 상황이다. A는 내심 '어떻게든 가격을 최대한 높여서 팔아야지. 그리고 가능하면 잔금일은 최대한 앞당겨 봐야지'라고 생각하고 있다.

A와 B는 해당 아파트를 마련할 때 인연이 된 공인중개사 C에게 매물을 내놓았는데, 한 달여 기간 동안 몇몇 젊은 부부들이 보러 오긴 했으나 구체적인 매수 의사는 없었다. 그러다가 마침내 희망 매수인이 나타났다. 지난주에 집을 보러 온 젊은 부부인데, 내일 오전 11시에 만나 매매 조건을 협의하기로 했다.

우리가 일상에서 흔히 접할 수 있는 협상 상황이다. A는 나름대로 목표를 정해서 내일 있을 협상에 대비하고 있다. 만약 여러분들이 A와 동일한 상황이라면 어떤 목표를 설정해서 협상에 임할 것인가? 협상 전 목표 설정 시 주의해야 할 사항을 참고하여 A

와 B의 상황에 적용해보자.

'매매가를 최대한 높여서 팔자' 또는 '잔금일을 최대한 앞당겨 보자'와 같은 막연한 목표 설정은 금물이다. 목표는 반드시 구체적으로 설정하여야 하며, 특히 다음 세 가지 지점은 명확하게 수치화 되어야 한다.

1) **거래 성사 지점**: 만족스럽게 거래가 성사될 수 있는 내부적인
   목표 지점
2) **첫 제안 지점**: 목표를 달성하기 위해 상대에게 처음 제시할 조건
3) **거래 결렬 지점**: 상대의 조건을 수용할 수 없어 거래를 종료
   하고 자리에서 일어나야 하는 지점

첫 제안 지점	10억 원
거래 성사 지점	9억 5,000만 원 이상
판단 유보 지점	9억 2,000만 원 미만
거래 결렬 지점	

가장 먼저 거래 성사 지점이 수치화가 되어야 한다. A와 B가 내심 바라는 목표 지점은 부동산 매입 가격과 양도세, 인테리어 비용, 중개수수료 등을 고려했을 때 9억 5,000만 원 이상이면 만족스러운 상황이다. 다음으로 내심의 목표를 달성하기 위해서 상대에게 첫 제안을 어느 정도로 할지 수치화해야한다. A는 본능적으로 5,000만 원 정도의 여유를 가지고 10억 원 수준으로 첫 제안을 하면 어떨까 생각한다. 마지막으로 거래를 중단하고 자리를 일어나야 하는 거래 결렬 지점을 수치화 해야 한다. A와 B는 9억 2,000만 원 미만으로 매매가가 떨어진다면, 이번에는 거래하지 않는 편이 낫다는 생각이다.

만일 상대가 9억 5,000만 원 이상 10억 원 사이에서 거래 의사가 있다면 거래는 순조롭게 성사될 것이다(거래 성사 지점). 하지만 9억 2,000만 원 이상 9억 5,000만 원 미만에서 협의가 된다면 A와 B는 과연 이 거래를 진행할 것인지 다시 한 번 고민해보아야 할 것이다(판단 유보 지점).

그리고 9억 2,000만 원도 안 되는 금액을 상대가 끝까지 고수한다면 거래를 종료하고 협상 테이블에서 물러나는 것이 현명한 대처방식일 것이다(거래 결렬 지점).

특히 첫 제안 지점을 어느 정도 수준으로 정할 것인지가 협상 전략적으로 중요한 부분인데, 이에 관해서는 「원칙 3. 상대에게 기준을 제시하라」에서 자세히 다루도록 한다.

둘째, 쟁점별로 목표의 우선순위를 명확히 한다

만일 쟁점이 한 가지가 아니라면 쟁점별로 우선순위를 정하는 것이 필요하다. 즉, 반드시 확보해야 될 최우선 순위 목표와, 상황에 따라 서로 주고받으며 절충안을 찾을 수 있는 차순위 목표, 그리고 얻으면 좋지만 양보해줘도 크게 상관없는 후순위 목표로 나누어 협상을 준비하여야 한다. 한 가지 명심할 점은 '모든 것을 다 얻는 협상은 없다'는 것이다. 기본적으로 내가 줄 수 있는 것과 받아야 하는 것을 사전에 잘 정리하여, 줄 것은 주고 받을 것은 받는 현명한 협상을 하여야 한다.

셋째, 핵심 이해관계인에게 목표와 기대행동을 공유한다

협상 테이블 전 핵심 이해관계인들에게 목표를 공유하고, 그들의 역할과 기대행동을 전달해야 한다. A는 수치화 된 목표를 공동 의사결정권자인 B와 부동산 계약 협상 시 핵심 이해관계인 공인중개사 C에게 사전 공유하여야 할 것이다. 더 나아가 협상 시 목표 달성을 위해 누가 어떤 역할을 맡고 어떻게 움직여야 하는지에 관한 기대행동을 구체화하여 전달한다면 목표를 더 효율적으로 달성하는 데 도움이 될 것이다. 이런 준비 없이 협상에 임하면, 협상 테이블에서 우왕좌왕하게 되고 일관된 목소리가 나오지 않아 협상을 그르칠 수 있다.

예컨대 공인중개사 C가 먼저 가격 조건을 제시하고 희망매수인이 가격을 조정하려고 하면, A가 적절한 선까지 한 발짝 양보해서 합의점을 찾는다. 그리고 계약금과 중도금 및 잔금 지급 시기와 관련하여서는 B가 사정을 이야기하고, 이외의 협의된 사항들을 빠짐없이 계약서에 반영하는 것은 C가 하기로 한다.

넷째, 협상 당일 목표를 다시 한 번 각인시킨다

협상 당일 아침, A는 이번 협상의 쟁점별 목표를 다시 한 번 떠올리며 노트에 적어보고, 이를 되뇌며 스스로 목표를 각인시킨다. 그리고 공동의사결정권자인 B와 공인중개사 C에게도 목표와 기대행동, 목표의 우선순위를 다시 한 번 이야기하여 빈틈없는 협상을 준비한다.

> **협상 전 목표 설정 방법**
> 첫째, 목표는 수치화 되어야 한다.
> 둘째, 쟁점별로 목표의 우선순위를 명확히 한다.
> 셋째, 핵심 이해관계인에게 목표와 기대행동을 공유한다.
> 넷째, 협상 당일 목표를 다시 한 번 각인시킨다.

목표 설정, 그 이후를 준비하면 협상의 고수

●

마케팅 대행사를 운영하는 배 대표는 올해 매출의 상당 부분을 책임질 중요 계약 건에 대해 클라이언트와 논의 중이다. 지난 3개월 동안 수십 통의 이메일과 수차례의 미팅 끝에 광고 대행 서비스 범위, 서비스 기간, 서비스 대금 등에 대해 충분한 논의가 오갔다. 한두 가지 논의사항을 제외하고는 구체적인 조건들에 대한 합의점을 찾았다.

마침내 클라이언트 측 의사결정권자인 박 전무와 미팅을 하기로 했다. 배 대표는 '오늘은 박 전무에게 계약 체결에 대한 긍정적인 답변을 받으면 좋겠다'고 생각하고 협상 테이블로 향한다.

3개월 동안 들인 노력에 비해 배 대표의 이번 미팅 목표 설정 방식은 다소 아쉽다. '긍정적인 답변을 받으면 좋겠다'처럼 막연한 목표는 공허하다. 협상 테이블에 나가기 전 목표 설정 시에는 구체적인 수치와 이를 달성하기 위한 기대행동이 포함되어 있어야 한다.

XX월 XX일, 박 전무와의 미팅에서 계약 체결에 대한 확답을 받고 계약서에 사인할 것. 이를 위해서 계약서 초안을 미리 출력해서 미팅에 지참할 것.

배 대표의 목표 달성을 위해서는 상기와 같이 목표를 수정하는 것이 필요할 것이다. 한발 더 나아가 배 대표가 노련한 협상가라면 배 대표의 제안에 예상되는 상대의 답변을 미리 파악하고 상황별 대응 전략을 준비해서 미팅에 임할 것이다.

일반적으로 목표 달성을 위해 상대에게 무엇인가를 제안할 때 우리는 크게 세 가지의 형태의 답변 (YES/NO/MAYBE)을 예상할 수 있다.

YES 형태 답변 : 네, 알겠습니다. 그렇게 진행하시지요.

MAYBE 형태 답변 : 죄송합니다만, 조금 더 고민해본 후 결정하겠습니다.

NO 형태 답변 : 아쉽지만 귀사와 본 건을 진행하기 힘들 것 같습니다.

한 가지 기억해야 할 점은 협상에서는 절대로 YES가 고정 값이 아니라는 것이다. 협상에서는 NO나 MAYBE가 YES보다 확률적으로 훨씬 더 많다. 이를 예상하지 못하고 당연히 YES가 나올 것이라 기대하고 갔는데, 생각지 못하게 상대에게 거절당하거나 미온적인 답변을 받으면 풀이 죽고 실망하는 경우가 많다.

하지만 그럴 필요 없다. 중요한 협상일수록 한 번에 YES를 받는 경우는 거의 없다. NO와 MAYBE를 미리 예상하고 협상에 임하자. 중요한 협상은 절대로 한 번에 끝나지 않는다. 처음에는 당연히 NO나 MAYBE로 시작하지만, 점진적으로 YES로 바뀌간다는 마음으로 조급해하지 말고 협상에 임하길 바란다.

YES에 대한 배 대표의 대응

(미리 준비해둔 계약서를 제시하며) 전무님, 이렇게 흔쾌히 수락해주셔서 감사합니다. 저희가 사용하는 표준 마케팅대행계약서를 준비해왔습니다. 읽어보시면 알겠지만 이제까지 상호 논의한 내용을 전부 반영하고 있으니 확인해보시기 바랍니다.

확률적으로 YES가 나올 확률이 많지 않은 만큼, 상대의 대답이 YES일 경우에는 상대의 마음이 더 이상 흔들리지 않는 장치를 마련해야 한다. 합의 내용을 반영한 계약서를 당일 준비해서 체결해두는 것이 가장 좋은 방법이다. 계약서가 아니라면 이메일이나 공문을 활용해서라도 합의된 조건을 당일 상대에게 전달하여야 할 것이다.

MAYBE에 대한 배 대표의 대응

알겠습니다, 전무님. 잘 아시듯이 지난 수개월간 저희 팀 내부적으로 본 건 프로젝트를 위해 노력을 많이 기울이고 있어서, 혹시 가능하시면 다음 주 수요일까지는 진행 여부에 대해 확답을 주실 수 있을는지요. 의사결정 시 필요한 추가 자료가 있다면 편하게 알려주세요. 제가 바로 피드백 드리겠습니다.

특히 헷갈리는 대답이 바로 MAYBE이다. YES도 아니고 NO도 아닌 MAYBE는 희망의 신호로 보일 수 있지만, 많은 경우 희망 고문으로 전락하기도 한다. 이 경우 시간과 에너지를 또 다시 빼앗긴다. 따라서 MAYBE라는 대답이 나올 경우, 상대에게 구체적인 이유를 물어보고 기간을 정해서 답변을 요청하길 권한다.

만일 상황이 허락한다면 이제까지 논의한 사항을 반영해서 간단하게 중간합의서를 작성하는 것도 좋은 전략이다. 수차례 논의해서 이미 상당 부분 합의점이 도출된 사안에 대해서는 중간합의서에 명시하고, 협의에 조금 더 시간이 필요한 부분은 추가 논의

후 최종 계약서를 체결하면 협상 결렬의 위험을 줄인 상태에서 조금 더 안정적으로 진행할 수 있을 것이다.

NO에 대한 배 대표의 대응

전무님, 그동안 저희가 열심히 노력했지만 결론적으로 기대를 충족시켜드리지 못해 죄송한 마음입니다. 혹시 어떤 부분이 불만족스러우셨는지 조금 더 구체적으로 여쭈어도 될까요? (상대가 거절한 이유를 경청한다.) 말씀을 들어보니 전무님께서는 결국 ○○부분이 불만족스러우셨던 것 같은데, 혹시 저희가 이 부분을 보완하여 다음 주까지 수정안을 전달한다면 다시 논의를 진행할 수 있을까요?

상대의 거절에 무조건 실망할 필요는 없다. 상대의 NO는 그 자체로 충분한 정보를 담고 있다. 적어도 내 제안이 상대에게 만족스럽지 못했고, 이를 상대가 내게 솔직하게 표현했다는 것이다. 따라서 감정적으로 이를 받아들이기보다 NO를 하나의 정보로서 받아들이는 연습이 필요하다. NO라는 정보가 주는 의미를 생각하고, 그 이유를 물어보고 이를 반영하여 새로운 기회를 만들면 된다. 때로는 영혼 없는 YES나 애매한 MAYBE보다 내 제안을 신중하게 고민해보고 솔직히 말해주는 상대의 NO에 더 깊은 진정성을 느끼는 경우가 있다. 우리는 상대의 거절에서도 더 깊은 대화를 나누고, 서로를 더 잘 이해할 수 있다.

오늘 당신은 어떤 목표로
미팅에 나가는가?

●

1979년, 하버드 경영대학원 졸업생들에게 "명확한 장래 목표를 설정하고 기록한 다음에 이를 성취하기 위해 계획을 세웠는가?"라는 질문을 했다. 그중 84%에 달하는 졸업생들(C그룹)은 구체적인 목표가 없다고 대답했다. 13%의 졸업생들(B그룹)은 목표는 설정해두었지만 이를 기록해두지는 않았다고 대답했다. 나머지 3%에 해당하는 졸업생들(A그룹)은 목표와 계획을 세우고 이를 기록해두었다고 대답했다.[5]

10년 후인 1989년, 연구자들이 당시 졸업생의 소득을 분석해보니 놀라운 결과가 나왔다. 졸업 당시 구체적인 목표가 없다고 대답한 C그룹에 비해 목표는 설정해두었지만 이를 기록해두지는 않았다고 대답한 B그룹이 평균적으로 2배 이상의 수익을 올리고 있었다.

더욱 놀라운 사실은 구체적인 목표와 계획을 설정해서 이를 기록해두었다고 대답한 A그룹은 10년 뒤 나머지 97%에 해당하는 B, C그룹의 평균 소득과 비교했을 때 최대 10배나 많은 수익을 얻고 있었다는 점이다. 당시 세 그룹 간의 결정적인 차이점은 '구체적인 목표와 계획을 설정했는가, 그리고 이를 기록해두었는가'였다.

프랑스 사상가 미셸 드 몽테뉴는 "어느 곳을 향해 배를 저어야 할지 모르는 사람에게는 어떤 바람도 순풍이 아니다"라는 말을 남겼다. 구체적인 목표를 설정하고 매순간 이를 자각하며 행동하는 것은 협상에서뿐만 아니라 인생을 살아가는 데도 중요한 차이를 만들어낸다.

평범한 사원으로 시작해 10년간 일본 골드만삭스 자산운용 대표이사를 지낸 일본의 전설적인 세일즈 장인 도키 다이스케土岐大介가 미팅에 나가는 영업직원들에게 반드시 물어보는 한 가지가 있었다.[6]

오늘 당신은
어떤 목표로 미팅에 나가는가?

협상 전, 당신도 어떤 구체적인 목표를 갖고 협상에 임하는지 다시 한 번 생각해보기 바란다.

❖

　　협상 테이블에 들어가기 전 가장 먼저 해야 하는 행위는 목표 설정이다. 협상 준비 단계에서부터 협상이 마무리까지의 모든 과정은 목표 달성을 위한 일련의 행위이다. 협상 전 수치화된 목표를 설정하라. 쟁점별 우선순위를 정하고, 팀 내부적으로 기대행동이 포함된 세부 목표를 공유하라. 그리고 협상 직전까지 목표를 반복하여 되뇌며 각인시켜라. 정확한 목표 설정은 협상에 있어 결정적인 차이를 만들어낸다.

일론 머스크와 이재용 회장의 첫인상의 전략

2023년 이재용 삼성전자 회장과 일론 머스크 테슬라 CEO가 미국 실리콘밸리에서 만났다. 두 경영자는 서로 몇 차례 모임에서 만나 잘 알고 있었지만, 별도로 시간을 내어 만나기는 처음이었다.

삼성전자는 테슬라와 완전 자율주행 반도체를 공동 개발해 향후 차량용 반도체 시장의 영향력을 키워나갈 생각이고, 테슬라도 날이 갈수록 치열해지는 전기차 업계에서 경쟁력을 강화하기 위해 삼성전자와의 전략적 파트너십이 필수적인 상황이었다.

양사에게 중요한 미팅이며 세계적인 리더들이 참석하는 만큼, 미팅 장소도 양측 리더들의 옷차림도 모두의 관심사였다.

이날 미팅은 삼성전자 북미 반도체 연구소에서 이루어졌다. 이재용 회장의 요청으로 성사된 만남이었지만, 일론 머스크가 먼저 삼성전자 북미 반도체 연구소에서 만나자고 장소를 제안했다. 장

이재용 회장과 일론 머스크 CEO의 미팅 모습 ⓒ삼성전자

소 선정부터 상대방을 향한 세심한 배려가 느껴진다.

또 한 가지 흥미로웠던 점은 세계적인 두 경영자의 옷차림이었다. 이재용 회장은 평소에 남색이나 검정 계열의 정장을 즐겨 입고, 일론 머스크는 청바지와 티셔츠 차림을 즐겨 입는다고 알려졌다. 하지만 이날 두 경영자는 정확히 반대로 옷을 입고 나타났다. 이재용 회장은 청바지에 후드 티셔츠를 입고 나타났고, 일론 머스크는 검정색 정장 차림을 하고 나타났다. 세계적인 두 경영자들은 서로에게 특별한 의미인 첫 미팅에서 상대방의 평소 옷차림을 염두에 두고 이에 맞는 옷을 입고 미팅에 참석한 것이다.

협상에서 첫인상은 너무나 중요하다. 상대를 다 알지 못해도 왠지 첫눈에 호감이 느껴지는 사람, 우리는 그런 사람과 대화하고 싶고 그 사람과 나누는 대화는 기억에 오래 남는다. 심리학에서는 이를 초두효과Primary Effect라 하는데, 처음 받은 인상과 정보가 나중에 받은 정보보다 기억에 더 강하게 오래 남는다는 것이다. 그렇다면 좋은 첫인상을 남기기 위해 우리는 어떤 것을 준비해야 할까?

1. 시간은 최소한의 배려다

중요한 미팅에 상대가 "죄송하지만 차가 막혀서 조금 늦을 것 같습니다"라고 말한다면, 이미 이 미팅은 부정적인 선입견으로 가득 찬 채로 시작될 것이다. 시간은 최소한의 배려이다. 적어도 10분 전에는 미팅 장소에 도착해야 함을 잊지 말자.

2. 장소는 특별한 의미다

미국에 본사를 둔 테슬라가 한국에 본사를 둔 삼성전자와 미국에서 미팅할 때 얼마나 많은 선택지가 있었을까? 하지만 테슬라는 삼성전자 북미 반도체 연구소에서 미팅을 하자고 먼저 제안했고, 삼성전자는 테슬라의 상징적인 로고와 함께 'Welcome Tesla'라는 문장으로 테슬라의 최고 경영진을 환대했다. 장소는 첫인상을 형성하는 데 중요한 의미를 가진다.

3. 복장은 존중과 센스다

첫 미팅에 어떤 복장을 갖출지도 생각해보아야 한다. 필자는 스타트업 대표와 미팅할 때와, 공기업 경영진과 미팅할 때 복장을 달리하는 편이다. 그들이 기대하는 변호사로서의 역할과 이미지가 다르기 때문이다. 개인의 정체성도 중요하지만, 중요한 미팅 시에는 상대가 기대하는 자신의 역할과 이미지를 먼저 떠올려보길 바란다.

4. 디테일한 준비는 기본이다

첫 미팅에 명함이 없다고 말하는 사람, 볼펜을 빌려달라고 하는 사람, 준비된 자료를 깜빡했다고 얼버무리는 사람은 실패할 수밖에 없는 첫인상을 가진 사람들이다. 그들의 공통점 하나는 준비가 안 되었다는 것이다. 미팅에서 일어날 일을 시간순으로 미리 머릿속으로 그려보고, 필요한 것을 사전에 정밀하게 준비해야 한다.

5. 좋은 대화는 좋은 협상의 시작이다

좋은 대화는 좋은 협상의 시작이다. 어떤 대화로 첫 문장을 시작할지, 어떤 질문을 할지, 상대가 내게 물어볼 예상 질문은 무엇일지 머릿속에 그려보고 여유가 있다면 질문 노트 형태로 만들어 미리 대화를 준비해보길 권한다.

요구가 아닌
욕구에 집중하라

거절할 수 없는 제안으로
스티브 잡스를 설득한 손정의 회장

●

아이폰이 세상에 출시되기 2년 전, 이동통신 사업에 뛰어들기로 결심한 일본 소프트뱅크의 손정의 회장은 스티브 잡스를 찾아갔다. 스티브 잡스를 찾아간 손정의는 당시에 선풍적인 인기를 끌고 있던 아이팟에 모바일 전화 기능을 추가한 제품을 스케치해서 스티브 잡스에게 보여줬다. 스티브 잡스는 그 스케치를 보고 깜짝 놀라며 "손 회장, 당신의 스케치를 내게 보여줄 필요 없어요. 애플에서 현재 구상하고 있는 폰이 따로 있답니다. 아직까지 아무한테도 이야기한 적 없었는데 당신이 처음 내게 찾아왔네요"라고 이야기했다고 한다.[8]

그러자 손정의가 "만약 당신이 그 폰을 완성하면 내게 일본 시장에서 독점적으로 판매할 수 있는 권한을 주십시오. 그리고 이를 계약서에 명시해주실 수 있겠습니까?"라고 이야기를 했다. 스티

거절할 수 없는 제안으로 스티브
잡스를 설득한 손정의 회장
©블룸버그

브 잡스는 크게 웃으면서 "손 회장, 지금 당장 내가 계약서에 사인해줄 수는 없습니다. 게다가 당신은 일본에서 이동통신사도 보유하고 있지 않은데, 어떻게 내가 핸드폰 독점 판매권을 당신에게 주겠소"라고 대답했다.

첫 미팅에서 스티브 잡스에게 아이폰 일본 독점 판매권에 대한 사인을 받아내지 못한 손정의는 2006년에 일본의 이동통신사 '보다폰 재팬Vodafone Japan'을 약 150억 달러를 들여 인수한다. 그러고 나서 손정의는 스티브 잡스가 도저히 거절할 수 없는 제안을 준비한다. 당시 스티브 잡스는 2007년 아이폰 출시를 앞두고 아이팟 재고 때문에 골머리를 썩고 있었다. 게다가 아이폰이 출시되면 아이팟 판매량은 급격히 줄어들 것이고, 아이팟 재고 처리는 더욱 힘들어질 것이 예상되는 상황이었다. 손정의 회장은 스티브 잡스의 핵심적인 욕구가 아이팟 재고 처리라는 것을 파악하고 스티브 잡스에게 거절할 수 없는 제안을 했다.[9]

그것은 바로 아이팟 재고 전량을 현금으로 사주겠다는 것. 손정의의 거절할 수 없는 제안에 스티브 잡스는 즉시 이를 승낙했고 일본 시장의 아이폰 독점 판매권이 '소프트뱅크 모바일'·에 부여되면서 손정의는 결국 원하는 것을 얻을 수 있었다.

만약 첫 번째 협상에 실패하고 손정의가 자신이 원하는 것을 되풀이해서 요구하기만 했다면 스티브 잡스가 이를 받아들였을까? 그렇지 않았을 것이다. 손정의는 자신의 원하는 바를 얻기 위해 상대방이 가장 필요로 하는 것이 무엇인지를 파악하여 거절하기 힘든 제안을 했고, 이를 통해 서로의 욕구가 충족되는 만족스러운 협상을 이끌어낼 수 있었던 것이다.

> 당신의 요구를 열 번 강조하는 것보다,
> 상대방의 욕구를 한 번 공략하는 것이
> 상대방을 설득하는 데 훨씬 더 효과적이다.

• 소프트뱅크 그룹은 2006년 보다폰 재팬을 인수한 뒤 소프트뱅크 모바일로 사명을 바꾼다. 인수 당시 일본의 3대 이동통신사 중 시장 점유율 기준으로 꼴찌 사업자였지만, 일본 시장에서 아이폰을 독점 판매하면서 크게 성장하기 시작했다.

요구Position와 욕구Interest의 차이

무더운 여름 토요일 오후 2시, 대학 내 편의점에서 아르바이트를 하는 대학생 A에게 손님이 다가와 묻는다.

"냉장고에 포카리스웨트가 없네요. 혹시 다 떨어졌나요?"

땀을 비 오듯 쏟고 있는 그의 모습을 보는 순간 A는 '아차' 싶었다. 오늘 아침부터 교내 농구 대회가 있는 날이라 오전에 포카리스웨트는 이미 다 팔렸던 것이다. 잠시 당황한 A는 재빨리 말을 이어간다.

"죄송합니다, 고객님. 포카리스웨트는 오전에 다 나가버렸네요. 혹시 스포츠 음료를 찾으시면 이쪽에 시원한 게토레이와 파워에이드가 있습니다. 지금 게토레이는 2+1 행사를 하고 있어요."

손님은 그제야 다시 냉장고로 가서 게토레이 3병을 가지고 계산대로 온다.

협상학에서는 협상을 이해하는 핵심적인 개념으로 'Position' 과 'Interest'를 강조한다. 'Position'은 겉으로 표현된 '요구'를 의미하고 'Interest'는 협상에서 충족되길 바라는 내면적 '욕구'를 의미한다.

위의 사례에서 A는 고객의 표면적 요구 사항이 포카리스웨트 였지만 고객의 실제 욕구는 갈증 해소라는 점을 파악하고, 이를 충족시켜줄 수 있는 새로운 대안을 제시한다. 거기에 더해 게토레 이는 현재 2+1 행사를 하고 있음을 언급하여 추가적인 구매까지 이끌어냈다. 만약 A가 상대방이 말한 요구 사항에만 집착했다면 고객의 구매를 이끌어내지 못했을 것이다.

결국 협상은 욕구 게임이다. 우리는 무엇인가 원하는 바가 있기에 협상 테이블에 들어선다. 마찬가지로 상대도 내게 원하는 바가 있기 때문에 협상이 시작된다. 서로 원하는 것이 무엇인지 알고, 이를 충족시켜 주면 거래가 성사되는 것이 협상의 본질이다. 하지만 많은 경우 겉으로 드러나는 요구Position에만 집착해서 상대의 욕구Interest를 파악하지 못한 채 협상이 결렬되곤 한다.

협상학에서는 조금 더 직관적으로 설명하기 위해 요구와 욕구를 빙산에 비유한다. 즉, 수면 위로 드러나는 빙산의 일각인 요구

요구 Position	겉으로 표현된 요구 사항	What Base 무엇을 원한다고 말하는가
욕구 Interest	충족되길 바라는 내면적 욕구	Why Base 왜 저런 요구를 하는가

에 집착하기보다는, 그 이면에 감춰진 거대한 실체인 욕구를 파악하여 상대를 만족시킬 수 있는 적절한 해결책을 제시해야 된다는 것이다. 그런 의미에서 서로의 주장이 팽팽히 대립될 때, 잠시 뒤로 한 발짝 물러서서 '상대방이 지금 왜 저런 말을 할까, 저 사람의 실제 욕구는 무엇일까'를 생각해볼 필요가 있다. 그것이 요구 차원의 겉도는 논쟁을 벗어나, 욕구를 충족시키는 본질적인 대화를 나눌 수 있는 고수들의 협상 방식이다.

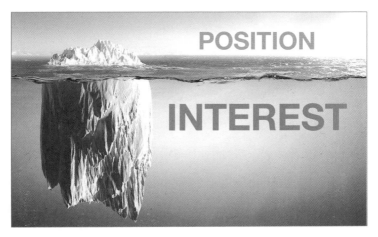

드러나 있는 빙산의 일각인 요구에 집착하기보다는 그 이면에 감춰진 거대한 몸체인 욕구를 파악해야 한다.

10분 안에 상대의
욕구를 파악하는 법

●

성공적인 협상은 결국 서로의 욕구가 만족될 때 이루어짐을 이해한다면, 대화 초반 상대의 욕구를 빠르게 파악하는 일이 얼마나 중요한지 깨닫게 된다. 다음은 협상 시 상대의 욕구를 파악할 수 있는 효과적인 방법들이다.

첫째, 상대가 더 많이 이야기하게 하라

대부분의 사람들은 말이 너무 많다. 하지만 말을 더 많이 한다고 해서 설득력이 높아지지 않는다. 내가 대화를 장악하기보다는 상대방이 대화를 주도하게 하라. 상대는 자신이 대화를 주도한다는 정서적 만족감을 느끼며 본인의 이야기를 점점 더 많이 하게 된다. 그리고 이를 통해 드러나는 상대의 욕구를 정확히 파악하라.

둘째, 세 번 이상 반복되는 단어에 주목하라

욕구는 대부분 언어적 방식으로 표출된다. 상대방의 언어에서 세 번 이상 반복적으로 언급되는 단어에 주목하라. 협상 테이블에서 10분만 집중해도, 반복해서 언급되는 단어를 어렵지 않게 파악할 수 있다. 만일 상대방이 대화 중에 '비용'이라는 말을 반복해서 사용한다면, 상대가 비용에 집착한다는 사실을 쉽게 파악할 수 있다. 상대방의 언어에 세 번 이상 반복해서 등장하는 단어는 대부분 욕구를 암시한다. 이를 주목하라.

셋째, 캐묻지 말고 열린 질문을 하라

질문하라. 상대방의 욕구를 파악하는 데 질문보다 더 좋은 방법은 없다. 다만, 질문 방식이 중요하다. 증인신문을 할 때를 예를 들어보자. 경험이 많지 않은 판사들은 증인신문을 할 때 "증인, 지난 3월에 이런 행동을 했나요?"라는 방식의 직선적인 단답형 질문을 즐겨한다. 하지만 증인신문에 노련한 부장판사들은 같은 취지이지만 조금 다른 방식으로 물어본다.

"증인, 지난 3월에 이런 행동을 했던 사실이 있던데, 혹시 그런 행동을 한 특별한 이유가 있었나요?"

비슷한 질문으로 보이지만 변호사 입장에서는 후자의 질문 방식이 훨씬 더 긴장된다. 전자의 경우 WHAT을 물어보는 질문으로 단답형으로 간단하게 대답하면 끝나지만, 후자의 질문은 WHY형 질문으로 구체적인 상황과 동기를 묘사해야 한다. 그리고 꼭 이럴 때 증인이 필요 이상의 이야기를 하곤 한다. 그만큼 WHY형 질문은 중요한 단서와 내적 동기, 숨겨진 욕구를 파악하기 좋은 질문 방식이기에 변호사로서는 훨씬 더 까다롭게 느껴지는 것이다.

넷째, 나의 욕구를 먼저 드러내라

내가 숨기면 상대도 숨긴다. 내가 아무런 힌트를 주지 않는다면, 상대방도 힌트를 주지 않는다. 경우에 따라서는 본인의 욕구를 상대방에 먼저 드러내는 것이 도움이 된다. 예를 들어, 협상 초반에 "본부장님, 저희가 이번 협상을 통해 중점을 두고 있는 부분은 귀사와의 계약을 가급적 3년 이상 장기 계약으로 체결하는 것입니다. 혹시 귀사는 어떤 부분에 핵심적인 니즈가 있는지 알려주신다면 저희 측에서 최대한 협조하겠습니다"라고 솔직하게 이야기한다. 상대방 역시 마음을 열고 본인들의 욕구를 드러낼 가능성이 높아진다. 협상에서 솔직함은 생각보다 더 강력한 힘을 발휘한다.

다섯째, 제3자를 활용하라

본인이 직접 상대방의 욕구를 파악하기 힘들 때는 주위 이해관계인들을 활용하여 상대의 욕구를 파악하기도 한다. 우리가 부동산 거래를 할 때 우선 공인중개사를 통해 해당 매물이 언제 나온 물건이며, 매도인이 어떤 이유로 부동산을 매도하려는지, 임차인은 협조적인지 등을 자세히 물어보곤 하는데, 이런 방식으로 제3자를 활용하여 상대방의 핵심 욕구를 사전에 파악할 수 있다.

김 대리가 창원으로
전직 요청을 한 이유

●

탄탄한 중견기업에 입사해 성실하게 일해온 김 대리는 창원 공장 경영지원팀에서 근무하다가 본사 인사팀장 박 상무의 눈에 띄어 2년 전부터 서울에 위치한 본사 경영지원팀에서 근무하고 있다. 김 대리는 자신에게 주어진 일에 책임감을 가지고 꼼꼼하게 처리하는 것은 물론이고 조직 내에서 인간관계도 좋아서 동료들뿐만 아니라 윗사람들에게도 좋은 평가를 받고 있다.

그러던 어느 날, 김 대리가 박 팀장에게 면담을 요청했다. 긴장한 표정이 역력한 김 대리의 얼굴을 보니 박 팀장도 괜히 걱정이 된다.

"김 대리, 왜 그래? 회사 그만두는 건 아니지? 회사 그만둔다는 말만 빼고 다 해봐, 괜찮아."

"팀장님…… 말씀드리기 송구스럽지만, 저 다시 창원 공장으로 내려가는 게 어떨까 합니다."

"뭐라고? 아니, 김 대리. 지난 2년 동안 본사에서 인정받으면서 일하고 있는데 갑자기 무슨 소리야? 무슨 일 있어?"

김 대리는 쉽게 말을 잇지 못하고 뜸을 들인다.

"괜찮아, 김 대리. 일단 무슨 일인지 편하게 이야기해봐. 들어보고, 같이 고민해보자."

"네, 팀장님께서 좋게 봐주셔서 본사에서 일할 기회도 얻었고, 여기서 나름대로 열심히 생활했는데, 현재 제 경제력으로는 서울 집값이 도저히 감당이 안 돼서요. 2년 전 처음 올라왔을 때 부모님께 손도 벌리고 전세자금대출도 받고 해서 겨우 전셋집을 구하긴 했는데, 그사이에 전세 시세가 크게 올라 이번에 재계약할 때가 되니 집주인이 전세 보증금을 1억 2,000만 원이나 더 올려달라고 하더라고요. 여기저기 돈 빌릴 곳도 알아보고 다른 전셋집도 알아봤는데, 제가 감당할 수 있는 상황이 아닌 것 같다는 결론을 내렸습니다. 그래서 고민 끝에 다시 창원으로 내려가는 게 낫겠다는 생각을 했습니다."

"그래? 그러면 창원 공장으로 내려가겠다는 이유가 집 문제 때문이라는 거지? 혹시 또 다른 이유는 없나?"

"아시겠지만, 창원에 가면 마음은 편하겠지만 개인적으로는 서울에서 계속 근무를 하고 싶은 마음입니다. 다만 집 문제가 해

	김 대리	박 팀장
요구 Position	창원 공장으로 전직	김 대리의 본사 근무 유지
욕구 Interest	주거 문제 해결	유능한 본사 인력 확보
대안 Creative Option	회사의 용인 사택 활용안, 사내 전세자금대출 가능 여부 확인 등	

결되지 않으니, 아내도 지금 스트레스를 많이 받고 있고, 저도 가장으로서 힘드네요. 팀장님."

"이야기하기 쉽지 않았을 텐데 솔직하게 말해줘서 고맙네. 이 문제는 내가 방법을 한번 알아보겠네. 내가 알기로는 용인에 위치한 회사 사택에 살고 있는 해외영업팀 오 과장이 하반기에 다시 베트남으로 파견 나갈 예정이거든. 1차적으로 김 대리가 그곳을 쓸 수 있는지 확인해보고, 여의치 않다면 사내 전세자금대출 제도 같은 다른 방안도 한번 알아보겠네. 찾아보면 방법이 없지는 않을 거야."

김 대리와 박 팀장의 대화를 살펴보면, 박 팀장이 상당히 노련하게 협상을 이끌고 있는 것을 느낄 수 있다. 우선 박 팀장은 김 대리가 힘들게 꺼낸 창원 공장 전직 의견에 화를 내거나 반대를 하기보다는, 그러한 결정을 내리게 된 이유가 무엇인지를 차분하게 물어보는 것으로 김 대리가 자신의 내면적 욕구를 드러낼 수 있는 분위기를 만들어주었다.

이후 김 대리가 표면적으로는 전직을 요청하고 있지만, 전직 요청을 하게 된 근원적인 이유는 주거 문제에 있다는 것을 파악하고, 상대방의 욕구를 만족시킬 수 있는 현실적인 대안들을 제시하면서 김 대리를 설득하고 있다.

만약 이 상황에서 박 팀장이 김 대리의 욕구를 파악하기도 전에 회사 상황 등을 이야기하며 전직을 허용할 수 없다는 입장만 강요했다면, 갈등이 불거지고 김 대리는 회사를 그만두는 등의 극단적인 선택을 했을지도 모른다.

숨은 욕구를
공략하라

•

▌숨은 욕구 하나: 인정받고 싶은 욕구

은퇴를 앞둔 아버님의 요청으로 노후 생활을 위한 재무 설계를 해드리러 아버님을 찾아뵙게 된 재무 설계사 A. 아버님께서는 집 안의 재무 상황을 A에게 자세히 설명해주라고 어머님에게 이야기 하시는데 어머님께서는 절대로 남에게 재무 설계를 맡기지 않겠다고 고집하신다. 당황한 아버님이 "당신이 뭘 안다고 그래. 그러니깐 우리가 아직도 이렇게 살고 있지. 이런 건 전문가한테 맡겨야 해. 빨리 통장 들고 오고 보험증서도 전부 가지고 와"라고 말한다. 순간 분위기가 싸늘해졌다. 어머님은 여전히 꿈쩍도 하지 않는 상황. 그때 재무 설계사 A가 아버님께 조심스럽게 말씀을 드린다.

"아버님이 잘 몰라서 그러세요. 저희가 많은 어르신들 상담하지만 아버님처럼 평생 직장생활 하시면서 아들딸 전부 대학 졸업시키고, 시집·장가까지 다 보내며 이렇게 다복하게 잘살고 계신 가정이 생각보다 드물어요. 이건 그동안 어머님께서 악착같이 절약하시고 알뜰하게 살림하셔서 가능했던 거예요. 상담을 떠나서 아버님은 어머님께 진심으로 고마워하셔야 해요."

그 말을 듣고 있던 어머님 눈가에 눈물이 맺힌다. 무뚝뚝한 경상도 남자와 30년 넘게 살아오면서 그동안 단 한 번도 들어본 적 없었던 이야기. 평생 인정의 말을 들어보지 못해 가슴 속에 시퍼런 멍이 들었던 어머님은 한동안 아무런 말없이 눈물을 훔치셨다.

그렇게 10여 분이 지난 후, 어머님께서 부엌으로 들어가시더니 커피와 과일을 준비해서 나오신다. 그러더니 A에게 "여기까지 찾아오셨는데 마실 것도 못 챙겨드려 죄송하다"고 이야기하며, 그제야 궁금했던 것들을 하나씩 물어보기 시작했다.

협상의 고수들은 상대가 가진 숨은 욕구Hidden Interest를 파악하고 이를 자극한다. 협상 테이블에서 논의되는 거래 조건들과 직접 연관되지는 않지만, 그 이면에서 당사자들을 움직이는 인간의 본능과 맞닿아 있는 숨은 욕구는 상대를 설득할 수 있는 중요한 요인이다.

모든 사람에게 발견할 수 있는 공통된 숨은 욕구 중 하나는 바로 '인정받고 싶은 욕구'다. 위 사례에서 재무 설계사 A는 어머님의 '인정받고 싶은 욕구'를 자극해 어머님의 마음을 열고 소통을 시작할 수 있었다. 그동안 어머님은 좀처럼 인정해주지 않는 남편과 살면서 켜켜이 서러움이 쌓여왔는데, 이를 알아차린 A가 '어머님 덕분에 이렇게 잘살아 오실 수 있었으니 고마워하셔야 한다'고 인정해드리자 어머님의 가슴속 깊은 곳에 자리 잡고 있던 숨은 욕구가 충족되며 굳게 닫힌 마음이 열린 것이다.

우리는 직장에서 상사와 동료들에게 인정받고 싶어 한다. 가정에서는 가족들에게, 사적인 자리에서는 친구들에게 인정받고 싶어 한다. 미국의 철학자 존 듀이는 이를 '중요한 사람이 되려는 욕망'이라고 표현했다. 생각해보면 아이든, 어른이든, 사적인 영역에서든, 비즈니스 협상 테이블에서든, 우리는 모두 자신이 중요한 존재라고 느끼고 싶어 하고, 끊임없이 이를 확인하고 싶어 한다. 인정받고 싶어 하는 욕구는 SNS 공간에서도 여과 없이 드러나는데, 문유석 판사는 그의 저서 『개인주의자 선언』에서 SNS 공간을 '남들에게 인정받고자 치열한 인정 투쟁을 벌이는 곳'이라고 표현하기도 했다.[10]

협상의 고수들은 협상을 할 때 상대가 가진 숨은 욕구 중에서 인정받고 싶은 욕구를 잘 활용한다. 비용을 들이지 않고도 상대방에게 호감을 살 수 있고, 정서적 충족감을 불러일으킬 수 있으며, 심지어 그 누구에게 활용해도 절대 실패하지 않기 때문이다.

『카네기 인간관계론』을 보면 다음과 같은 구절이 있다.

인간성에서 가장 심오한 원칙은 다른 사람으로부터 인정받고자 하는 갈망이다. (중략) 이것이야말로 인간의 마음을 뒤흔들어 놓는 타는 듯한 갈증이다. 이러한 타인의 갈증을 제대로 충족시켜줄 수 있는 사람은 극히 드물지만, 그 사람이야말로 다른 사람을 마음대로 움직일 수 있다.

숨은 욕구 둘: 외로움에서 벗어나고 싶은 욕구

기업 자문을 하는 과정에서 자연스럽게 기업의 대표들을 만나게 된다. 그들을 보면 몇 가지 공통점들을 발견할 수 있는데, 그들에게 관찰되는 공통된 욕구 중 하나가 바로 '외로움에서 벗어나고 싶은 욕구'다.

조직에 따라, 혹은 상황에 따라 정도는 다르지만 리더는 본질적으로 외롭다. 그 외로움의 근원은 '최종 의사결정은 결국 내가 내리며, 그에 따른 책임도 내가 부담해야 한다'는 인식과 맞닿아 있다. 대표들의 이러한 인식은 우리나라 기업의 의사결정 구조 및 기업 문화와 밀접하게 관련되어 있다.

우리나라의 회사 이용 실태를 보면 상법에서 인정하는 5종의 회사(합명회사, 합자회사, 유한책임회사, 주식회사, 유한회사) 중 주식회사가 90% 이상을 차지할 정도로 압도적이다.[11] 주식회사의 의사결정 기관은 크게 세 가지(주주총회, 이사회, 대표이사)로 나뉘는데, 현실적으로 이사회의 구성원인 이사들은 거수기 역할을 하는 경우가 대부분이며, 최고의사결정 기구인 주주총회 역시 대주주인 대표이사가 장악하여 자신의 의도대로 움직이는 경우가 많다.

결국 주식회사의 모든 지배력이 대표이사 1인에게 집중되는 경우가 많은데, 이러한 구조에서 대표이사는 '모든 것을 결정하고 모든 것을 책임져야 한다'는 중압감을 느끼게 되는 것이다. 대표를 외롭게 만드는 또 한 가지 요인은 직원들과의 거리감이다. 수직적인 기업 문화에 익숙한 우리나라에서 대표이사는 피라미드 조직의 제일 상단부에 위치한 사람이라 여겨지기 때문에 직원들은 결코 대표에게 쉽게 다가가지 못한다. 직원들에게 대표는 언제까지나 '타자'일 뿐이다.

만일 기업 대표를 상대할 일이 자주 있다면, 그들을 움직일 수 있는 중요한 숨은 욕구 가운데 하나가 바로 '외로움에서 벗어나고 싶은 욕구'라는 점을 인지하고 다음과 같은 부분을 염두에 두길 권한다.

첫째, 의사결정 차원

우선 대표가 요즘 고심하고 있는 사안이 무엇인지 파악하고, 그(녀)의 의사결정에 도움이 될 수 있는 자료를 준비하여 제공한다. 해당 자료는 길지 않지만 핵심적인 내용이 잘 요약되어 있어야 한다. 이후 대표가 당신을 신뢰하기 시작하면 토론 상대 역할을 기대할 수도 있기 때문에, 회사의 현안에 대해 여러 각도에서 깊이 있게 파악하고 언제든지 주장-반박-재반박을 하고 자신의 입장을 밝힐 수 있도록 머릿속에 정리를 해두어야 한다.

둘째, 인간관계 차원

외로운 대표에게 인간적으로 친근하게 대하는 사람이 있으면 마음이 갈 수밖에 없다. 기본적으로 '대표는 타자다'라는 거리감을 떨쳐내는 것이 선행되어야 할 것이다. 대표도 회사에서 함께 일하는 임직원들과 같이 점심 먹고, 때로는 편안하게 맥주도 한잔하면서 허심탄회하게 이야기할 사람이 필요하다. 이런 그(녀)의 숨은 욕구를 잘 파악해서 공략한다면, 어렵지 않게 상대의 마음을 얻을 수 있을 것이다.

❖

협상은 궁극적으로 욕구 게임이다. 겉으로 표현되는 요구Position에 집착하지 말라. 요구가 아닌 욕구에 집중하여 협상의 본질을 꿰뚫어 보는 것, 그리고 이를 넘어 상대가 생각지도 못한 숨은 욕구를 공략하는 것, 이것이 바로 고수들의 협상 방식이다.

협상의 오프닝은 '이것'으로 시작하라!

성공적인 협상은 좋은 관계에 기반한다. 좋은 관계는 좋은 대화에 기반한다. 탁월한 협상가들은 대화의 시작부터 다르다.

몇 해 전 존경하는 선배와 점심 약속이 있어 테헤란의 어느 일식집으로 향했다. 약속 장소에 도착했더니 먼저 와 계시던 선배가 반가운 목소리로, "오~ 류 작가! 베스트셀러 작가님 오셨네. 나 사인 받으려고 오는 길에 서점 들렀다 왔는데"라며 미리 준비해 둔 책을 꺼내시는 것이 아닌가.

후배가 몇 달 전 책을 냈는데, 그걸 기억하고 계셨다가 첫 마디부터 이렇게 반갑게 인사해주시는 것이다. 대단한 베스트셀러도 아니고, 사회적으로 나보다 훨씬 더 존경받는 분이며, 그분의 깊이와 내공을 내가 더 잘 알기에 더욱 고맙고 감사한 마음이 들었다. 그리고 그날 점심의 대화는 오랫동안 기억에 남았다.

그런데, 그 이후 몇 개월 동안 선배의 행동을 가까이서 관찰해보니, 선배는 오랜만에 보는 지인들에게 항상 남다른 첫 문장을 준비해서 만남을 가진다는 사실을 알 수 있었다. 그때 깨달았다.

'대화의 첫 문장을 준비해가면 첫인상부터 다르구나.'

선배로부터 깨달음을 얻은 이후로, 나에게도 습관이 하나 생겼다. 누군가를 만나기 10분 전, '오늘 그 사람의 어떤 부분을 먼저 인정해줄까?'를 고민하는 습관이 바로 그것이다. 첫 문장이 다르면 첫인상이 달라지고, 첫인상이 다르면 그날의 대화가 달라진다. 그리고 대화가 다르면 협상의 결과도 달라진다. 수많은 협상 테이블을 관찰한 결과, 대화 초반에 상대방의 인정받고 싶은 욕구를 충족시켜주고 시작하는 대화와 그렇지 못한 대화는 대화 자체가 달라진다는 것을 알 수 있었다.

우리나라 사람들이 가진 가장 강렬한 욕구이자, 남녀노소 누구나 가지고 있는 핵심 욕구인 '인정받고 싶은 욕구'는 다음과 같이 세 가지 특징이 있다.

첫째, 다른 사람만이 채워줄 수 있다

인정받고 싶은 욕구는 식욕, 수면욕 등 인간의 다른 욕구와는 달리 스스로 만족될 수 없는 욕구이다. 인정은 상대방을 통해서만 충족될 수 있고, 이 때문에 사람들은 그토록 인정욕구에 목말라 한다.

둘째, 상호성의 원칙이 적용된다

제아무리 상대가 잘나고 뛰어난 사람이라도 그 사람이 나를 무시한다는 사실을 눈치채면 그때부터 내 마음속에 적개심이 생기고 나도 상대를 무시하게 된다. 반대로 상대방이 나를 인정해준다는 것을 알게 되면 그때부터 상대에 대한 호감도가 상승하고 나도 상대를 인정해주게 된다. 인정에 있어 적용되는 중요한 원칙이 바로 상호성의 원칙이다. 상대의 행동은 내 행동의 거울이다. 만일 당신이 주위 사람들에게 인정받고 싶다면 먼저 본인이 자신의 주위 사람들을 인정해주는 것이 가장 확률 높은 방법일 것이다.

셋째, 인정해주는데 비용이 발생하지 않는다

아무런 비용 없이 상대방과의 관계를 돈독하게 할 수 있고, 초반 대화의 분위기와 전반적인 협상 과정을 우호적으로 이끌 수 있다면 왜 마다하겠는가. 가장 좋은 방법이 바로 인정의 말이다. 하지만 사실 우리는 타인의 인정에 그렇게 후하지 않다. 인정해준다고 돈이 드는 것도 아니고 손해 보는 것도 없는데도 말이다.

나는 내 주위 사람들을 충분히 인정해주고 있는가? 루스벨트 대학의 캐롤린 와일리는 "관리자 중 80% 이상이 부하직원이 직무를 완수한 것을 인정하고 이를 자주 표현했다고 주장하는 반면, 관리자가 '가끔' 이상으로 자주 감사를 표현했다고 응답한 직원은 20% 이하에 불과했다"라고 말했다. 이러한 현상을 인식의 격차라고 부른다.[12] 즉, 우리는 자신의 마음속으로만 상대를 인정하고, 이를 상대에게 잘 표현하지 않는다. 인정의 말은 의도적이고 반복적으로 구체적으로 상대방에게 표현하지 않으면 상대는 이를 잘 못 느끼는 경우가 많다. 그리고 이것이 쌓이면 오해를 만든다.

"전화기 너머로 안정감 있는 목소리가 인상적이었는데 직접 뵈니 더 신뢰가 갑니다."

"말씀 많이 들었습니다. 업계에서 일 잘하고 꼼꼼하기로 유명하시더군요."

"지난주에 메일로 금일 미팅 안건을 사전에 공유해주셔서 많은 도움이 됐습니다."

"오늘 넥타이 색깔이 너무 좋은데요, 역시 팀장님은 센스가 남다르신 것 같아요."

협상 테이블에 앉기 전 조금만 고민해보면 상대를 인정해줄 수 있는 말은 의외로 너무나 많다. 그리고 오프닝을 인정의 말로 시작하면, 상대방은 정서적인 만족감과 함께 본인이 존중받고 있다고 느끼게 된다. 결국 협상도 사람이 하는 것이다.

와튼스쿨 모리 타헤리포어 협상학 교수

와튼스쿨의 모리 타헤리포어 교수와 대담 중인 류재언 변호사 ©롱블랙

2024년 3월, 와튼스쿨 최고의 협상학 교수이자, 『사람은 무엇으로 움직이는가』의 저자 모리 타헤리포어 교수가 한국에 방문했을 때였다. '롱블랙'이라는 지식 구독 서비스를 운영하는 스타트업*

• 모리 타헤리포어 교수와의 인터뷰는 지식 구독 서비스 롱블랙을 운영하는 스타트업 ㈜타임앤코의 도움으로 이루어졌다. 본문의 내용 역시 ㈜타임앤코의 동의를 얻어 롱블랙에 발간된 인터뷰 칼럼에 기반하여 작성된 글이다.

의 요청으로 그를 인터뷰하게 되었다.

모리 교수와의 인터뷰는 삼성동 코엑스 미팅룸에서 100분 동안 진행되었는데, 그가 약속 장소에 도착하자마자 가장 먼저 한 행동이 아직도 기억에 남는다. 그는 가방에 넣어둔 핸드폰을 꺼내어 무음으로 바꾼 다음, 손이 닿지 않을 정도로 먼 책상 모서리 끝에 두고 다시 본인의 자리로 돌아왔다. 그리고 나와 눈을 맞추고 활짝 웃으며, "자, 이제 시작해볼까요?"라며 대화를 시작했다.

나는 그의 첫 행동에서 인터뷰를 어떤 태도로 임할 것인지 어렵지 않게 알 수 있었다. 그렇게 시작된 인터뷰 도중, 그날따라 내 목 상태가 좋지 않아 몇 차례 기침을 했다. 이를 본 모리 교수는 검정색 가방에서 주섬주섬 무엇인가를 꺼내어 나에게 손을 내밀었다. 그가 건넨 것은 노란색 레몬 캔디였다.

"변호사님도 말을 많이 하시죠? 저도 말을 많이 하는 직업이라 항상 이 캔디를 들고 다니는데, 목을 가라앉히는 데 도움이 되더라고요."

그 작은 배려와 말이 주는 힘은 실로 대단했다. 나는 그의 행동에 완전히 매료되었고, 그날 모리 교수와 함께한 대화는 최근 몇 년 동안 가장 밀도 있는 대화로 손꼽혔다. 아래는 그날 인터뷰에서 이야기한 핵심 메시지를 정리한 내용이다.

1. 스몰 토크는 빅 토크다

"곧장 본론으로 들어가는 게 효율적이라고 생각할 수 있어요. 하지만 그런 경우, 협상이 교착 상태에 빠진 순간, 더는 나눌 이야기가 없어집니다. 숫자와 거래 조건을 빼면, 서로가 공유하는 맥락도, 쌓아온 관계도 없기 때문이죠. 협상도 결국 사람과 사람이 하는 일이에요. 서로 연결되었다고 느낄 때, 좋은 결과가 나오죠. 그래서 스몰 토크는 사실 빅 토크예요. 협상을 성공시키는 강력한 힘이 있죠."

하지만 내성적이거나, 화술이 부족하면 스몰 토크가 어렵지 않을까? 그는 스몰 토크에서 중요한 건 화술이나 주제보다는 '진정성'이라고 말한다. 진심으로 상대에게 관심을 보이는 것만으로도 충분하다는 것이다.

"상대를 더 많이 알려고 노력하는 게 바로 진정성이에요. 협상을 준비하며 구글 검색으로 그 사람을 찾아볼 수도 있고, 다른 사람에게 그에 관해 물을 수도 있어요. 누군가 단순한 거래 이상으로 내게 관심을 갖고 시간을 투자했다는 사실을 알면 기분이 좋죠."

2. 정보를 내줘야 신뢰를 얻는다

"적게 말하는 사람이 협상에서 이긴다는 통념이 있습니다. 협상은 싸움이 아니라 문제 해결이에요. 그렇다면 그 풀이법은 방정식과 비슷해요. 모든 것이 미지수라면 답을 찾을 수 없죠. 우리에 겐 문제를 해결할 실마리가 필요합니다."

대부분 협상 실무자들은 자신의 정보를 최대한 들키지 않으려 고 애를 쓴다. 하지만 모리 교수는 정보를 다음 세 개로 분류해보 라고 조언한다.

- 첫째, 알려주는 게 도움이 되는 정보
  검색이나 사전 조사로 알 수 있는, 공개된 것과 다름없는 정보라면, 상대에게 미리 알려주는 것이 오히려 낫다. 협상을 잘 풀어낼 수 있 는 힌트가 될 수 있기 때문이다.

- 둘째, 상황에 맞게 공개 유무를 선택할 정보
  알려줘도 괜찮은 내부 정보라면 초반 분위기를 좋게 만들고 협조 를 이끌기 위해 먼저 알려주거나, 상대가 정보를 줬을 때 그 보답으 로 우리의 정보를 내어줄 수 있다.

- 셋째, 절대 알려줘선 안 되는 정보
  우리 내부의 협상 마지노선이나, 공개되었을 때 치명적인 정보들은 상대에게 알려주어서는 안 될 것이다.

  "정보를 세 유형으로 구분해 보면 깨달을 수 있어요. 상대방과 공유할 수 있는 정보가 훨씬 많다는 사실을요. 정보를 주면, 신뢰가 돌아옵니다. '당신을 속이려는 게 아니라, 같이 문제를 해결하려는 것'이란 인상을 주죠. 상대도 마음을 열게 됩니다."

3. 거절당한 것은 당신이 아니다

상대방이 늘 제안을 받아들이는 것은 아니다. 거절할 때가 훨씬 많다. 거절은 매번 괴롭다. 그리고 때로는 금전적 손해로 이어지기도 한다. 어떤 이는 거절이 두려워서 애초부터 요구치를 낮춰 제안하기도 한다.

그러나 모리 교수는 거절을 조금 다른 관점으로 바라본다.

"거절은 자존심 상하고 아픈 일이에요. 하지만 결코 당신이 거절당한 것은 아닙니다. 당신의 제안이 거절당한 것뿐이죠. 이 또한 하나의 정보로 받아들이고 활용해야 해요. NO를 거절이 아닌 정보로 바라보기 시작하면, 상대로부터 즉각 YES라는 대답을 듣는 것이 마냥 기쁘지만은 않게 됩니다. 거절은 더 깊고 진지한 대화로 들어가 서로를 더 잘 이해할 기회인데, 그 기회가 없어지기 때문이죠. 그런 점에서 본다면 더 많은 정보를 알게 해주는 좋은 거절이 나쁜 동의보다 훨씬 나아요."

상대에게
기준을 제시하라

대기업 10년 차,
연봉 협상을 앞둔 후배의 고민

●

얼마 전 대학 후배인 B에게 연락이 왔다. 대기업 브랜드 팀에서 근무하다가 오랫동안 눈독을 들이고 있었던 IT 기업의 서비스 브랜드 팀으로 이직하게 되었는데, 연봉 협상이 생각만큼 쉽지 않아 조언을 구하고 싶다고 했다.

상황을 들어보니 IT 기업 A사는 우선 동종 IT업계의 10년 차 평균 연봉이 7,000만 원 수준이라는 점을 언급하고는 B의 업무 능력과 커리어 등을 고려하여 업계 평균보다 500만 원 정도 높은 7,500만 원 수준의 연봉을 제시했다. 그러면서 마지막에 "당사 사내 연봉 규정상 지급할 수 있는 최고 금액"이라고 언급을 하며 더이상의 협상의 여지를 주지 않으려는 상황이었다.

A사가 제시한 기준

• 동종 업계의 10년 차 평균 연봉 기준 7,000만 원

• A사 사내 연봉 규정상 제시할 수 있는 최고 금액 7,500만 원

이렇게 기준점을 선점하면 자신이 제시한 프레임 속에 상대방을 가둘 수 있다. 상대방 입장에서는 이 프레임을 깰 수 있는 근거를 제시하지 못하면 상대가 제시한 프레임에 구속되고 만다. 그렇다면 B는 이 상황에서 어떻게 대응할 수 있을까?

▎첫째, 상대방의 첫 제안을 허물어라

B는 현재 다니고 있는 회사에서 받는 연봉이 7,200만 원이기 때문에 현재의 연봉 수준보다 약 10% 이상의 연봉 인상이 보장되지 않는다면 굳이 이직할 이유가 없다는 입장을 전달한다. 다른 기준점을 제시하여 상대의 첫 제안을 허무는 전략이다.

B가 제시한 기준

• 현재 회사에서 받고 있는 연봉 기준 7,200만 원

• 현재 연봉에서 약 10% 인상된 희망 연봉 8,000만 원

팽팽한 연봉 협상의 관전 포인트는 A사와 B가 연봉 협상에서 서로에게 조금이라도 더 유리한 기준점을 제시하여 상대를 압박하고 있는 부분이다. 현재 각자가 제시하고 있는 기준점 사이에는 500만 원 정도의 격차가 존재한다. 이때 A사가 한발 양보해서 B의 최저 기준점을 받아들이거나 B가 한발 양보해서 A사의 최고 기준점을 받아들인다면 합의점을 찾을 수 있지만, 그러기 힘들다면 협상은 결렬될 가능성이 크다.

이럴 때 협상은 결국 협상 결렬 대안인 배트나BATNA*의 유무가 결정적인 역할을 하게 된다. A사 입장에서 7,500만 원 수준의 연봉으로 B보다 더 나은 인재(배트나)를 채용할 수 있는지, 반대로 B의 입장에서 커리어, 연봉, 복지 등을 종합적으로 고려했을 때 A사보다 더 나은 기업(배트나)을 찾을 수 있는지가 중요해진다. B의 입장에서 더 나은 배트나가 확보되어 있는 상황이라면 A사와의 협상이 깨지는 것이 문제가 되지 않기 때문에 A사를 더 강하게 압박하며 유리한 조건들을 이끌어낼 수 있을 것이다. 참고로, 배트나에 대한 더 자세한 내용은 「원칙 6. 당신만의 배트나를 확보하라」에서 다룬다.

B의 입장에서는 기대했던 만큼의 연봉 인상이 힘들더라도 커리어를 고려했을 때 A사로 이직을 하는 것이 장기적으로 더 도움

* 협상이 결렬될 경우 선택할 수 있는 최선의 대안.

이 되는 상황이라면, 상대가 제시한 기준을 수용하면서 부수적인 조건들을 얻어내는 방법도 고려해볼 수 있다.

▎둘째, 상대의 기준을 수용하면서 부수적인 조건들을 제안하라

다른 기준을 제시하여 상대의 첫 제안을 허물어보려고 노력했지만 현실적으로는 힘들다고 판단된다면, 상대의 기준을 수용하면서 다음과 같은 부수적인 조건들을 얻어내는 방법도 고려해볼 수 있다.

- 이직 시 원하는 포지션 보장
- 내년 연봉 인상률 보장
- 유리한 인센티브 산정 기준 적용
- 스톡옵션 지급
- 근무 시간 조정/주 2회 재택근무
- 기타 복지 혜택 등

A사와 B의 연봉 협상은 결국 상대방을 납득시키기 위해 어떤 기준을 제시할 것인지, 그리고 상대방이 제시할 것으로 예상되는

기준을 허물기 위해 어떤 기준과 근거를 마련하여 반박할 것인지, 또한 부수적으로 얻을 수 있는 것들은 무엇인지, 그리고 각자가 확보한 협상 결렬 대안은 있는지 등에 대한 부분이 협상의 핵심적인 고려 요소임을 알 수 있었다. 그중에서 이번 장에서는 '기준'에 초점을 맞추어, 협상 테이블에서 유용하게 활용할 수 있는 기준들을 아래와 같이 세 가지로 분류해서 살펴보겠다.

성공적인 협상과 설득을 위해 활용 가능한 세 가지 기준

객관적 기준: 객관적으로 증명될 수 있는 기준

주관적 기준: 협상 당사자 간에 합의된 기준

사회적 기준: 사회적으로 다수가 따르는 행동 기준

앵커링 효과와 첫 제안 전략

●

중요한 협상을 앞두고 첫 제안을 어떻게 할지 고민스럽다. 특히 앵커링 효과Anchoring Effect로 인해 첫 제안이 상대방에게 미치는 영향은 우리가 생각하는 것보다 훨씬 더 크다.

즉 배가 닻Anchor을 내리면 그 주위를 맴돌다가 처음 닻을 내린 지점에서 크게 벗어나지 못하고 정박한다. 이처럼 협상 시 최초의 가격 기준점을 선점하여 최종 합의점을 최초 제안가에서 크게 벗어나지 못한 지점에서 형성시키려는 프레임 전략이 바로 앵커링 이다. 아래는 첫 제안을 할 때 반드시 고려해야 하는 사항들이다.

1. 더 원해야 더 얻는다

협상에서 첫 제안의 의미는 내가 얻을 수 있는 최대치를 스스로 정하는 것이다. 내가 첫 제안에 100을 이야기했다면, 그 협상에서 절대로 100을 넘은 결과는 얻을 수 없다. 하지만 꽤나 많은 사람들이 생각보다 너무 낮은 수준의 첫 제안으로 협상을 시작한다. 예를 들면, 상대방은 130 수준까지 수용할 내심의 의사가 있는데, 첫 제안의 기준이 120도 안 되어서 120 이하로 협상이 마무리되는 경우가 의외로 많다.

기억하라. 내가 더 원해야 더 얻을 수 있다. 스스로의 가치를 지나치게 낮게 평가하거나, 상대를 근거 없이 과대평가하거나, 협상 자체를 피하고 싶은 마음으로 제대로 준비가 되지 않아 충분치 않은 기준으로 첫 제안을 한다면 그 결과도 필연적으로 만족스럽지 못할 것이다.

2. 20%의 법칙

수많은 협상 장면을 분석한 결과, 대부분의 사람들은 20% 수준의 안전마진을 갖고 첫 제안을 할 때 심리적으로 안정감을 느낀다. 이것이 첫 제안에 적용되는 20%의 법칙이다. 이유는 명확하다. 상대방이 나의 첫 제안부터 YES를 하지 않을 것이기 때문에, 한두 번 상대에게 반박을 당해도 내가 생각하는 기준을 지키기 위해 대략 20% 정도는 의도적으로 상향하여 첫 제안을 한다. 이를 협상학에서는 에임하이Aim-High 전략이라고 한다.

3. 첫 제안에 YES를 하지 말라

앞서 살펴본 바와 같이 첫 제안부터 자신의 마지노선을 노출하는 사람은 거의 없다. 대부분 사람들은 에임하이 전략을 활용하기 때문에, 상대의 첫 제안에 곧바로 YES를 외친다면 더 좋은 결과를 도출할 수 있는 가능성을 스스로 박차는 행위이다.

그뿐만 아니라 첫 제안부터 YES를 하면 상대방의 만족도도 떨어진다. 만약 당신이 간절히 원하는 기업으로 이직하는 상황에서, 첫 제안으로 연봉 5,800만 원을 불렀는데 나의 첫 제안을 듣자마자 인사 담당자가 곧바로 "좋습니다. 금일 근로계약서 체결하시죠"라고 하면 기분이 어떻겠는가? 아마 그날 당신은 자신의 첫 제안에 대한 아쉬움으로 잠을 못 잘 것이다. 결론적으로 상대방의 첫 제안부터 성급하게 YES를 외치는 습관은 양측 모두의 협상 만족도를 떨어뜨리는 잘못된 습관이다.

4. 상대에 따라 달리 접근하라

물론 첫 제안 전략은 상대가 누구인지에 따라 다르게 접근할 필요가 있다. 난생처음 만나는 협상 상대방과 수년간 신뢰를 쌓아온 업계의 오랜 협력사에게 같은 수준으로 첫 제안을 하지는 않을 것이다. 또는 오랜 신뢰관계를 쌓은 협력사 대표에게 처음 만나는 사람에게 제시하는 수준으로 첫 제안을 한다면, 상대방과의

앵커링 효과Anchoring Effect는 최초
조건에 얽매이는 행동 특성을 활용하는
협상전략이다. ©셔터스톡

신뢰에 문제가 생길 수 있을 것이다.

상대방이 평소 첫 제안을 어느 수준으로 하는지도 사전에 파악을 해보아야 한다. 예를 들면, 당신의 협상 상대방이 도널드 트럼프 미국 대통령이다. 당신은 트럼프에게 어느 수준의 첫 제안을 할 것인가? 이를 생각하기 전에 먼저 트럼프는 어느 정도로 첫 제안을 하는지 생각해볼 필요가 있다. 아주 공격적인 협상을 하기로 알려진 트럼프 대통령과 우리나라 정부와의 협상 사례를 살펴보면, 트럼프 대통령은 한미 방위비분담금을 협상할 때, 기존 분담 금액의 5배 수준의 증액을 요구한 사례가 있다. 당시 트럼프는 주한미군 철수 카드로 한국 정부를 압박하며, 자국의 경제적 이익을 최대한 확보하기 위해 우리 정부를 강도 높게 압박했다.[13]

그렇다면 밋밋한 첫 제안은 맞지 않을 것이다. 상대가 극단적으로 높은 앵커를 활용할 것이 예상된다면, 우리는 어느 정도 수준의 첫 제안을 준비할지, 타이밍은 내가 먼저 이야기할지 상대의 이야기를 일단 들어볼지 등 상대에 맞는 정교한 첫 제안 전략이 필요하다.

부동산 협상에서
1억 원을 깎을 수 있었던 비결
: 객관적 기준

●

수년 전 서울 △△구 ○○동 소재의 단독주택 매매 건을 컨설팅을 했다. 공인중개사를 통해 매도인이 생각하는 희망 가격을 알아보니, 매도인은 주위 시세보다 평당 300만 원 이상 높은 가격을 제시하고 있었다. 65평 정도의 대지인 점을 감안하면 전체 매매 금액이 시세보다 약 2억 원 정도 높게 책정되어 있는 상태였다.

매도인은 목표치를 의도적으로 높여 부르는 에임하이Aim-High 협상 기술을 통해 앵커링 효과를 노리고 있는 것이다. 앞서 언급했듯이 앵커링 효과는 최초에 언급된 조건에 얽매여 새로운 정보를 수용하지 않거나, 이를 부분적으로만 수정하려는 행동 특성을 활용하는 협상 전략으로 주로 가격 협상에서 자주 활용된다.

나는 앵커링 효과를 노리는 상대방의 첫 제안에 대응할 수 있는 기준을 마련하기 위해 객관적인 기준으로 삼을 만한 자료들을

법정동	주택유형	연면적(㎡)	대지면적(㎡)	계약일	거래 금액(만 원)
○○동	단독	247.94	194.4	1~10	252,000
○○동	단독	45.19	92.9	1~10	144,000
○○동	다가구	205.47	122	1~10	176,000
○○동	단독	49.55	118.3	11~20	172,000
○○동	단독	71.83	155.4	11~20	185,000
○○동	다가구	184.41	106.8	11~20	148,000
○○동	단독	43.03	57.2	21~30	88,000
○○동	단독	92.89	198	21~30	240,000
○○동	단독	92.82	122.6	21~30	162,000

수집했다. 가장 먼저 주위 부동산들을 활용해 최근 매물로 나와 있는 단독주택의 시세를 파악했다.

이와 함께 '국토교통부 실거래가 공개시스템(http://rt.molit. go.kr/)'에 접속해봤다. 공개시스템에 접속하면 실거래가 각 지역에서 거래되는 부동산의 거래 관련 정보(거래 금액, 계약 일자, 대지 면적, 연면적, 층수, 건축연도 등)가 상세히 공개되어 있기 때문에 부동산 가격 협상에서 객관적 기준으로 활용할 수 있는 정보를 어렵지 않게 확보할 수 있다.

국토교통부 실거래가 공개 시스템에 접속해서 서울 △△구 ○○동 일대 단독주택들의 최근 1년간 거래 가격을 상세하게 조회해보니 예상대로 비슷한 시기에 건축된 단독주택 가운데 최근 1년 동안 매도인이 제시한 가격보다 평당 단가가 높게 거래된 예는 한 건도 없었다. 심지어 거래가도 다소 하락하는 추세였다.

　마지막으로 거래 가격 조정을 유도할 수 있는 추가 요인을 찾기 위해 건축물대장을 열람해봤다. 그 결과 생각지도 못한 사실을 발견할 수 있었다. 건축물대장에는 3층에 번듯하게 지어진 옥탑방이 무단 증축에 따른 위반 건축물로 등재되어 있었고, 심지어 작년 하반기에 무단 증축에 따른 이행강제금을 부과받은 사실도 명시되어 있었다. 매도인 입장에서는 경제적으로나 심리적으로 상당한 부담일 것이다. 하지만 매수인에게는 어차피 건물 전체를 리모델링할 생각이었기에 대수롭지 않은 일이었다.

　협상 테이블에서 매도인은 시세 및 실거래가보다 상당히 높은 첫 제안 가격을 고수했다. 나는 실거래가 공개시스템을 통해 취합한 지난 1년간 동일 지역 내 단독주택 매매가 자료를 제시했다. 매도인이 제시한 평당 가격으로 거래된 사례가 지난 1년간 단 한 번도 없었고, 그마저도 하락 추세에 있다는 사실을 지적했다. 그러자 기세등등했던 매도인도 조금 당황하는 눈치였다. 객관적 기준을 제시하여 상대방의 첫 제안이 현실적이지 않음을 인식시키는데 성공한 것이다. 이제는 어떻게 상대를 설득해 거래를 성사시킬지를 생각해야 한다.

협상에서 가장 중요한 자는 상대방이고
협상에서 가장 덜 중요한 자는 바로 자기 자신이다.

나는 협상을 준비하는 과정에서 상대방이 가장 염려하는 점과 가장 원하는 점이 무엇인지를 고민했고 이를 공략하기로 했다.

"매매가를 평당 200만 원 정도(건물 전체 기준 1억 3,000만 원) 조정해주신다면, 계약금으로 매매가의 10%가 아닌 50%를 드리고, 잔금을 계약일자로부터 한 달 이내에 전액 지급해드리겠습니다. 그리고 건축물대장을 확인해보니 옥탑방 부분이 위반 건축물로 최근 이행강제금이 부과되었던데, 이 부분은 저희 비용으로 원상복구시키겠습니다."

부동산 거래의 딜 브레이커(협상 결렬 요인)로 작용할 수 있는 위반 건축물에 대한 리스크를 떠안고 캐나다 투자 이민을 앞두고 있다는 매도인의 사정을 사전에 파악해 최대한 현금을 빨리 확보할 수 있게 하여 최종 결정을 촉구한 것이다.

주말까지 고민해볼 시간을 달라고 이야기한 매도인은 다음 날 오전에 먼저 연락을 해왔다.

"계약 체결합시다."

매수인도, 매도인도 모두 만족한 거래였다. 매도인의 강력한 첫 제안에 대응하기 위해 객관적 기준(최근 1년간 부동산 매매 실거래가)을 들어 반박했고 상대방의 염려(위반 건축물)를 떠안고 투자 이민을 앞둔 상황을 고려한 매력적인 역제안(계약 대금 신속 지급)으로 서로가 만족하는 합의점을 이끌어낼 수 있었던 것이다.

협상 테이블에서 활용할 수 있는 객관적 기준

+ 시세

"최근 거래 시세를 파악해보았더니 A급 기준으로 kg당 27,000원~30,000원 사이에서 거래되고 있네요."

+ 실거래 가격

"지난 1년간 부동산 실거래가를 조회해봐도, 같은 평수의 아파트인데 4억 8,000만 원 이상의 금액으로 거래된 사례는 없었습니다."

+ 법규

"임대료를 10%나 올려달라고요? 상가건물 임대차보호법상 임대료 인상률 상한은 기존 임대료 대비 연 5%로 제한되어 있습니다."

+ 정부 지침

"공정거래위원회에서 공개한 표준계약서를 기준으로 계약서를 체결하시죠."

+ 업계 관행

"이 경우 4대 회계법인 중 하나를 선정해서 가치평가를 받은 후 해당 가치평가액으로 거래하는 것이 업계의 일반적 관행입니다."

+ 선례

"귀사와 불과 2년 전 동일한 계약을 체결했는데 그때는 이런 조건을 요구한 적이 없었습니다."

대형 거래를 성사시킨
신입사원의 협상 전략
: 주관적 기준

●

드라마 〈미생〉을 보면 한국의 삼정물산과 중국 기업이 대형 시추권을 따내기 위해 협상하는 장면이 등장한다. 문제는 협상 당사자인 한국 기업과 중국 기업이 정작 시추를 할 수 있는 기술력을 보유하고 있지 않은 상황이다.

삼정의 신우현 팀장은 삼정이 시추권을 가져가는 것이 타당하다고 주장하지만, 중국은 한국도 시추 기술이 없기 때문에 한국에 맡길 수 없다며 팽팽히 맞서고 있다. 이때 삼정의 안영이 사원이 중국 기업 담당자에게 이렇게 제안한다.

"양 사의 기술력 부족이 이유라면 이 회의는 계속 평행선이겠는데요. 그럼 기술력을 먼저 보완하는 쪽이 이번 시추권을 맡는 것은 어떻습니까?"

안영이의 제안에 중국 협상 담당자는 "네, 좋습니다. 당연히 그래야 하지 않겠습니까?"라며 안영이가 제안한 기준을 받아들인다. 당사자들 간에 합의된 주관적 기준이 마련되는 순간이다.

그러면서 중국 협상 담당자는 "사실 우리는 이미 미국 쪽 유명 시추 업체와 손을 잡기 위해 협의 중이며 긍정적인 대답을 기다리고 있습니다"라고 말하며 선수를 친다. 이때 안영이는 "저희 삼정과 미국 광물 시추 전문 업체 R&C와의 MOU* 각서입니다. R&C는 시추 분야 세계 최고 수준을 자랑하는 회사란 걸 알고 계시죠?"라며 미리 체결해둔 MOU 각서를 중국 측에 제시한다.

"와, R&C라니…… 예상 밖인데요?" 하고 순간 중국 측 담당자가 당황한 기색을 드러내자, 이때 삼정의 신우현 팀장이 "그럼 한국에서 시추하는 것으로 합의하시죠"라며 협상을 마무리 짓는다.

삼정은 치밀하게 사전 준비를 했기 때문에 노련하게 협상을 이끌어갈 수 있었다. 삼정이 시추권을 따낼 수 있었던 핵심적 협상 전략은 두 가지로 압축된다.

주관적 기준점 확보 평행선을 달릴 수 있는 경쟁 상황에서 양 사가 수긍할 수 있는 기준을 제시하여 상대방을 주관적 기준점에 구속

• **MOU(Memorandum Of Understanding)** 흔히 '양해각서'라고 불리며, 정식 계약을 체결하기 전 상호 간 기본적인 논의 사항을 명시해둔 일종의 합의서이다. MOU는 법적 효력이 없다고 오해하는 경우가 많지만 이는 잘못된 상식이 다. MOU에 명시된 내용에 따라 법적 구속력을 부여할 수도 있고, 법적 구속력을 배제할 수도 있다. 따라서 MOU를 체결할 때는 구체적 조항별로 법적인 효력이 있는지 여부를 검토해보아야 한다.

시킨 점

MOU 제출 타이밍 MOU를 사전에 준비해둔 다음, 상대방이 한국 측에서 제안한 기준점을 받아들인 후 곧바로 이를 제시하여 상대방이 두말할 수 없게 만든 점

중국 협상 담당자로서는 당황스럽지만, 불과 몇 분 전에 본인의 입으로 '시추 기술력을 먼저 보완한 쪽에서 시추권을 맡는다'는 점에 동의했기 때문에 돌이킬 수 없는 상황이다. 삼정이 제시한 프레임에 보기 좋게 걸려들고 만 것이다.

이렇듯 객관적인 정보를 활용한 기준점을 찾기 힘든 상황에서는 협상 당사자들 간에 수긍할 수 있는 주관적 기준점을 제시하여 상대방을 설득할 수 있다.

다수를 따르려는 본성을
활용한 설득 전략
: 사회적 기준

영국 국세청은 시민들이 세금을 제때 내지 않아 골머리를 썩고 있었다. 지난 수십 년간 '세금 체납 시 지체 이자를 물을 수 있고 법적인 책임까지 물을 수 있다'는 식의 경고 문구를 세금고지서에 넣어두었지만 세금 체납률은 좀처럼 줄어들지 않았다.[14]

2009년, 영국 국세청은 이전과는 다른 방식의 접근을 시도해봤다. 세금고지서에 적혀 있는 부정적이고 공격적인 경고 문구를 아래와 같은 문구로 바꾼 것이다.

우리는 당신과 시민들을 위한 공공 서비스를 제공하기 위해
세금을 징수합니다.
영국 국민 중 10명 중 9명은 세금을 제때 납부합니다.

영국 국세청

결과는 어땠을까? 세금고지서의 문구를 바꾸고 나니 놀라운 변화가 나타나기 시작했다. 2008년에 57%에 그쳤던 기한 내 세금 납부율이, 2009년에는 무려 86%로 극적으로 상승했다. 세금고지서 문구 수정만으로 기한 내 세금 납부율이 약 30%가량 높아진 것이다.

무엇이 영국 시민들을 변화시켰을까? 이를 가능케 한 결정적인 요인은 영국 시민들에게 본인이 속해 있는 집단에서 얼마나 많은 사람이 세금을 제때 내고 있는지를 인식시켰다는 점에 있다. 즉 세금을 제때 내는 것이 본인이 속한 집단 내의 '사회적 기준'임을 인식시켜 행동의 변화를 이끌어낸 것으로, 이는 인간의 근원적인 욕구와 맞닿아 있다.

우리는 누구나 본인이 속한 집단 내 다수를 따르려는 성향이 있고, 다수에 속함으로써 본인이 오류에 빠지지 않았다는 사실에 안도감을 느낀다. 영국 국세청은 사회적 기준을 제시하여 시민들이 가진 이러한 본성을 공략한 것이다.

영국 국세청의 설득법은 기업의 마케팅 기법이나 정치인들의 선거 전략으로도 유용하게 활용될 수 있다. 흔히 말하는 '대세 마케팅'이나 '대세론'은 집단 내 대다수가 선택하는 제품이나 사람이라는 점을 알려 제품의 구매나 후보자 선택을 이끄는 것으로, 다수를 추종하는 본능적 성향을 활용한 설득 방법의 좋은 예다.

기업 인수합병 시
주식매수청구권을 둘러싼 협상 사례

•

정 본부장은 벤처기업 A를 공동 창업한 이후 지난 2년간 힘을 모아 사업을 진행해왔지만, 그동안 대주주인 천 대표와 서로의 비전과 업무 방식이 너무 달라 마음고생을 심하게 해왔다. 결국 그는 퇴사를 결심하고 천 대표를 찾아가 퇴사 의사를 밝혔다.

정 본부장의 이야기를 들은 천 대표는 어느 정도 예상하고 있었던 눈치였다. 천 대표는 정 본부장에게 그동안 고생했다는 말과 함께 앞으로 자신이 회사를 잘 이끌어가겠다고 말했다. 그리고 혹시 정 본부장이 보유한 주식 5%를 처분할 생각이 있으면 합리적인 가격으로 매수할 의향이 있으니 편하게 이야기해달라고도 덧붙였다. 정 본부장은 약간 고민은 되었지만, 회사의 성장 흐름이 나쁘지 않아 지금은 주식을 매도할 때가 아니라고 판단하고 정중히 천 대표의 제안을 거절했다.

정 본부장의 퇴사 이후, 벤처기업 A는 무섭게 성장했다. 연말에 S벤처캐피탈*로부터 180억 원 상당의 투자 후 기업가치Post-Money Value를 인정받고 투자를 받더니, 그로부터 1년 뒤에는 외국계 M벤처캐피탈로부터 520억 원 상당의 투자 후 기업가치를 인정받고 또다시 투자를 유치했다. 자금이 넉넉히 확보된 벤처기업 A는 공격적인 인수합병을 추진하기 시작, 신기술을 다수 보유하여 시너지 효과를 기대할 수 있는 벤처기업 B를 인수합병하기로 결정했다.

곧 정 본부장에게 '합병계약 승인을 위한 임시주주총회 소집 통지서' 및 '합병반대 주주의 주식매수청구권에 대한 통지서'가 송부되어왔다. 상법**에서는 주식회사의 중요 결정 사항(합병, 영업양수도 등)을 주주총회에서 다수결로 결의할 경우, 이에 반대한 소수 주주가 회사를 상대로 본인이 소유한 주식을 공정한 가격으로 매수해줄 것을 청구할 수 있는 권리를 보장하고 있다.

고심 끝에 정 본부장은 지금이 주식을 매도할 수 있는 적기라고 판단하고 서면으로 회사에 주식 매수청구 의사를 밝혔다. 생각지 못한 정 본부장의 주식매수청구권 행사에 천 대표는 적지 않게 당황했다.

A회사의 고문 변호사에게 자문을 구하니, 주식매수청구권은

* 잠재력이 있는 벤처기업에 투자를 하고 경영과 기술지도 등을 종합적으로 지원하여 높은 자본 이득을 추구하는 금융 자본.
** 상법 제522조의3(합병반대주주의 주식매수청구권).

회사의 승낙 여부와 관계없이 주주가 주식 매수청구 의사를 밝히면 그것으로써 해당 주식에 관한 매매계약이 성립하게 되고, 법정 기한 내에 회사는 주주와 주식매수가액을 협의하여 주식매매대금을 지급해야 한다고 했다. 그리고 만일 이를 위반해 매매대금을 지급하지 않거나 주식매수가액에 대한 협의가 결렬될 경우 회사는 이에 대한 지체 책임까지 지게 된다고 했다.[***]

문제는 주식매수가액의 협의가 쉽지 않다는 점에 있었다. 특히 비상장기업은 주식 거래의 선례가 적거나 없어서 주식매수가액 결정의 기준점을 찾기가 어려운 경우가 많고, 상법에도 구체적인 가격 결정 방법에 대한 언급이 없었다. 천 대표는 상속세 및 증여세법에 따라 보수적인 관점에서 평가받은 주식매수가액을 제시했으나, 정 본부장은 최근 M벤처캐피탈로부터 투자 유치를 받을 때 기업의 잠재력과 성장 가능성을 반영하여 평가받은 기업가치를 기준으로 주식매수가액을 산정해야 한다고 팽팽히 맞섰다. 양측이 제시한 주식매수가액은 10배 이상의 차이가 나는 상황이었다.

시간이 지체되어도 아쉬울 것 없는 정 본부장은 협상 결렬을 외치며 협상 테이블에서 일어났다. 그리고 주식매수가액결정신청서를 제출하여 법원의 판단을 받아보겠다고 큰소리를 쳤다.

••• 대법원 2011. 4. 28. 2009다72667; 대법원 2011. 4. 28. 2010다94953 등.

결정 기준 1. 상속세 및 증여세법에 따른 평가방법 기준: 1주당 48,762원

결정 기준 2. 외국계 M벤처캐피탈로부터 투자 유치 후 기업가치 기준: 1주당 498,624원

결정 기준 3. 주식매수가액결정신청서를 제출하여 법원의 판단을 받는 방법

천 대표는 고문 변호사와의 미팅을 통해 관련 판례의 흐름과 법원의 주식매수가액 결정 방법을 분석해보았다. 최근 판례˙는 주식매수가액결정신청 사건에서 시장가치방식, 순자산가치방식, 수익가치 방식 등 서로 상이한 기준들 중 어느 하나의 평가 방법만을 항상 적용하는 것은 아니며, 시장의 전반적인 현황과 회사 내부 경영 상황, 업종의 특성, 향후 사업계획 및 전망 등을 종합적으로 고려하여 공정한 가액을 산정하고 있다는 것을 파악할 수 있었다.

천 대표는 작년까지 재무제표상의 수치가 좋지 않았고 이를 기준으로 가장 보수적인 '상속세 및 증여세법에 따른 평가 방법'에 따라 산정하여 제시한 금액이 법원에서 그대로 받아들여지기는 힘들 것이라는 생각이 들었다. 특히 작년 연말부터 매출과 영업이익이 대폭 개선되고 있고 시장의 전반적인 분위기가 매우 좋은 상

• 대법원 2006.11.24. 자, 2004마1022. 결정.

황이라는 점도 마음에 걸렸다. 무엇보다도 추가적인 인수합병과 투자 유치 등이 계획되어 있는 상황에서 불필요한 소송으로 1~2년을 허비하기보다는, 이번 기회에 정 본부장 지분을 정리하고 경영에 집중하는 것이 낫겠다고 판단했다.

결국 천 대표는 정 본부장에게 수정된 합의안을 제시했다. 몇 차례 추가적인 밀고 당기기 과정이 있었지만, 천 대표는 정 본부장이 최초 제시한 기준의 60% 선인 주당 29만 원에 정 본부장의 주식 전량을 매수하는 것으로 최종 합의를 했다. 좋은 모멘텀을 유지하며 성장에 집중하고 있는 천 대표의 입장에서 향후에도 지속적으로 신경이 쓰일 수 있는 정 본부장 지분을 깔끔히 해결했다는 점에서 나쁘지 않은 선택이었으며, 2년 전 퇴사 시 천 대표의 주식 매각 제안에 응하지 않고 그 후로 2년을 더 기다려 훨씬 큰 이익을 얻은 정 본부장에게도 만족스러운 결과였다.

협상 테이블에서는 상대방에게 주장만 나열하기보다는 구체적인 기준과 근거를 준비하여 제시해야 한다. 이를 통해 본인의 주장에 힘이 실리고 설득력이 생긴다는 것을 느끼게 될 것이다. 특히 협상 초반에 어떤 기준점을 제시할 것인지는 협상 진행 과정과 협상 결과에 지대한 영향을 미칠 수 있다.

이번 협상 사례에서도 천 대표와 정 본부장은 서로가 합당하다고 생각되는 주식매수가액을 상대방에게 납득시키기 위해 구체적인 주식매수가액 산정 기준을 함께 제시하고 있다. 그리고 협상이 결렬되어 법원의 판단을 받게 된다면 법원에서는 어떤 기준으로 주식매수가액을 산정하는지에 대한 최근 판례를 분석한 뒤 협의를 진행하고 있다. 결국 주식매수가액 결정이라는 협상 결과를 이끌어내기 위해 가장 결정적인 영향을 미친 요인은 '주식매수가액 산정 기준을 무엇으로 삼을 것인가'에 대한 것이었음을 알 수 있다.

따라서 협상 테이블에 들어서기 전 목표를 설정했다면, 본인이 설정한 목표를 상대방에게 납득시키기 위해 어떤 기준을 제시할 것인지, 그리고 그 기준의 구체적인 근거는 무엇인지에 대해 충분한 준비를 해야 할 것이다.

❖

　　　협상 시 상대방을 설득할 수 있는 가장 효과
적인 방법 중 하나는 기준을 제시하는 것이다. 적절한 기준점을
활용하면 자신이 제시한 프레임 속에 상대방을 구속시킬 수 있
고, 이를 통해 협상에 있어 유리한 고지를 선점할 수 있다. 협상
테이블에 들어서기 전, 나의 첫 제안 전략을 고민해보고, 이를 뒷
받침할 수 있는 객관적 기준, 주관적 기준, 사회적 기준 중 어떤
기준을 활용하여 협상을 유리하게 이끌어나갈지 고민해보기 바
란다.

'조파'는 가격 협상의 기본이다

당신이 가격 협상을 앞두고 있다면, 협상 테이블에 앉기 전 반드시 확인해야 하는 것이 바로 조파ZOPA: Zone of Possible Agreement다. 조파는 '합의 가능 영역'이라는 의미로서, 나와 상대방의 가격수용한계선을 기준으로 발생하는 교집합 영역을 의미한다. 앞서 설명한 연봉 협상을 예로 들어보자.

조파가 도출되지 않는 사례

A사의 가격수용한계선은 7,500만 원이다. 즉, 상대방이 7,500만 원보다 더 높은 연봉을 요구하면 협상에 응하지 않겠다는 마지노선인 것이다. 반면 현재 B는 8,000만 원을 제시하고 있으며, 상대방이 8,000만 원 이하의 금액을 제시하면 합의를 할 마음이 전혀 없다. 이때 B의 가격수용한계선은 8,000만 원이 되고, 합의 가

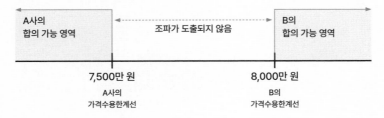

조파가 도출되지 않는 사례

| A사의 합의 가능 영역 | 조파가 도출되지 않음 | B의 합의 가능 영역 |

7,500만 원
A사의
가격수용한계선

8,000만 원
B의
가격수용한계선

능 영역인 조파는 도출되지 않는다. 이처럼 조파가 도출되지 않는 상황이라면 협상은 결렬될 가능성이 크다. 만약 조파가 도출되지 않음에도 협상이 타결되었다면 이는 어느 한쪽이 자신의 가격수용한계선을 넘어서 무리하게 합의한 것이므로, 비정상적인 협상 결과라고 해석할 수 있을 것이다.

조파가 도출되는 사례

상황에 변화를 줘보자. 협상 초기에 전략적으로 8,000만 원을 제시했지만, 사실 B는 기존에 받았던 연봉 수준인 7,200만 원만 보장해주면 장기적으로 커리어상 도움이 될 수 있는 A사로 이직할 생각이었다고 가정해보자. 이때 B의 가격수용한계선은 7,200만 원으로 하향 조정된다. 이렇게 되면 비로소 합의 가능 영역인 조파가 도출되고, 양측은 협상을 통해 조파의 범위 내에서 합의점을 찾아 계약을 체결할 수 있는 여지가 생기는 것이다.

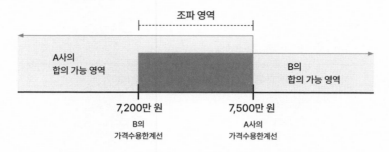

조파가 도출되는 사례

조파 영역

A사의
합의 가능 영역

B의
합의 가능 영역

7,200만 원
B의
가격수용한계선

7,500만 원
A사의
가격수용한계선

배트나의 영향으로 조파가 없어진 사례

협상 중, B가 C사로부터 8,500만 원의 연봉을 제시받았다면 어떻게 될까? 조파는 배트나가 제시한 가격에 직접적인 영향을 받는다. 배트나인 C사가 8,500만 원의 연봉을 제시했다면 B의 가격수용한계선은 8,500만 원까지 높아지고, 이 경우 양측의 가격수용한계선을 통해 도출할 수 있는 조파는 없어진다.

일반적으로 조파 도출을 통해 합의된 최종 가격은 배트나가 제시한 가격보다 더 유리한 조건이어야 하며, 가격 이외의 다른 모든 조건이 동일함에도 최종 합의 가격이 배트나가 제시한 가격보다 불리한 조건이라면 문제가 있는 합의라 할 수 있다.

조파는 가격 협상의 기본이다. 연봉 협상, 구매 협상, 세일즈 협상, 부동산 협상, M&A 협상 등 가격 협상에 임하기 전에 조파가 도출되는지, 된다면 어느 지점에서 조파가 형성되는지, 그리고 협

배트나의 영향으로 조파가 없어진 사례

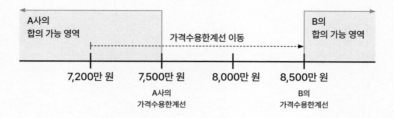

상 테이블을 박차고 나와야 하는 가격수용한계선은 어느 지점인
지를 반드시 확인해야 한다. 이를 확인하지 않고 가격 협상에 임
하면 자칫 조파 범위에서 벗어난 지점에서 최종 합의를 하게 되어
치명적인 손실로 이어질 수 있다.

원칙 4

창조적 대안을
개발하라

오타니 쇼헤이의 연봉협상법

●

슈퍼스타들이 즐비한 미국 스포츠계의 최고액 연봉 선수는 일본인 출신의 메이저리거 오타니 쇼헤이다. 그는 2023년 명문구단 LA 다저스로 이적하며 총액 7억 달러(약 9,300억 원)를 보장받는 연봉을 체결했다. 산술적으로 보면 연 900억 원이 넘는 금액을 10년 동안 보장받은 초대형 계약이다. 하지만 2024년 오타니 쇼헤이는 LA 다저스로부터 200만 달러(26억 원)의 연봉만 지급받았다. 전체 연봉 계약 중 1%도 안 되는 금액만을 지급받은 것이다. 도대체 어떻게 이런 일이 가능할까?

그 이유는 바로 메이저리그 구단들에 적용되는 사치세Luxury Tax에 있다. 메이저리그에서는 구단의 연봉 합계액이 매년 정해지는 사치세 규정 금액을 초과할 경우, 이에 대한 제재금을 메이저리그 사무국에 납부해야 한다. 2024 시즌 사치세 기준액은 약 2억

3,700만 달러인데, 오타니가 정상적으로 연봉을 수령하게 되면 사치세 기준액의 상당 부분이 이미 오타니 한 명으로 채워지게 된다. 그러면 LA 다저스가 다른 선수들을 영입하는 데 부담이 커진다.

그런데 오타니 쇼헤이가 FA를 선언하며 자신을 아끼던 친정팀인 LA 엔젤스를 떠나 동일한 연고의 경쟁팀 LA 다저스로 이적했다. 이적한 가장 큰 이유는 바로 우승에 대한 갈망 때문이었다. 오타니는 이러한 자신의 목표를 달성하기 위해 연봉 협상에서 LA 다저스에게 연봉 지급유예를 먼저 제안한 것이다.

LA 다저스 입장에서도 오타니의 제안은 자금적으로 크게 도움이 된다. 다저스 입장에서는 향후 10년 동안 유동성을 넉넉히 확보할 수 있고, 우승 전력을 확보하는 데도 상당한 도움을 받을 수 있다. 물론 1조 원에 가까운 오타니 쇼헤이의 연봉의 97%인 6억 8,000만 달러를 10년 뒤에 지급해야 하지만, 동일한 금액을 10년 뒤에 지급하면 금융이자와 화폐가치 측면에서 LA 다저스도 나쁠 것이 전혀 없는 제안이다. 결국 오타니와 LA 다저스의 공통된 목표 한 가지, 메이저리그 우승을 위해서 서로 한 발짝 양보하여 절묘한 협상안을 이끌어내었다. 그 결과 오타니 쇼헤이는 이적 첫 해인 2024 시즌에 그토록 바랐던 월드 시리즈 우승을 LA 다저스 유니폼을 입고 맞이하게 된다.

노련한 협상가들은 협상에 있어 눈앞에 보이는 숫자만으로 움직이지 않는다. 단기적으로 내가 더 받고 상대는 덜 주는 제로섬 게임을 벗어나, 양쪽 모두가 간절히 바라는 공통의 목표에 집중하고 이를 달성하기 위해 장기적인 관점에서 여러 대안들을 찾는다. 그것이 바로 '협상의 꽃'이라 불리는 창조적 대안Creative Option을 활용하는 노련한 협상 방식이다.

이스라엘과 이집트의
시나이 반도 분쟁

●

1967년, 6일 전쟁이라고 부르는 3차 중동전쟁으로 이스라엘은 중동의 전략적 요충지인 시나이 반도Sinai Peninsula를 점령했다. 시나이 반도는 오랫동안 중동 국가들의 이해관계가 충돌했던 곳으로, 반도 북쪽은 지중해, 남쪽은 홍해에 닿아 있으며, 동쪽은 이집트–이스라엘 국경과 맞닿아 있다. 건국한 지 채 20년이 되지 않았던 신생 국가 이스라엘에게 전략적 요충지를 빼앗긴 이집트는 시나이 반도 반환을 요구하며 강하게 압박했고, 이스라엘은 이를 거절하며 수년간 팽팽한 긴장감이 이어졌다.

미국은 '중동의 화약고'가 된 시나이 반도의 긴장 상황을 해결하고자 적극적인 중재자로 나선다. 본격적인 협상에 이르기 전 미국은 팽팽히 맞선 양국의 입장 차이 이면에 존재하는 근원적인 욕구가 무엇인지부터 파악했다. 이집트의 욕구는 분명했다. 파라오

양 국가의 이익을 모두 충족시키는 협상안으로 평화를 찾은 캠프데이비드 협정 ⓒ NARA

시절부터 이집트의 영토였던 시나이 반도를 회복해서 '주권 국가로서의 자존심을 회복'하는 것이 주된 욕구였다. 반대로 이스라엘의 주된 욕구는 '국민 안전 보장'에 있었다. 양국의 국경이 맞닿아 있는 시나이 반도를 이집트에 반환하면 이집트가 이스라엘의 국경을 넘어 국민의 안보를 위협하는 상황이 언제 발생할지 모른다는 불안감이 상당했던 것이다.

1978년, 양국의 정상은 지미 카터 미국 대통령의 중재로 극적인 합의에 다다른다. 핵심 내용은 이스라엘이 시나이 반도를 이집트에 반환하는 대신, 이집트는 시나이 반도 내 군사 배치를 제한하여 이 지역을 사실상의 비무장지대로 전환하고, 미국은 이스라엘의 안보 확보를 위해 최첨단 조기경보 시스템을 제공한다는 내용이었다.

	이집트	이스라엘
요구 Position	시나이 반도 반환	시나이 반도 반환 불가
욕구 Interest	주권 국가로서의 자존심 회복	국민 안전 보장
양 국가를 모두 만족시키는 창조적 대안 Creative Option	시나이 반도를 이집트에 반한하되, 이 지역을 비무장지대로 전환하고 이스라엘에 최첨단 조기경보 시스템 제공	

그 결과 1978년 9월, 미국에서 캠프데이비드 협정이 체결되었고 이듬해 3월 양국 정상은 워싱턴 D·C에서 역사적인 이집트·이스라엘 평화협정을 체결했다. 이집트의 안와르 사다트 대통령과 이스라엘의 메나헴 베긴 총리는 이 공로를 인정받아 노벨평화상을 받기도 했다.

중동의 화약고 시나이 반도를 둘러싼 위기는 양 국가의 욕구를 모두 충족시킨 절묘한 창조적 대안으로 극적인 합의점을 찾을 수 있었으며, 양국은 오랜 분쟁 끝에 평화를 맞게 되었다.[15]

창조적 대안으로
파레토 최적의 상태를 이끌어라

●

협상 테이블에 들어서면 조금이라도 상대방에게서 더 얻어내고 덜 빼앗기기 위해 치열하게 눈치싸움을 하는 경우가 많다. 협상 초반에 이런 분위기가 조성되면 협상 테이블이 마치 전쟁터처럼 느껴지고 서로 경쟁하고 다투다가 협상이 끝나버리고 만다. 이럴 때는 서로 한 발짝 뒤로 물러서서 '서로가 만족할 수 있는 창조적 대안을 찾을 수는 없을까?' 하고 함께 고민해보는 것이 필요하다.

일반적으로 협상을 진행할 때 당사자들의 만족도는 '비효율'의 상태(뒤의 도표에서 Q, K, N 등의 상태)에 위치할 때가 대부분이다. 나도 상대방도 협상 과정과 결과에 대해 만족스럽지 못한 상태에 머물러 있는 것이다. 하지만 상호 이익이 되는 창조적 대안을 개발하면 양측 모두의 협상 만족도를 끌어올려 '파레토 최

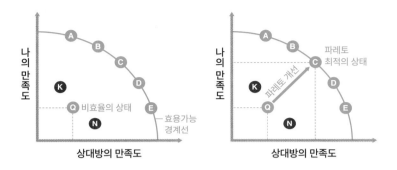

협상을 통한 파레토 개선 가능성

적의 상태*'(상단 도표에서 A—E의 상태)로 이끌 수 있는 가능성
이 생긴다.

협상학에서 자주 등장하는 '제니와 조이의 오렌지' 사례를 예
로 들어보자. 제니와 조이라는 이름을 가진 두 자매가 하나 남은
오렌지를 가지고 다투고 있다. 둘 다 오렌지 하나를 통째로 차지
하겠다고 떼쓰는 상황. 엄마는 어떻게 할까 고민하다가 언니 제니
에게 이 오렌지를 반으로 자를 수 있는 권한을 주고, 동생 조이에
게는 잘라진 두 개의 오렌지 중 먼저 선택할 수 있는 권한을 주었
다. 둘 다 100% 만족하지는 않았지만, 적어도 불만은 가지지 않
았다. 엄마의 해결 방법이 공평하다고 생각했기 때문이다.

- **파레토 최적의 상태** 경제학자 빌프레도 파레토가 제안한 개념. 어떤 자원 배분 상태
  가 실현 가능하고 다른 배분 상태와 비교했을 때 이보다 효율적인 배분이 불가능하면
  이 상태를 파레토 효율이라고 한다.

엄마는 오렌지를 절반씩 나눠 가진 두 딸이 그것으로 무엇을 하는지 지켜보았다. 오렌지를 좋아하는 동생 조이는 오렌지를 가지고 나가더니 알맹이만 먹고 껍질은 길바닥에 버렸다. 반면 요리를 좋아하는 언니 제니는 주방에 들어가더니 오렌지 껍질을 벗긴 뒤 이를 씻어서 본인이 구운 케이크 위에 장식으로 올리고, 알맹이는 먹지 않았다. 지켜보던 엄마는 그제야 본인의 해결책이 최선이 아니었음을 깨달았다.[16]

만약 엄마가 자녀들이 왜 오렌지를 원하는지 미리 물어봤다면, 상황은 달라졌을 것이다. 그랬다면 엄마는 오렌지를 까서 껍질은 언니에게, 알맹이는 동생에게 주었을 테고, 창조적 대안을 통한 두 딸의 만족도는 훨씬 더 커져서 양측 모두 파레토 최적의 상태에 도달할 수 있었을 것이다.

창조적 대안은
어떻게 만들어지나?

●

협상 테이블에서 양측의 만족도를 극대화시킬 수 있는 '신의 한수'로 일컬어지는 창조적 대안, 우리는 과연 어떻게 창조적 대안을 만들어낼 수 있을까?

1. 적이 아니라 문제 해결자로 바라보기

창조적 대안을 만들기 위한 첫걸음은 협상 상대방을 바라보는 관점과 태도의 문제에서 시작된다. 만일 협상 초반 상대방을 적Enemy이나 경쟁자Competitor로 바라본다면, 상대도 나를 적대시하게 될 것이다. 그렇게 적대감으로 가득 찬 협상 테이블에서 '창조적 대안'이란 말은 애초에 성립할 수 없다.

그럼 상대를 어떻게 바라보아야 하는가? 상대방이 협상 테이블에 들어서는 이유는 서로 해결해야 할 공통의 문제가 있기 때문이다. 공통의 문제가 없는 사람은 협상 테이블에 들어오지 않는다. 바로 그 지점에서부터 시작한다.

즉, 협상을 할 때 상대방을 공통의 문제를 함께 해결하기 위한 문제해결자Problem-Solver의 견지에서 바라볼 필요가 있다. 이러한 관점의 전환이 이루어진다면 협상 초반 적대심이 끼어들 틈이 없어진다. 서로가 가진 정보도 무조건 숨기는 것이 아니라, 문제를 해결하기 위해 필요한 정보들은 일정 부분 서로 공유할 수 있다. 그렇게 상대를 보는 관점과 태도가 달라져야 창조적 대안이 만들어질 수 있다.

2. 서로가 가진 욕구의 교집합을 공략하라

우리가 협상할 때 서로의 요구에 초점을 맞추면 상당한 간극을 확인하게 된다. 예컨대 이집트·이스라엘 영토 분쟁 사례를 보면 이집트의 요구는 '시나이 반도 반환'이었지만 이스라엘의 요구는 '시나이 반도 반환 불가'였다. 이렇게 겉으로 드러나는 요구를 중심으로 협상을 전개하면 서로의 입장 차이만 확인하고 갈등의 골은 깊어질 수밖에 없다.

하지만 당사자들의 요구 이면에 숨겨진 욕구를 살펴보면 상황은 달라진다. 상대방의 욕구는 내가 생각했던 것과 다를 수 있고 의외로 나의 욕구와 상대방의 욕구 사이에 협상 타결의 실마리를

양측 '욕구'의 교집합 영역
= 창조적 대안(Creative Option) 발생 지점
© Grzybowski and Morris, 1998

찾을 수 있는 영역이 생기는 경우가 있다.

위 도표에서 꼭짓점에 해당하는 A와 B의 요구들 사이에는 상당한 간극이 존재하고 이는 결코 좁혀지지 않을 듯 보인다. 하지만 그 이면에 존재하는 서로의 욕구를 파악해보면 A와 B의 욕구가 교차하는 교집합 영역을 발견할 수 있다. 바로 이 영역이 우리가 주목해야 하는 영역이며, 상대방과의 적극적인 대화를 통해서 상호 만족할 수 있는 창조적 대안을 만들어낼 수 있는 지점이다.

이집트·이스라엘 영토 분쟁 사례를 보면, 갈등 상황 이면에 이집트는 '주권 국가로서의 자존심 회복'이라는 욕구를, 이스라엘은 '국민 안전 보장'이라는 욕구를 가지고 있었다. 이를 활용하여 양측의 욕구를 모두 만족시키는 창조적 대안인 '시나이 반도 비무장지대 전환 조건부 영토 반환'이라는 '신의 한 수'가 나올 수 있었던 것이다.

3. 이슈를 만들고 옵션을 교환하고 조건을 붙인다

노련한 협상가들은 한 가지 조건을 가지고 다투지 않는다. 이들은 가격이라는 한 가지 조건에 목숨을 걸기보다는, 가격 이외의 다양한 이슈들(계약기간, 결제방식, 품질보증, 손해배상 등)을 최대한 많이 만들어낸다. 이를 협상학에서는 이슈메이킹Issue making 전략이라고 한다. 그다음 각자가 절실히 필요한 옵션이 무엇인지 파악하여 이를 서로 교환하고, 여기에 조건부를 붙여 활용의 범위를 확장한다. 이렇게 이슈를 만들고 옵션을 교환하고 조건을 붙임으로써 서로 거래의 만족도를 극대화할 수 있는 것이다.

이런 방법이 가능한 이유는 '협상을 통해 얻는 만족'이 지극히 주관적이기 때문이다. 즉 서로가 만족감을 느끼는 지점이 다르고 서로가 중시하는 조건이 다르기 때문에, 서로 머리를 맞대고 고민해보면 양쪽 다 만족도를 극대화시킬 수 있는 파레토 최적의 상태를 찾아낼 수 있는 것이다.

라이선스 계약 협상을 예로 들어보자. 북유럽의 유명 브랜드를 가진 A사와 이를 국내에 들여와 사업을 하고자 하는 B사가 있다.

라이선스 계약 시 협의자 간 우선순위 조건의 차이

라이선스 권리자 Licensor	라이선스 받는 자 Licensee
① 라이선스 비용	① 한국 독점권 확보
② 브랜드 훼손 방지	② 라이선스 기간
③ 라이선스 기간	③ 라이선스 비용
④ 한국 독점권 제공	④ 브랜드 훼손 방지

A사 입장에서는 계약 체결에 앞서 라이선스를 제공하는 대가로 라이선스 비용을 연간 얼마나 받을 수 있는지가 가장 중요하다. 하지만, B사 입장에서는 계약에 앞서 국내 시장에 대한 브랜드 독점권을 확보할 수 있는지, 최소 5년 이상 장기 계약을 맺을 수 있는지가 사업을 개시하는 데 너무나 중요하다.

이렇게 서로 무엇을 중요하게 생각하는지 서로의 조건들을 나열해보고, 그 우선순위를 파악한 다음, 내가 기꺼이 줄 수 있는 것은 무엇이고 반드시 지켜야 하는 것은 무엇인지 확인한다. 필요하다면 조건을 걸어 더 세밀하게 협상안을 조율한다. 예컨대, 국내 독점권은 최초 3년으로 정하되, 3년 안에 일정 매출을 달성하면 독점권을 5년까지 연장할 수 있는 조건부 권한을 주는 것 등이 대표적인 예가 될 수 있다.

만약 이 사례에서 A와 B가 라이선스 계약을 논의하는 과정에서 서로가 중요하게 생각하는 조건들이 무엇인지를 파악하고, 각 당사자가 중요시하는 조건들의 우선순위가 다르다는 점을 확인할 수만 있다면, A와 B는 이슈메이킹 전략과 교환 기법, 조건부 합의안을 활용하여 서로의 협상 만족도를 극대화시킬 수 있을 것이다.

결국 창조적 대안을 활용할 수 있는지 여부는 협상을 바라보는 관점과 태도, 구체적인 대화법과 세밀한 조건 조율에 달려 있다. 이 일련의 협상 과정과 절차들이 무리 없이 진행된다면, 우리는 협상을 빈곤의 관점에서 서로 공격하고 깎아내리는 것이 아니라, 풍요로움의 관점에서 파이를 키우고 서로가 만족하는 합의안을 이끌어낼 수 있다. 그 과정은 까다롭지만 그 열매는 분명 달콤할 것이다.

4. 조금 더 긴 시간의 축에서 생각해본다

이 모든 방법들에도 협상 테이블에서 창조적 대안을 방해하는 대표적인 장애물이 바로 조급함이다. 만약 오타니 쇼헤이가 단기적 이익을 취하기 위해 움직였다면 LA 다저스와의 연봉 협상에서 난항을 겪었을 것이고, 양쪽 모두의 간절한 염원이었던 월드 시리즈 우승을 이적 첫해부터 이루지 못했을 것이다. 하지만 오타니와 LA 다저스는 상호 신뢰를 기반으로 더욱 장기적인 시각에서 협상을 진행하였고, 생각지 못한 묘안을 찾아냈다.

이렇듯 창조적 대안을 만들어내기 위해서는 조금 더 긴 시간의 축에서 서로 더 나은 방법을 찾을 수 있다는 상호 신뢰가 전제되어야 한다. 이를 위해 마지막 순간에 시간에 쫓겨 성급한 마무리를 짓지 않을 수 있도록 사전에 시간관리를 잘해 나가야 할 것이다.

인재 영입을 위한 창조적 대안, 스톡옵션

●

설립된 지 얼마 안 되는 스타트업 기업 대표들의 공통된 고민 중 한 가지는 '어떻게 뛰어난 인재들을 영입할 수 있을까?'다. 특히 힘든 여건 속에서 고군분투하고 있는 스타트업 입장에서는 '일당백'의 능력으로 회사 일을 자기 일처럼 맡아줄 팀원이 필요하다.

문제는 넉넉지 않은 주머니 사정이다. 좋은 인재들, 특히 검증된 인재들은 시장에서 이에 합당한 연봉이 책정되어 있는 경우가 많다. 그러나 아직 충분한 매출이 발생하고 있지 않은 스타트업 입장에서는 그런 수준급 인재들의 기대 수준을 만족시키기가 쉽지 않다. 연봉을 많이 줄 수 없는 상황에서, 어떻게 하면 훌륭한 인재들을 우리 팀에 합류하게 할까?

이때 스타트업이 고려할 수 있는 창조적 대안이 바로 스톡옵션이다. 상법상 '주식매수선택권''이라고 표현되는 스톡옵션은 '회사 임직원이 장래의 일정한 시기에 예정된 가격으로 회사의 주식을 취득할 수 있는 권리'를 의미한다.

스톡옵션을 부여하는 것은 주식을 주는 것과는 다르다. 스톡옵션은 '미래에 주식을 취득할 수 있는 권리'를 부여하는 것일 뿐, 실제로 주식을 주는 것은 아니다. 또한 스톡옵션을 지급받은 임직원이 이를 행사하기까지는 상당한 시간이 걸리기 때문에 그 기간 동안 기존 주주들의 지분 변동이나 회사의 직접적인 재무 부담이 발생하지 않는다.

회사 입장에서는 스톡옵션을 지급받은 임직원들이 강한 동기 부여를 가지고 일정 기간 이상 성실하게 근무할 것을 기대할 수 있다. 상법상 스톡옵션 행사 기간이 최소 2년**으로 정해져 있기 때문에 스톡옵션을 부여받은 임직원은 스톡옵션 행사를 위해 적어도 2년 이상은 근무해야 한다. 또한 스톡옵션 행사 시점에 회사가 더 많이 성장해 있을수록 본인이 가져가는 경제적인 이득도 커지므로 그만큼 업무를 하는 데 동기 부여가 될 것이다.

스톡옵션을 지급받는 임직원 입장에서도 구미가 당기는 제안이다. 비록 대기업에 비해 당장 연봉은 적을 수 있지만 스톡옵션

- 상법 제340조의2(주식매수선택권).
- **스톡옵션 행사 기간** 상법 제340조의4(주식매수선택권의 행사) ① 제340조의2 제1항의 주식매수선택권은 제 340조의3 제2항 각 호의 사항을 정하는 주주총회 결의일로부터 2년 이상 재임 또는 재직하여야 이를 행사할 수 있다.

을 받는다면 이야기는 달라진다. 비전이 있는 스타트업에서 열심히 일해서 2~3년 뒤 스톡옵션을 행사하는 시점에 회사가 기대 이상으로 성장해 있다면, 월급만 바라보며 대기업에 다니는 것보다 훨씬 나은 보상이 주어질 수 있기 때문이다. 무엇보다 '열심히 해도 남 좋은 일'이 아니라, '열심히 하면 나도 좋을 일'을 한다는 점에서 일에 대한 몰입도나 만족도도 높아질 것이다.

❖

　　협상 테이블에서 제로섬 게임을 하기 전, 양
측 모두의 만족도를 극대화시킬 수 있는 창조적 대안이 존재할
수 있음을 기억하라. 그리고 이를 찾기 위해 협상 당사자들이 가
진 욕구의 교집합 영역이 있는지 확인하고, 조건부 제안과 교환
기법 등을 적극적으로 활용하라. 다만, 이러한 과정이 가능하기
위해서는 서로를 적이나 경쟁자로 간주하기보다는, 공통의 문제
를 함께 해결하기 위한 문제 해결자의 견지에서 협상 상대방을
바라보는 관점의 전환이 전제되어야 할 것이다.

창조적 대안을 이끄는 대화법

평범한 협상가와 뛰어난 협상가의 대화를 분석해보면 대화 패턴이 다르다. 평범한 협상가들의 대화에는 주로 자기자랑, 지적질, 비난처럼 적대감을 불러일으키는 거슬리는 발언이 많다. 하지만 뛰어난 협상가들의 대화는 그렇지 않다. 이들은 장기적인 관점에서 상대와 함께 문제를 해결하기 위해 대화를 나눈다.

이를 위해 먼저 서로의 공통점을 빠르게 파악하여 공감대를 쌓는다. 그리고 생산적인 논의를 위해 사전에 필요한 정보를 준비하여 협상 테이블에서 공유하고, 함께했을 때 어떤 시너지를 낼지 고민하여 장기적인 비전을 일치시킨다. 마지막으로 상대의 욕구를 충족시킬 수 있는 창조적 대안을 제시함으로써 성공적인 협상으로 이끈다.

뛰어난 협상가는 어떻게 다른가?

협상 테이블 행동	뛰어난 협상가	평범한 협상가
거슬리는 발언: 자기자랑, 불공정한 지적	2.3%	10.8%
비난의 말	1.9%	6.3%
다양한 선택사항 고려	5.1%	2.6%
필요한 정보 공유	12.1%	7.8%
장기적 발전에 대한 발언	8.5%	4.0%
공통점에 대한 발언	38%	11%

출처: 『어떻게 원하는 것을 얻는가』, 스튜어트 다이아몬드

다음 네 가지의 대화 패턴을 기억하고 활용하기 바란다.

1. 공통점을 찾아 언급한다.

2. 필요 정보를 사전에 준비하여 공유한다.

3. 장기적 비전을 일치시킨다.

4. 창조적 대안을 미리 준비하여 제시한다.

숨은 이해관계인을
파악하라

생각하는 것보다 더 많은 이해관계인이 존재한다

●

현명한 사람들은 '어떻게 문제를 풀어야 하는가'에 앞서 '누구를 만나야 하는가'가 더 중요함을 알고 있다. 특히 다수당사자가 얽힌 복잡한 협상 사례일수록 더욱 그렇다.

다음 세 가지 사례에서 우리는 중요한 협상에서 숨은 이해관계인이 끼치는 영향력이 생각보다 훨씬 더 크다는 사실을 확인할 수 있다. 와튼 스쿨의 스튜어트 다이아몬드Stuart Diamond 교수는 그의 저서 『어떻게 원하는 것을 얻는가』에서 다음과 같은 메시지를 강조했다.

협상에서 가장 중요한 사람은 바로 상대방이다.
두 번째로 중요한 사람은 양측이 무시할 수 없는 제3자다.
그리고 당신은 언제나 협상에서

가장 덜 중요한 사람이라는 점을 기억하라.

▌사례 1. 남북정상회담,
그 이면에 존재하는 수많은 이해관계인

2018년 4월 27일, 문재인 대통령과 김정은 국무위원장이 판문점에서 만나 '역사적인 악수'를 나누었다. 분단 이후 처음으로 북한 최고 지도자가 남한 땅을 밟는 순간이었다.

남북 정상은 시종일관 화기애애한 분위기 속에서 진행된 정상회담을 통해 「한반도의 평화와 번영, 통일을 위한 판문점 선언」이라는 합의문(이하 '판문점 선언')을 이끌어냈다.

판문점 선언의 핵심 내용이 담긴 제3조의 내용을 살펴보면, '종전을 선언하고 정전협정을 평화협정으로 전환'하기로 하고, '완전한 비핵화를 통해 핵 없는 한반도를 실현한다는 공동의 목표'

2018년 4월 27일
역사적 순간을 맞이한
남북 정상 ⓒ연합뉴스

를 확인함으로써 남북관계에 상당한 진전을 이끌어냈음을 확인할 수 있다.

한 가지 더 눈여겨볼 내용은 판문점 선언 제3조 제3항이다.

판문점 선언문 제3조 제3항

남과 북은 정전협정체결 65년이 되는 올해에 종전을 선언하고 정전협정을 평화협정으로 전환하며 항구적이고 공고한 평화체제 구축을 위한 남·북·미 3자 또는 남·북·미·중 4자회담 개최를 적극 추진해나가기로 하였다.

기본적으로 남북의 공고한 평화 체제를 구축하기 위해서는 직접 당사자인 남한과 북한뿐만 아니라 미국 및 중국의 지지와 지원이 전제되어야 한다는 것을 누구보다 잘 알고 있기에, 남북 정상은 판문점 선언문에까지 미국과 중국을 언급했던 것이다.

문재인 대통령은 남북정상회담 다음 날인 4월 28일, 미국 도널드 트럼프 대통령과 통화를 하면서 남북정상회담 결과에 대해 논의했고, 29일에는 일본 아베 총리 및 러시아 블라디미르 푸틴 대통령과도 통화를 나누었다. 또한 5월 4일에는 시진핑 중국 국가 주석과 통화를 함으로써 남북관계에 중대한 영향을 미치는 주변

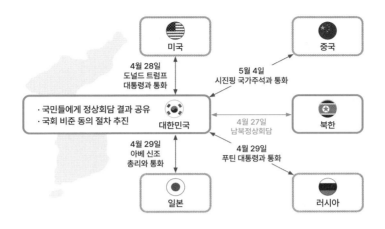

4국(미국, 중국, 일본, 러시아)의 지도자들과 정상회담의 결과를 공유하고, 한반도의 비핵화 선언이 실천적 조치로 이어질 수 있도록 긴밀한 공조 체제를 이어나갔다.

이와 함께 문재인 대통령은 청와대를 통해 남북정상회담 결과를 국민에게 알리고, 국회의 비준 동의 절차를 추진하는 등 국민과 국회를 설득하는 데 심혈을 기울였다. 그렇게 정부가 대북 정책을 추진하는 데 영향을 미치는 국내 핵심 이해관계인들의 지지를 모으기 위해 노력했다.

남북 정상이 손을 맞잡고 환하게 웃는 역사적인 장면 이면에는 이렇게 많은 이해관계인들이 존재하고 있다. 또 성공적인 협상을 이끌어내기 위해서는 협상 테이블에 앉아 있는 당사자들뿐만 아니라 주변 이해관계인들과의 커뮤니케이션 및 협조가 필수적이라는 점을 잘 알 수 있는 대목이다.

▌사례 2. 영화 〈더 포스트〉, 리더의 의사결정과 조직 내부의 이해관계인

1971년 《뉴욕타임스》는 펜타곤 페이퍼의 존재를 세상에 알린다. 당시 미국 국방부 장관이었던 로버트 맥나마라가 지시해 작성한 이 페이퍼는 트루먼, 아이젠하워, 케네디, 존슨에 이르는 4명의 전직 대통령들이 30년간 은폐해온 베트남전쟁의 실상이 고스란히 담긴 정부 기밀문서였다. 《뉴욕타임스》의 특종 보도로 미국 전역이 발칵 뒤집히고, 닉슨 대통령은 국가 안보를 빌미로 곧바로 《뉴욕타임스》의 후속 보도를 금지하는 소송을 건다.

한발 늦게 취재에 뛰어든 《워싱턴포스트》의 편집국장 벤 브래들리(톰 행크스)는 펜타곤 페이퍼를 입수하는 데 사력을 다하고, 기자들의 헌신적인 노력 끝에 4,000여 페이지의 펜타곤 페이퍼 복사본을 입수하게 된다. 벤은 펜타곤 페이퍼의 핵심적인 내용을 폭로하기로 결심하고, 핵심 기자들과 함께 펜타곤 페이퍼를 분석하고 기사화하기 위한 준비에 착수한다. 그리고 최고의사결정권자인

영화 〈더 포스트〉 속 한 장면 ©Universal Pictures International France

캐서린(메릴 스트립)을 설득하기 위해 그녀의 집으로 찾아간다.

캐서린 그레이엄은 아버지와 남편이 세상을 떠나면서 《워싱턴 포스트》의 경영권을 물려받게 된 미국 최초의 여성 신문 발행인. 하지만 캐서린은 편집장 벤의 간곡한 요청에도 쉽사리 보도를 결정하지 못한다. 그녀 뒤에 그녀에게 영향을 미치는 숨은 이해관계인들이 너무나 많았고, 그들 각자 서로 다른 욕구를 가지고 그녀에게 압력을 행사하고 있었던 것이다.

우선 회사의 경영진은 가뜩이나 좋지 않은 백악관과의 사이가 회복할 수 없을 정도로 악화될 것이고, 닉슨 대통령의 성향상 신문을 폐간시킬지도 모르기 때문에 절대로 보도를 해서는 안 된다고 주장했다. 또한 캐서린은 불과 며칠 전 기업 공개를 한 상황이었기 때문에 주주들의 이익을 보호하고 주가 급락의 위험도 염두에 두어야 했다. 특히 법률적 분쟁으로 번질 것이 예상되는 상황에서 《워싱턴포스트》 사내 법무팀 변호사에게 법률 자문을 의뢰한 결과, 상당한 법률적인 리스크를 부담하게 될 것임이 명백하기 때문에 보도를 유보할 것을 권했다.

신중한 리더인 캐서린은 외롭고도 무거운 결정을 앞두고 심사숙고를 거듭한다. 《워싱턴포스트》 조직 내부적으로 그녀의 의사결정에 영향을 미치는 이해관계인들도 많았지만, 백악관, 여론, 베트남 참전 중인 군인들의 안전 등 조직 외적으로도 고려해야 할 이해관계인들이 너무 많았다. 또한 캐서린 개인적으로도 친분이 가까운 로버트 맥나마라와의 관계도 마음에 걸렸고, 선친과 남편으로부터 이어져 내려온 《워싱턴포스트》의 역사가 자신의 결정으로 단절되지 않을까 하는 두려움도 있었다.

고심 끝에 캐서린은 힘겹지만 용기 있는 결단을 내린다. 그녀로부터 보도 결정을 들은 편집장 벤은 곧바로 신문 인쇄를 명하고, 다음 날 아침 《워싱턴포스트》는 펜타곤 페이퍼의 내용을 낱낱이 보도했다. 이 일로 《워싱턴포스트》는 《뉴욕타임스》와 함께 재판을 받게 되었고, 연방 대법원은 6 대 3의 판결로 양 신문사에게 펜타곤 페이퍼를 보도할 수 있는 권리를 인정하며 언론의 자유에 손을 들어주었다. 펜타곤 페이퍼 보도는 지방 중소 일간지에

'펜타곤 페이퍼' 폭로 발행을 둘러싼 이해관계도

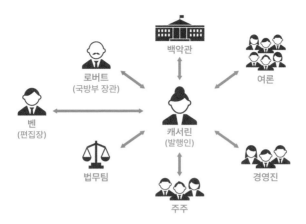

불과했던 《워싱턴포스트》를 전국 유력 일간지로 도약하게 만든 결정적 계기가 된다.

영화 〈더 포스트〉는 중요 의사결정 과정에 얼마나 많은 이해관계인들이 존재하는지 여실히 보여주고 있다. 그리고 각 이해관계인들은 자신이 원하는 바를 얻어내기 위해 의사결정 과정에 직간접적으로 개입하고 영향을 미친다. 특히 비즈니스를 하다 보면, 조직 외부 기관이나 관계사와 협상을 하는 경우보다 조직 내부적으로 팀 간에 또는 임직원 간에 협상을 하는 상황을 훨씬 자주 접하게 된다. 그리고 어떻게 하면 나도 상대방과 내가 속한 조직도 모두 만족할 수 있는 협상안을 도출할 수 있을지 고민하게 된다. 이를 위해 1차적으로 조직 내부의 의사결정 과정에서 영향을 줄 수 있는 이해관계인들의 존재를 파악하고, 각 이해관계인들의 욕구가 무엇인지 분석하는 과정이 필수적이다.

사례 3. 연애와 결혼의 결정적인 차이

비단 국가 간의 외교 문제나, 기업이나 언론사의 중요 의사결정 과정뿐만 아니라, 일상에서도 우리는 수많은 이해관계인의 개입과 영향 속에서 살아간다. 이를 극명하게 드러내기 위해 연애 상황과 결혼 상황을 대비해서 살펴보자.

연애를 할 때는 그(녀)에게만 집중하면 된다. 나와 그(녀)의 관계는 온전한 일대일 관계이기 때문이다. 따라서 그(녀)가 무엇을 좋아하고 무엇을 싫어하는지, 그(녀)는 주말에 어디를 가고 싶어 하는지, 그(녀)를 어떻게 만족시킬지에 대한 부분이 가장 큰 고민이었다.

하지만 둘 사이에 결혼이라는 이야기가 언급되는 순간 상황은 달라지기 시작한다. 연애 시절 어렴풋이 존재만 알고 있었던 이해관계인들이 하나둘 수면 위로 드러난다. 어버이날이나 명절 때는 그(녀)의 부모님을 위한 선물을 준비하고 아직은 어색하지만 안부 전화도 드려야 한다. 가끔씩 그(녀)의 어머니에게 카카오톡 메시지가 오기도 하는데 그때마다 어떻게 대답해야 할지 항상 조심스럽다. 이제는 우리 둘만의 온전한 일대일 관계라고 말하기는 힘들어진다.

여기에 협상의 진수를 경험하게 되는 결혼 준비 과정을 겪으면 그동안 적당한 거리감을 두고 있었던 숨은 이해관계인들이 이제는 결혼식의 직접적인 이해당사자로서 자신의 구체적인 요구를 드러내고 호불호를 이야기하기 시작한다. 결혼일자, 결혼식장, 청첩장, 피로연 음식, 신혼집 장만 비용, 가전제품, 심지어 신혼여행까지…….

결혼 준비 과정에서 유독 많은 커플이 힘들어하고 갈등을 겪는 이유는 여러 가지로 협상하고 결정해야 할 일들이 많아서 그렇기도 하지만, 고려해야 하는 이해관계인들이 생각보다 너무 많고 그들 한 명 한 명이 협상 과정에 깊숙이 개입되어 의사결정을 지연시키고 방해하는 데서 발생하는 스트레스 때문일 때가 더 많다.

그렇게 결혼식을 올리고 나면 얼마 후 앞으로 둘의 인생에 가장 중요한 이해관계인이 될 녀석이 나타난다. 바로 자녀. 이제 모든 의사결정은 매우 사랑스러우면서도 신경 쓰이기 그지없는 가장 중요한 이해관계인, 즉 자녀를 중심으로 진행된다. 어디로 이사할지에 대한 중요한 결정부터 이번 주말에 무엇을 하고 오늘 저녁으로 무엇을 먹을까와 같은 가장 사소한 고민까지.

이렇듯 나와 상대에 집중하는 것으로 충분했던 연애 시절과는 달리, 결혼이라는 단계에 접어든 이후에는 서로의 관계에서 이해관계인들이 미치는 영향이 너무나 크다는 것을 절감한다.

이는 협상 테이블에서도 마찬가지다. 단순히 일대일 관계라고 생각하고 상대와 거래를 하고 있지만, 실제로는 그 이면에 드러나지 않은 이해관계인들이 알게 모르게 협상에 영향을 미치고 있는 경우들이 많다. 그리고 노련한 협상가들은 물밑에서 직간접적으로 협상에 영향을 주는 이러한 숨은 이해당사자들을 사전에 파악하고, 이들을 적절히 활용하여 유리한 협상을 끌어내는 데 매우 능하다.

숨은 이해관계인을 활용해
갑질에 대응한 스타트업 대표

●

소프트웨어 개발 스타트업 S사를 이끌고 있는 강 대표는 업계에서 인정하는 실력자다. 어느 날 강 대표는 친한 지인 P로부터 연락을 받았다. 산업통상자원부에서 10억 원 규모의 정부과제를 수주한 빅데이터 플랫폼 전문 기업 B사가 실력 있는 개발용역 전문 업체를 찾고 있는데, 지인 P가 강 대표를 추천해서 B사 대표가 만나고 싶어 한다는 것이었다.

며칠 후 S사의 강 대표는 B사의 최 대표를 만났다. 이 자리에서 B사의 최 대표는 현재 진행하고 있는 정부과제의 핵심적인 소프트웨어 개발을 강 대표에게 맡기고 싶다는 뜻을 전달했다. 미팅에서 이야기를 나누다가 B사 내부 개발 인력들이 자체적으로 개발을 시도하다 상황이 여의치 않자 급하게 개발 업체를 찾는다는 사실을 알게 되었다.

S사의 강 대표는 친한 지인의 소개이기도 하고 또 산업통상자원부 과제라 향후 정부사업을 진행할 때 레퍼런스에 도움이 될 것이라 생각하고, 고심 끝에 최 대표의 제안을 승낙하고 개발용역 계약을 체결했다. 전체 개발용역비 3억 원 중 계약금으로 우선 8,000만 원을 선지급 받고, 개발 진행 후 중간 결과물을 확인한 뒤 중도금으로 1억 2,000만 원을, 나머지 잔금 1억 원은 완성된 개발 결과물을 약속된 시간 안에 제공하면 지급받는 조건이었다.

기한이 빠듯해 보였다. 시간을 아끼기 위해 일단 B사가 내부적으로 진행한 개발 관련 데이터를 넘겨받아 참고해봤으나 활용 가치가 거의 없어서 처음부터 새롭게 개발을 시작했다. 강 대표뿐만 아니라 S사의 숙련된 개발자들이 대거 투입되었고, 거의 4개월 가까이 밤낮없이 개발 업무에 매진해서 마침내 결과물을 완성하고 이를 B사에 제공했다.

며칠 뒤 최 대표에게 연락이 왔다. 그는 개발 결과물을 확인해보니 기존 본인들이 개발하여 제공한 데이터가 상당 부분 반영된 것이 확인되었을 뿐만 아니라, 개발 결과물도 완벽하지 않아 자체적으로 추가 개발을 하고 있다고 이야기했다. 그러면서 잔금 지급은 아무래도 힘들 것 같다는 투로 말하고 전화를 끊었다.

강 대표는 너무나 황당했다. B사가 제공한 개발 관련 데이터를 확인해보긴 했지만 사용 가치가 전혀 없었다. 그래서 S사가 상당한 인력과 시간을 투입하여 새롭게 개발해서 제공한 결과물이었다. 그런데 이제 와서 B사는 갖가지 핑계를 대며 잔금 1억 원을 지급하지 못하겠다는 것이다.

강 대표는 최 대표를 소개해준 지인 P에게 연락하여 자초지종을 설명했다. 지인 P는 문제의 심각성을 깨닫고 직접 최 대표를 만나보겠다고 했다. 며칠의 기다림 끝에 P로부터 연락이 왔다. 최 대표를 만나보았지만 최 대표는 P에게도 강 대표에게 했던 말을 반복할 뿐, 문제를 해결할 의지가 전혀 보이지 않았다고 했다.

강 대표는 고민에 빠졌다. 납득 가능한 이유로 추가적인 개발을 요청한다면 얼마든지 응해줄 의향이 있지만, 이미 완성된 결과물에 이유 없이 꼬투리를 잡으며 자체적으로 추가 개발을 진행하겠다니, 잔금을 주지 않으려는 꼼수로밖에 보이지 않았다.

어떻게 해야 할까. 강 대표는 뻔뻔스러운 최 대표를 움직이게 만들 수 있는 방법을 고민하다가 이 건과 관련하여 최 대표에게 가장 직접적으로 압박을 줄 수 있는 이해관계인에게 내용증명을 보내기로 했다.

강 대표는 본 건 정부과제 담당 주무관에게 직접 내용증명을 발송했다. 내용증명에는 S사가 B사와 체결한 개발용역계약서 및 S사가 B사에 제공한 용역 결과물에 대한 설명 및 증거 자료가 포함되어 있었다. 또한 S사는 현재까지 알 수 없는 이유로 잔금 1억

내 용 증 명

수신인 : 산업통상지원부 ○○○담당 주무관
발신인 : 주식회사 ○○ 대표이사 강○○
제   목 : ○○○○정부과제의 개발용역 대금 미지급의 건

===

1. 사건의 경위
발신인은 주식회사 ○○의 대표이사로 산업통상지원부의 ○○○○정부과제…

원을 B사로부터 지급받지 못하고 있다는 내용이 자세히 언급되어
있었다.

이틀 뒤 최 대표는 아침 일찍 S사로 찾아왔다. 그러면서 좋게
이야기를 하면 되지 굳이 그렇게 극단적인 방법을 취해야 했냐고
이야기했다. 눈치를 보니 강 대표가 내용증명을 보낸 산업통상자
원부 담당 주무관이 연락을 한 모양이었다.

잔금 1억 원은 그날 오후 바로 입금되었다. 다행이기도 하고,
또 이렇게까지 해야 하나 싶어 씁쓸하기도 했다. 그리고 앞으로
두 번 다시는 최 대표와 일하지 않겠다고 다짐했다.

나중에 알고 보니 정부과제를 수주한 후 해당 건과 관련하여
용역 업체에게 대금 지급을 지체하는 것은 정부과제 수주 취소 사

유에 해당하기 때문에 지급받았던 정부자금을 전부 토해내야 하는 상황이 발생할 수도 있었다. 결과적으로 강 대표가 산업통상자원부 담당 주무관에게 내용증명을 보낸 것은, 최 대표에 대한 '결정적 한 방'으로서의 역할을 톡톡히 했던 것이다.

어디 협상 테이블뿐이겠는가. 사회생활을 할 때도 수많은 숨은 이해관계인들이 존재한다. 이유 없이 나를 시기하고 깎아내리는 사람들이 있는 반면, 보이지 않게 나를 도와주고 응원해주는 사람들도 있다. 드러나지는 않지만 실질적인 결정권한을 가지고 있는 사람이 존재하며, 결정권자에게 직간접적으로 영향을 주는 사람도 있다. 그리고 이러한 숨은 이해관계인들의 존재와 특징을 평소 잘 파악해두고 그들과 적절한 관계를 맺으며 업무를 진행해나가는 것이 사회생활을 잘하는 사람들의 공통점이다.

숨은 이해관계인을 포함한
이해당사자 관계도 활용법

●

▎글로벌 기업의 영업 실주失注 원인

제안 설명회 때 복잡한 의사 결정 과정에 관여된 모든 고객들로부터 좋은 반응을 얻었다고 생각했다. 실주의 원인을 파악하기 위해 기술적인 측면과 가격, 고객의 니즈 등을 단계별, 항목별로 짚어보았지만 딱히 어느 부분에서 문제가 있었는지 쉽게 드러나지 않았다. 그러던 중 IT기획팀의 친한 고객을 만나 넌지시 우리가 실주하게 된 이유를 물어보니 정작 그 원인은 내 예상을 벗어난 곳에 있었다. 울산 공장의 생산 라인 책임자가 반대했다는 것이다. 돌이켜 생각해보니 제안설명회에 그분도 참석했다. 프레젠테이션이 끝나고 그가 현장에서의 변화 관리에 대해 몇 가지 질문을 했던 기억이 났다. 생산 라인 책임자는 우리 회사가 서울에 기반을 두고 있는 것에 대해 우려했다고 한다. 최근 고객사가 생산 라인의 인원을 대폭 축소하고 공정의 많은 부분을 외주로 돌리게 되었는데 공장 책임자는 프로젝트 완료 후의 지원 문제를 걱정했던 것이다. 왜 우리보다 기술력이 떨어지는 경쟁사가 수주할 수 있었는지 이해되었다. 그 회사는 울산에 기술 지원 사무실을 두어 고객 가까이에서 사후 지원을 할 수 있었던 것이다. 아차 싶었지만 상황은 이미 돌이킬 수 없었다. (중략)

이때의 경험 이후로 나는 의사결정 과정에 관여하는 모든 고객들을 고려한 영업전략을 세우기 시작했다. 한 명 한 명이 프로젝트를 통해 얻고자 하는 것은 무엇인지, 내가 제안하는 내용이 그들에게 어떤 도움이 될 수 있을지에 대해 더 많이 생각했다. 그러려면 의사결정에 관여하는 모든 사람들을 파악해야 했다.

　―우미영,『나를 믿고 일한다는 것』* 중에서

협상 테이블에서 눈에 보이는 당사자 이면에는 생각보다 많은 이해관계인들이 존재한다. 그들은 자신들의 욕구를 충족시키기 위해 저마다의 방법으로 협상 상황에 영향력을 행사한다. 적극적으로 협상에 개입하여 협상을 방해하기도 하고, 협상을 성사시키기 위해 어느 일방을 지지하고 공모하기도 한다. 그런가 하면 자

* 본문은 『나를 믿고 일한다는 것』의 우미영 저자와 출판사 퍼블리온의 사전 동의로 인용함

신을 드러내지 않고 팔짱을 낀 채 조용히 협상 상황을 주시하는 이도 있으며, 심지어 자신이 협상에 영향을 미치거나 향후 영향을 미칠 수 있는지조차 모르는 이해관계인도 있다.

평범한 영업사원으로 입사해 어도비코리아 등 굴지의 글로벌 기업 대표를 역임하며 겪은 경험담을 담백하게 기록한 우미영 대표의 책에 나오는 문장을 읽다 보면, 치열한 영업협상에 있어서 서로 다른 입장을 가진 이해관계인들을 파악하고 그들의 핵심 욕구를 공략하는 것이 얼마나 중요한지 알 수 있다. 그럼 과연 실전 협상에서 이해관계인들을 어떻게 파악하고 이들을 활용할 수 있을까?

▍세종시 다가구주택 매매 협상 사례

대기업에서 임원으로 은퇴한 후 안정적인 수입을 확보하기 위해 임대 수요가 많은 세종시에 다가구주택을 매입하려는 A. 괜찮은 위치에 견고하게 잘 지어진 다가구주택을 발견하고 부동산을 통해 집주인 B에게 시세보다 5,000만 원을 더 주겠다는 뜻을 전달했지만 집주인은 "지금은 팔 마음이 없습니다"라고 퉁명스럽게 답했다.

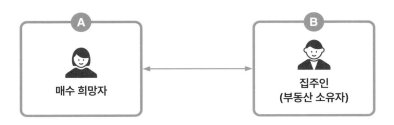

A는 잘 이해되지 않았다.

'내가 제시한 금액이면 굳이 거절할 이유가 없을 것 같은데 상대방은 왜 거절하는 것일까?'

A는 주위의 부동산을 돌아다니면서 집주인 B를 잘 아는 사람이 있는지, 집주인 B가 집을 팔지 않으려는 이유는 무엇인지 등을 물어보았다. 그러던 중 우연히 만난 공인중개사 D가 뜻밖의 정보를 알려주었다.

D는 집주인 B와 같은 교회를 다니는 사람으로 오랫동안 친분이 있는데, 그에 따르면 서울에 살고 있는 집주인 B의 아들 C가 부동산 관리와 주요 의사결정을 하고 있으며 최근 C가 하는 사업이 힘들어져서 부모님 소유의 부동산 중 하나를 처분할 생각이 있다고 했다.

문제는 3층 세입자 E. 매수 희망자들이 집을 보러 올 때마다 3

층 세입자 E가 집을 보여주지 않아 매수 희망자들이 여러 차례 문 전박대를 당하고 돌아갔다고 한다. 아들 C는 공인중개사 D에게 '세입자 E의 임대 기간이 1년 2개월 정도 남았는데 그때까지는 힘들 것 같다'고 안타까워했다고 했다.

여기서 A는 중요한 정보를 얻었다. 협상을 통해 설득해야 할 상대방은 집주인 B가 아니라 그의 아들 C이며, C는 현재 부동산을 매도할 강력한 동기를 가지고 있다는 점이다.

공인중개사 D는 본인이 10개월 전에 세입자 E를 그 집에 전세로 넣어줬는데 E가 현재 경제적으로 어려운 상황이며, 만약 집주인이 바뀌면 전세 보증금이 더 오르거나 월세로 전환될 것이 걱정되어 집을 보여주지 않는 것 같다고 했다. 이를 듣고 곰곰이 생각하던 A는 공인중개사 D에게 이렇게 이야기했다.

매수 희망자 A 사장님은 집주인 아들 C와 세입자 E와 모두 연락이 가능하시죠?

공인중개사 D 네, 그럼요. 아들 C는 지난번 만났을 때 연락처를 받아뒀고, 세입자 E는 전세 계약을 제가 체결해줬으니 당연히 연락처를 가지고 있습니다.

매수 희망자 A 좋습니다. 현재 세입자 E는 어떤 조건으로 전세 계약을 체결했나요?

공인중개사 D 전세 보증금 2억 8,000만 원에 관리비 12만 원입니다.

매수 희망자 A 제가 만약 세입자 E에게 '부동산을 매입한 뒤 전세 보증금 2억 6,000만 원에, 관리비는 없는 조건으로 남은 계약 기간을 거주할 수 있게 보장해드리고, 남은 보증금 2,000만 원은 즉시 돌려드린다'고 제안하면, 세입자 E는 이 거래를 반대할 이유가 전혀 없겠네요?

공인중개사 D 물론이죠. 반대가 아니라 오히려 더 좋아할 것 같은데요. 관리비 면제만으로도 상당한 혜택인데, 전세 보증금 중 2,000만 원을 돌려받을 수 있다고 하면 현재 세입자 E의 경제적 사정을 고려했을 때 거절하기 힘들 거예요.

매수 희망자 A 좋습니다. 그럼 사장님, 아들 C에게 제 뜻을 먼저 전달한 다음 그가 우리 뜻을 받아들이면, 세입자 E를 설득시켜 보시죠. 이번 거래가 성사되면, 부동산 중개수수료를 법정 최고 금액으로 드리겠습니다.

공인중개사 D 알겠습니다!

이 사례에서 노련한 A는 부동산 소유자인 집주인 B와 거래를 성사시키기 위해 모두 세 명의 숨은 이해관계인을 활용하고 있다. 한 명은 이 거래의 의사결정권을 가지고 있는 집주인의 아들 C이

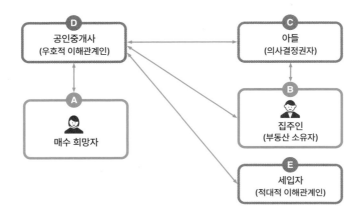

숨은 이해관계인이 포함된 협상 당사자 관계도

고, 또 한 명은 이 거래를 방해할 수 있는 적대적 숨은 이해관계인인 세입자 E, 그리고 마지막 한 명은 이 모든 이해관계인과 연락이 닿는 우호적 이해관계인인 공인중개사 D다.

결국 A는 집주인 B와 친분이 있는 공인중개사 D를 통해 내부 정보를 파악하고, 실질적 의사결정권자인 아들 C가 부동산 매도 의사가 있음을 확인한 뒤, 적대적 숨은 이해관계인이었던 세입자 E를 설득시킬 수 있는 창조적 대안을 제안함으로써 집주인 B와의 거래를 성사시킬 수 있었다.

이렇듯 협상에서 눈에 보이는 협상 당사자 이면에 생각보다 많은 이해관계인이 존재할 수 있으며 그들에 의해 협상 양상이 상당히 다르게 전개될 수 있다. 중요한 협상을 앞두고 있다면, 협상 테이블에 들어서기 전 '숨은 이해관계인이 포함된 협상 당사자 관계도'를 작성해보길 권한다. 이 표를 활용하여 협상에 영향을 미칠 만한 이해관계인들을 확인해보고 시각화하는 과정을 통해 우리는 다각적으로 협상 상황을 분석해볼 수 있고, 이해관계인들을 활용할 구체적인 방법들을 고민할 수 있다.

협상 유형을 파악하라
(도널드 트럼프의 협상 유형)

사람들의 행동과 대화를 관찰해보면 일정한 패턴을 읽을 수 있다. 그리고 이러한 패턴은 반복적으로 협상 테이블에서 드러나기 마련이다. 따라서 협상 전 상대방이 어떤 협상 유형을 가지고 있는지 파악하는 것은 협상 대응 전략을 세우는 데 무척 중요하다. 크게 보면 네 가지 정도로 협상 유형을 나누어 볼 수 있다.

1. 성과 주도형 Goal-Oriented

성과 주도형은 결과를 최우선으로 삼으며 목표 달성을 위해 저돌적이고 민첩하게 행동한다. 결과를 빠르게 얻기를 원하므로 업무와 커뮤니케이션의 효율성을 중시하며 표현 방식이 직설적이고 거침이 없다. 만일 목표의 달성에 방해가 된다고 여기는 사람이 있다면 이들을 압박하고 때로는 마찰도 주저하지 않는다. 경쟁적

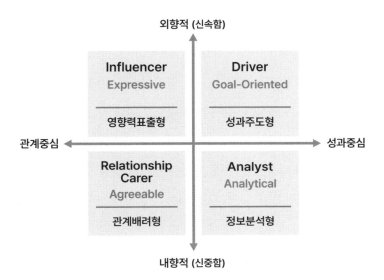

환경에서도 리더십을 발휘하여 문제를 해결하나, 다소 독단적인 면이 있을 수 있다.

[성과 주도형과 협상을 앞두고 있을 때 체크리스트]

□ 상대방은 어떤 결과를 원하는가?

□ 상대에게 전달할 메시지가 간결하고 명확하게 정리되었는가?

□ 미시적 관점보다는 결론 위주로 신속하게 진행할 수 있는가?

□ 상대가 원하는 것을 들어주지 못한다면 어떻게 대응할 것인가?

2. 영향력 표출형 Expressive

영향력 표출형은 적극적이고 사교적이다. 자신의 생각이나 감정을 솔직하게 드러낸다. 유쾌하고 열정적이며 상대에게 좋은 영향을 끼치려고 노력한다. 결과 그 자체보다 관계 속에서 자신의 영향력을 드러내고 상대에게 좋은 인상을 주고 상대로부터 인정받는 것을 중요하게 생각한다. 협상 진행 과정에서 절차적 합리성이 보장되는지에 민감할 수 있다. 다만 의사결정 시에는 다소 낙관적으로 상황을 바라보고, 직관과 감정에 의존하는 경향이 있다.

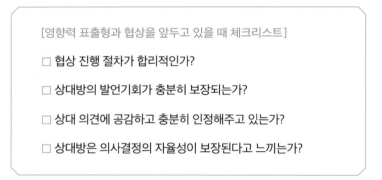

[영향력 표출형과 협상을 앞두고 있을 때 체크리스트]

□ 협상 진행 절차가 합리적인가?

□ 상대방의 발언기회가 충분히 보장되는가?

□ 상대 의견에 공감하고 충분히 인정해주고 있는가?

□ 상대방은 의사결정의 자율성이 보장된다고 느끼는가?

3. 정보 분석형 Analytical

정보 분석형은 신중하고 논리적이다. 결과를 도출하고 의사결정을 할 때 정보와 데이터, 확률을 중시하고 일처리가 정교하다. 감정 표현이 많지 않고 비판적인 시각을 가지고 있기에 까다롭게 느껴진다. 친해지기가 다소 힘들고 딱딱한 분위기로 흘러갈 수 있지만, 허투루 하는 말이 적고 사실 위주로 이야기하기에 장기적으로는 신뢰를 얻을 수 있는 스타일이다.

> [정보 분석형과 협상을 앞두고 있을 때 체크리스트]
>
> □ 내 주장을 뒷받침할 수 있는 근거가 논리적인가?
>
> □ 협상 시 제시할 자료나 숫자 등 사실이 정확한가?
>
> □ 이전 미팅과 달라진 내용이 있다면, 이를 미리 전달하였는가?
>
> □ 차분하고 신중한 상대방에게 내가 다소 감정적으로 대응하고 있지는 않는가?

4. 관계 배려형 Agreeable

관계 배려형은 대인관계를 중시하고 시간이 걸리더라도 개인적 친밀감을 쌓은 후에 업무를 진행한다. 지나치게 각을 내세우기보다는 관계를 해치지 않는 범위에서 안정적인 것을 선택하며 협력적 관계 구축에 능하다. 관계가 불편해지는 것을 참지 못하고, 거절을 잘 하지 못하는 경향이 있다. 의사결정 과정에서 신중하며, 지인들의 조언을 구하는 등 많은 시간을 할애하여 다소 답답해보일 수 있다.

리더의 관점에서 생각해보아야 할 점

만일 리더로서 협상을 준비한다면, 나와 함께 일하는 동료가 어떤 유형의 협상가인지 사전에 파악해두어야 한다. 그리고 협상 상대방에 맞는 최적의 협상 실무자를 상황에 맞게 배치해야 할 것이다. 아울러 까다로운 협상 상대방을 만나도 쉽게 무너지지 않을 협상 실무자들이 두세 명 있다면 도움이 될 것이다.

그리고 해당 실무자들의 협상 유형이 동일한 유형이 아니라면 예측 불가능한 상황에서 조금 더 다양한 전략을 구사하며 유연하게 대응할 수 있다. 또한 리더의 장점을 잘 드러나게 해주고, 단점을 잘 보완해주는 협상 실무자와 함께 협상에 나간다면 원하는 결과를 효과적으로 얻을 수 있을 것이다.

미국 대통령 도널드 트럼프는 어떤 유형의 협상가인가? ©연합뉴스

도널드 트럼프는 어떤 유형의 협상가인가[17]

언론에 비치는 트럼프 대통령의 모습을 보고 사람들은 그가 영향력 표출형에 가깝다고 생각할 수 있지만, 그의 협상 방식과 행동 패턴들을 자세히 분석해보면 전형적인 성과 주도형 협상가임을 알 수 있다.

그는 본질적으로 부동산 사업을 통해 엄청난 부를 축적한 비즈니스맨이다. 그의 저서 『The Art of the Deal』[18]에서 "나는 생각한 바를 끝까지 밀어붙이면서 원하는 것을 얻어내는 사람"이라고 본인을 표현하고 있고, 또 다른 저서 『CEO 트럼프, 성공을 품다』[19]에서는 "무슨 일을 하든, 간결하고 신속하고 곧장 요점을 찔러주도록 하라. 간결하게 한다는 것은 예의 바른 일이다"라고 언급하며 커뮤니케이션에 있어서도 극단적 효율을 강조하고 있다.

이러한 성과 주도형 협상 스타일은 두 차례 대통령 재임 기간 중에도 여과 없이 드러나고 있다. 외교에 있어 자국의 이익을 최우선으로 삼고, 협상 초반 상대가 당황할 정도로 강력한 앵커링 전략을 구사한다. 그리고 이익에 반하는 상황이 전개되면 상대방을 압박하여 우호적인 관계를 유지해오던 국가들과도 언제든지 거리를 두고 공격 태세를 갖춘다. 도널드 트럼프의 메시지는 명확하다. 미국에 이익이 되고 성과를 낼 수 있는 협상을 하겠다는 것이다.

2018년 3월 트럼프 대통령은 무역적자 해소와 미국 안보를 위한다는 명분으로 철강과 알루미늄에 폭탄 관세(각각 25% 및 10%)를 부과하는 행정명령에 서명 날인했다. 우리나라는 발 빠른 대처로 수출 물량을 일부 양보하고 철강 관세 면제를 받아냈지만, 트럼프 행정부는 중국, 러시아, 인도 등과 같은 나라뿐 아니라 전통적으로 미국의 최우방국인 캐나다, 멕시코, EU와 일본에까지 폭탄 관세를 부과하기로 결정했다. 이에 해당국들은 미국의 폭탄 관세를 강하게 비판하는 공동성명을 채택하고 일제히 보복 관세를 부과하겠다고 맞대응함으로써 세계적인 무역 전쟁이 야기되었다. 자국의 이익을 위해 필요하다면 수십 년간 유지해온 우방국과도 전략적으로 등을 돌릴 수 있는 사람이 바로 도널드 트럼프 대통령이고, 수십 년간 적대적 관계였더라도 정치적-경제적으로 얻을 수 있는 이익이 있다면 가장 먼저 다가와 웃으며 악수를 할 수 있는 사람이 도널드 트럼프 대통령이다.

2025년 2월 트럼프 2기 행정부는 1기 행정부와 동일한 방식으로 철강과 알루미늄 제품에 대해 25% 관세를 부과하는 행정명령에 서명하며, 글로벌 관세전쟁을 게시했다.

또한 트럼프는 치밀한 협상가이다. 협상을 할 때는 철저하게 준비하고 상대를 파악하고 접근한다. 다소 감정적이고 격앙된 모습을 보이기도 하지만, 실제로는 사전에 준비된 상태에서 전략적으로 감정을 활용하는 경우가 대부분이다.

도널드 트럼프 미국 대통령의 선거 전략을 담은 다큐멘터리 〈아트 오브 더 서지Art of the Surge〉에서는 도널드 트럼프가 두 번째 미국 대통령 당선을 앞두고 민주당 후보인 카멀라 해리스의 대통령 후보 수락 연설을 분석하는 장면을 담고 있다. 해당 영상에서 트럼프는 해리스 후보의 연설 한 줄 한 줄을 선거캠프 참모들과 실시간으로 분석하며, 약점을 공략하고 자신의 강점을 극대화할 수 있는 전략을 짠다. 그만큼 트럼프는 세밀하게 협상을 준비하고, 자신의 강점을 극대화하고 상대의 약점을 집요하게 공략하는 치밀한 협상가이다.

한국 정부와 우리나라 기업들은 트럼프와 협상할 때 그의 협상 유형을 파악하고 협상 습관, 협상 스킬, 협상 전략, 숨은 이해관계인 등을 철저히 분석하여 최적의 대응 전략을 세워야 할 것이다.

❖

눈에 보이는 당사자가 전부가 아니다. 판을 지배하는 자는 쉽게 수면 위로 드러나지 않는다. 협상 테이블에 영향을 미치고 있는 숨은 이해관계인들이 생각보다 많이 존재한다는 사실을 항상 기억하라. 협상 전 먼저 숨은 이해관계인의 존재를 파악하고, 그들을 어떻게 견제하고 활용하여 협상을 유리하게 이끌 것인지에 대한 전략을 세우도록 하라. 만일 숨은 이해관계인이 다수라면 이들을 시각화하라.

당신만의 배트나를
확보하라

협상력의 차이를 규정짓는
결정적 요인, 배트나

．

▌선급한 수출규제로 제 발등 찍은 일본 정부

2018년 대한민국 대법원의 강제징용 피해자에 대한 일본 기업의 배상책임 인정 판결을 두고, 한일 관계는 급속도로 악화되었다. 곧이어 2019년 7월에 일본 정부는 반도체와 디스플레이 제조 공정에 필수적인 세 개 품목(고순도 불화수소, 불화 폴리이미드, EUV 포토레지스트 등)에 대해 우리나라를 상대로 핀셋 수출규제를 단행하였다. 일본의 수출 절차를 간소화하는 '화이트리스트'에서 한국을 제외시킨 것이다.

삼성과 SK, LG 등 반도체 및 디스플레이를 제조하는 국내 대기업들은 오랜 기간 일본의 고순도 불화수소에 의존하여 생산을 해왔는데, 갑작스러운 일본 정부의 수출 규제에 비상이 걸렸다.

일본 정부의 수출규제 발표 3일 만에 삼성전자 이재용 회장이 급히 일본으로 건너갈 정도로 상황은 급박했다. 하지만 일본 정부는 한국 기업의 이런 절박한 노력에도 아무런 반응이 없었다.

상황이 심각해지자 우리나라 정부와 기업이 머리를 맞대고 힘을 합치기 시작했다. 그동안 일본에 전적으로 의존하여 별다른 대안을 확보해두지 않았던 반도체 관련 핵심 품목들을 국내 개발로 즉각 착수했다. 중국과 호주 등 해외 수입의 가능성을 검토하기 시작했다.

시간이 더 오래 걸릴 것으로 예상되었던 국내 자체 생산의 시기를 앞당기기 위해 정부는 규제 완화, 인허가 절차 단축, 세제 혜택 및 R&D 예산 편성으로 지원했다. 반도체와 디스플레이 및 화학 업체가 똘똘 뭉쳐 주야를 가리지 않고 기술 개발에 매진했다.

그렇게 6개월, 그동안 일본 의존도가 가장 높았던 고순도 불화수소의 국내 생산이 기적처럼 이루어졌다. 국내 화학 소재 전문기업 솔브레인 등이 불화수소의 순도를 업계 최고 수준인 12나인(Nine) 액체 불화수소(99.9999999999%)까지 끌어올리고 산업용 대량 생산을 확보했다. 삼성과 SK 등도 국내 불화수소를 구매하여 사용했다. 이와 함께 호주, 벨기에, 중국산 수입으로 수입국도 다각화했다.

오랜 기간 쌓아온 신뢰는 이렇게 한 순간에 무너졌다. 그리고 무너진 신뢰는 좀처럼 회복되지 않는다. 일본의 수출 규제 시점 이후 정부와 기업이 협심하여 협상 결렬 대안을 마련하고 일본 의존도를 적극적으로 낮췄다. 그 결과는 수치로 증명되었다. 한국무역협회에 따르면, 2020년 1~5월 기준 불화수소의 일본 수입 비중은 일본 수출 규제 전년 동기 대비 44%에서 12%로 줄어들었다. 수입액 기준으로는 2,843만 달러에서 403만 달러로 줄어 85.8%나 급감했다고 밝혔다.[20]

결론적으로 일본의 성급한 수출규제는 우리나라의 소부장 및 원료기술 강화 정책에 불을 지폈다. 이는 일본 기업의 수출에 커다란 악재로 자리 잡게 되었다. 그로부터 4년 뒤인 2023년 결국 일본은 반도체 관련 3개 품목의 한국 수출 규제를 해제하였고, 화이트리스트에 배제되었던 한국을 복원했다. 하지만 그렇게 잃어버린 4년 동안 한국 기업은 일본의 의존성을 탈피하고, 협상 결렬 대안을 마련함으로써 수입에 있어 기존보다 현저히 더 강한 포지션을 얻게 되었다.

이 사례는 협상에서 배트나가 얼마나 중요한지 단적으로 보여준다. 앞서 언급했듯이 배트나란 '협상이 결렬될 경우 선택할 수 있는 최선의 대안'을 뜻한다.

일본은 반도체와 디스플레이 제조 공정에 필수적인 3대 품목을 전적으로 자신의 나라에 의존해오던 한국 기업들에는 배트나가 없을 것이라고 섣불리 판단했다. 하지만 기습적인 핀셋 수출 규제로 한국 기업을 압박한 일본 정부에 대항해 우리나라 정부와 기업들은 단기간 힘을 모아 자국 생산과 수입국 다변화라는 배트나를 확보했다. 상황이 이렇게 되자 오히려 일본 기업의 수출에 직격탄을 맞는다. 이에 당황한 일본 정부가 끝내 백기 투항하며 화이트리스트 규제를 철회한 장면은 협상에 있어 배트나의 중요성을 두고두고 각인시킨다.

> 사람들은 협상력의 차이가
> 어디에서 기인하는지 궁금해한다.
> 경제력? 정치력? 인맥? 성별? 호감도? 외모?
> 나와 상대방의 협상력의 차이를 규정짓는
> 가장 결정적인 요인을 한 가지만 꼽자면,
> 그것은 바로 배트나의 존재 여부다.

┃ 스타트업의 협상력을 결정짓는 요인

나는 벤처캐피탈 그래비티벤처스의 공동창업자이자 전략이사로 오랜 기간 스타트업에 투자하며 자문을 제공하고 있다. 일반적으로 벤처캐피탈과 스타트업이 투자협상을 하면 벤처캐피탈이 '갑'이고, 스타트업이 '을'이라 생각하지만 현장에서 경험해본 바로는 꼭 그렇지는 않다. 다음 두 가지 예시를 살펴보자.

스타트업 대표 A는 기회가 닿아 벤처캐피탈 투자심사역을 만나면 왠지 모르게 주눅이 드는 느낌이다. 기껏 준비한 사업계획서와 투자제안서를 설명하다가도 어느 순간 그들이 우리 제품에 별로 관심이 없다는 생각이 들면 먼저 시무룩해져서 자료를 제대로 설명하지도 못한 채 돌아오고 만다. 일주일에도 수십 개의 투자제안서를 검토하는 벤처캐피탈들을 상대로 자신의 회사에 투자하도록 설득하는 일이 결코 쉽지 않음을 뼈저리게 느낀다.

반면 스타트업 대표 B는 요즘 행복한 고민에 빠졌다. 새로 출시한 서비스가 시장에서 폭발적인 반응을 얻고, 서비스가 출시되자마자 여러 벤처캐피탈에서 접촉하더니 한 달간 무려 여덟 개의 벤처캐피탈 투자심사역들과 미팅이 예정되어 있다. B는 지인들에게 연락해서 업계에서 어떤 벤처캐피탈의 평판이 좋은지, 또 자신들의 사업 영역에 실질적인 도움을 주는 벤처캐피탈이 어디인지 자세히 알아보고 있다. 일단 몇 차례 미팅을 한 후, 가장 마음에 드는 곳으로부터 투자를 받을 생각이다.

위 사례는 배트나 확보에 따라 협상력의 차이가 극명하게 드러남을 단적으로 보여준다. 일반적으로 스타트업이 벤처캐피탈과의 협상에서 '을'로서 포지션을 갖는 경우는 해당 스타트업이 배트나가 없는 경우에 적용된다. 만일 여러 개의 벤처캐피탈이 서로 투자하기 위해서 경쟁하는 상황이라면, 오히려 스타트업이 '갑'의 포지션에서 협상을 하게 된다.

즉, 협상 시 배트나가 확보되고 그 배트나가 현재의 협상 상대방보다 더 매력적인 상황이라면 당신은 협상 테이블에서 저절로 '갑'의 포지션을 점하게 된다. 상대방과의 거래가 단절되어도 아쉬울 것이 전혀 없기 때문이다. 반대로 상대방 말고는 딱히 배트나가 없고 심지어 상대방도 그 상황을 잘 안다면 협상력은 떨어질 수밖에 없고 협상 테이블에서 상대방에게 일방적으로 끌려다니는 '을'이 될 수밖에 없다.

협상 테이블에서 소위 말하는 '갑을 관계'는
배트나를 확보했는지,
그리고 확보한 배트나가 얼마나
매력적인지에 따라 결정된다.

협상력을 극대화할 수 있는 비결, 대체 불가능성

하지만 현실적으로 내가 배트나를 확보했다고 해서 자동으로 협상력에서 우위를 점하게 되는 것은 아니다. 이유는 간단하다. 상대방 역시 나를 대체할 수 있는 배트나를 확보하기 위해 노력할 것이기 때문이다.

다음에 나오는 표를 보면 나와 상대의 배트나 확보 유무에 따라 협상력이 어떻게 달라지는지를 파악할 수 있다.

이 표를 앞서 예로 들었던 한일 간 수출 분쟁 사례를 통해 설명해보자. 한국은 2019년 일본 정부의 수출규제 당시 C 영역에 위치해 있었다. 즉, 한국 입장에서는 일본에 의존해오던 반도체 핵심 품목 거래에 대한 배트나를 확보하지 못한 채 일본 정부로부터 기습적인 일격을 당하였고, C 영역에 고립된 한국은 협상력에서 절대 열위 포지션에서 끌려가는 협상을 할 수밖에 없는 상황이었다.

배트나 유무에 따라 달라지는 협상력의 차이

| 나 | 배트나 확보 ○ |
| 상대방 | 배트나 확보 ○ |

나	배트나 확보 ○
상대방	배트나 확보 ×
협상력 절대 우위	

Ⓐ Ⓑ
Ⓒ Ⓓ

협상력 절대 열위	
나	배트나 확보 ×
상대방	배트나 확보 ○

| 나 | 배트나 확보 × |
| 상대방 | 배트나 확보 × |

반대로 일본은 당시 B 영역에 위치해 있었다. 일본 입장에서 한국은 몇몇 수출국 중 하나일 뿐이었고, 단기적으로 한국이 배트나를 확보하기는 쉽지 않다고 판단하고 선제적인 수출규제를 단행한 것이다. B 영역을 선점한 일본은 당시 협상력에서 절대 우위의 포지션에서 한국을 강하게 압박했다.

일본의 기습 공격에 호되게 당한 한국이 이 사건 이후 가장 먼저 취한 조치는 반도체 제조 공정 핵심 품목의 국내 생산 착수와 일본을 대신해서 공급받을 수 있는 배트나 확보였다. 더 이상 일방적으로 당하지 않겠다는 절박함으로, 한국 정부와 국내 기업들은 호주, 벨기에, 중국 등 새로운 공급처 확보를 타진하는 한편,

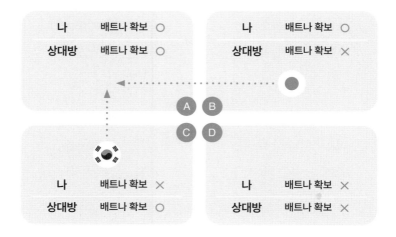
배트나 유무에 따른 한국과 일본 간의 협상력 차이

| 나 | 배트나 확보 ○ |
| 상대방 | 배트나 확보 ○ |

| 나 | 배트나 확보 ○ |
| 상대방 | 배트나 확보 × |

| 나 | 배트나 확보 × |
| 상대방 | 배트나 확보 ○ |

| 나 | 배트나 확보 × |
| 상대방 | 배트나 확보 × |

자체 생산을 위한 기술개발 투자를 대폭 늘렸다.

한국의 이러한 노력은 단기간 가시적인 성과를 만들었고, 일본 수입 의존도를 획기적으로 줄여 나갔다. 안일하게 C 영역에 위치했다가 굴욕적인 경험을 당했던 한국은 신속하게 배트나를 확보하며 A 영역으로 포지션을 변경, 이전보다 훨씬 더 강한 협상력을 확보했다.

결국 협상력을 극대화할 수 있는 전략은 두 가지로 요약된다.

하나. 상대방을 압박할 수 있는 매력적인 배트나를 확보하라.

둘. 상대방이 나를 대체할 수 있는 배트나를
찾기 힘들게 만들라.

골리앗을 이기는 다윗,
씨티알 그룹

●

일상에서도 우리는 대체 불가능성을 가진 존재의 위력을 이따금 씩 실감한다. 학창 시절 대학로에 기가 막힌 해물파전 집이 있었다. 오징어며 새우며 싱싱한 해물들이 아낌없이 들어간 이 집 파전은 두께가 너무 두꺼워 '파전을 퍼먹는다'고 표현할 정도였다. 게다가 파전 가격이 저렴하고 살얼음 동동 떠 있는 동동주가 일품이라 대학생들이 손꼽는 맛집이었다.

문제는 이 집 주인 할머니가 불친절하기 그지없었다는 점이다. '욕쟁이 할머니'라고 불리는 할머니는 손님이 들어오든 나가든 본체만체하고 말투에는 항상 짜증이 섞였으며, 할머니의 기분이 좋지 않은 날이면 경상도 특유의 걸쭉한 욕지거리를 들어야만 했다.

항상 손님을 긴장시키는 욕쟁이 할머니. 그럼에도 학생들은 꾸역꾸역 그 집에 가서 해물파전에 동동주를 시켜 먹었다. 할머니

눈치를 살피며 불편하게 파전을 먹어야 하는 것을 잘 알면서도 학생들이 이 집에 가는 이유는 무엇일까? 역시 맛과 가성비에서 그보다 더 나은 대안을 찾는 것이 거의 불가능했기 때문이다.

이런 일이 어디 비단 대학가 맛집뿐이겠는가. 어디서든 배트나를 찾기 힘든 대체 불가능한 제품들은 잘 팔리고 어떤 조직이든 대체 불가능한 존재들은 인정받는다.

이 세상의 모든 위대한 것들,

모든 잘 팔리는 것들,

협상력의 절대 우위를 차지하는 존재들이 가진 공통점,

그것은 바로 대체 불가능성에 있다.

| 골리앗을 이기는 다윗, 씨티알 그룹

결국 나는 배트나를 확보하고, 상대는 나를 대체하기 힘든 상황일 때(즉, 대체 불가능성을 확보했을 때) 협상력은 극대화될 수 있다. 어쩌면 당연한 이치로 들리겠지만, 실제로는 이 둘을 모두 확보하기가 쉽지 않은 현실이다. 하지만 일부 기업들은 뼈를 깎는 노력으로 이를 이루어낸다. 경남 지역의 우수 기업 중 하나인 씨티알 그룹이 좋은 예다.

1952년 출범해 3대째 자동차 부품을 제조하는 씨티알 그룹(이하 씨티알)은 오랫동안 국내 완성차 업체에 자동차 부품을 공급해왔으나 구조적인 한계에 도달했음을 절감했다. 소위 말하는 절대 '갑' 포지션에 있는 국내 완성차 업체들만 바라보고 제품을 생산, 공급하다 보니 배트나가 넘쳐나는 그들에게 늘 끌려다닐 수밖에 없었다. 반대로 국내 시장을 장악하는 그들에게 제품을 공급하지 않으면 별다른 대안이 없는 자동차 부품 업체로서는 장기적으로 기업 경쟁력을 확보하기가 점차 힘들어졌던 것이다.

고심 끝에 씨티알은 기업 전략을 전면 수정하고 두 가지 부분에 모든 역량을 쏟아붓기로 했다. 즉, 국내 시장을 벗어나 매력적인 완성차 브랜드가 몰린 북미 시장과 유럽 시장을 공략하여 적극적으로 배트나를 찾아나서는 동시에, R&D 역량을 강화시켜 대체 불가능한 기술력을 확보하기 위해 대대적인 투자를 단행한 것이다.

1996년부터 시작된 씨티알의 기업 경쟁력 강화 전략은 시간이 지남에 따라 조금씩 빛을 발했다. 이후 국내 시장만 바라보던 씨티알은 현재 전 세계 100개가 넘는 기업에 3,000여 종의 부품을 공급하며 전체 매출액 중 수출 비중이 70%가 넘는 알짜 기업으로 거듭나게 되었다. 현재 GM-크라이슬러-포드 등 북미 빅 3사는 물론이고, 벤츠·BMW·아우디 등 유럽의 고급 완성차 브랜드에도 제품을 공급하고, 최근에는 전기차 테슬라 역시 씨티알의 클라이언트가 되기에 이르렀다.

수십 년간 국내 완성차 업체에 쩔쩔매며 끌려다니던 씨티알은 시장 다각화를 통한 배트나 확보와 대체 불가능한 기술력 확보로 더 이상 국내 완성차 업체에 일방적으로 끌려다니지 않아도 될 만큼 충분한 경쟁력과 협상력을 갖추게 되었다.

씨티알의 매출도 무섭게 상승했다. 2007년 기준 매출액 3,088억 원에 불과했던 씨티알은 지난 10년 동안 평균 15%대의 고속 성장을 유지하여 2016년에는 매출액이 1조 원을 넘겼고, 2024년에는 매출액 2조 원을 넘어섰다. 그리고 이제 씨티알은 글로벌 기업으로 성장하기 위한 더 큰 꿈을 향해 나아가고 있다.

씨티알의 사례는 다윗이 골리앗을 상대하기 위해 활용할 수 있는 기업 경쟁력 및 협상력 강화 전략의 핵심이 배트나와 대체 불가능성 확보에 있다는 점을 단적으로 보여준다.

기업의 M&A 사례에서 살펴보는 배트나 전쟁

| 한국 까르푸 매각 협상 사례[21]

까르푸는 월마트에 이어 세계 2위 유통 업체다. 1996년 경기도 부천시 중동 신도시에 국내 첫 매장을 오픈한 까르푸는 한국 시장에 1조 원 이상을 쏟아부으며, 당시 1위인 이마트를 추격했다. 하지만 현지화에 실패하면서 선두였던 이마트는 물론이고 후발 주자인 홈플러스와 롯데마트에게도 시장 점유율을 추월당했다.

한국 진출 10년 만인 2005년, 까르푸는 한국 시장에서 철수하기로 했다. 철수를 앞둔 까르푸가 국내 시장에서 보여준 첫 번째 움직임은 무엇이었을까?

놀랍게도 까르푸는 1년간
5개의 대형 할인점을
연달아 오픈했다.

이유는 단순하다. 인수 의향이 있는 기업에게 가장 매력적인 상태에서 최적의 조건으로 매각을 진행하고자 매각을 코앞에 둔 시점에 오히려 점포 수를 늘리는 승부수를 띄웠던 것이다. 그 결과 2006년 2월 매각 관련 설명회를 개최했을 당시, 까르푸는 32개 매장에 7,000여 명의 직원을 보유하며, 경쟁이 치열한 국내 할인점 시장의 판도를 단숨에 뒤바꿀 수 있는 강력한 임팩트를 가진 매물로 떠올랐다.

당시 업계 2위 홈플러스와 3위 롯데마트는 까르푸를 인수하면 그동안 압도적 1위였던 이마트와 점포 수 격차가 불과 4~5개로 줄어 사실상 업계 1위까지 넘볼 수 있는 상황이었다. 또 업계 4위 이랜드 역시 까르푸를 인수하면 2위권으로 진입할 수 있는 상황이었다. 즉, 까르푸는 매각 협상 직전에 5개의 매장을 늘려 시장의 모든 경쟁자를 협상 테이블로 끌어들일 수 있다고 판단했고 이런 까르푸의 전략은 정확히 적중했다.

2006년 4월, 할인점 업계 1위 기업부터 4위 기업까지 모두가 까르푸 인수의향서를 제출했다. 업계의 빅 4가 모두 인수 의향을

까르푸 매각 협상 당시 국내 할인점 현황

순위	업체명	매출액(2005)	점포 수(2006)	까르푸 인수 시 점포 수
1위	신세계 이마트	7조 4,630억 원	79개	111개
2위	삼성테스코 홈플러스	4조 1,000억 원	42개	74개
3위	롯데마트	2조 9,591억 원	43개	75개
4위	이랜드 홈에버	1조 8,000억 원	18개	50개

밝힌 상황에서 까르푸의 몸값은 자연히 치솟았다. 가장 공격적이었던 기업은 롯데마트였다. 1조 5,000억 원~1조 7,500억 원을 제시한 다른 기업들과는 달리 롯데마트는 1조 9,000억 원이라는 압도적으로 높은 금액을 제시했다.

하지만 롯데마트는 사전 실사Due Diligence를 진행하는 과정에서 예상보다 까르푸가 부실하다는 판단을 내리고 인수 금액을 1조 7,000억 원으로 조정했다.

이렇게 되자 당시 1조 7,500억 원을 제시한 이랜드가 우선협상 대상자로 선정되었고, 이랜드는 까르푸가 요구하는 부대 조건(고용승계, 기존 납품 업체와의 계약승계 등)들을 대부분 받아들이며 최종적으로 까르푸를 인수했다.

말도 많고 탈도 많았던
까르푸 인수전이 진행되는 동안,
업계 1위인 이마트는
조용히 또 다른 협상을 준비하고 있었다.

까르푸가 업체 간 경쟁을 유발시키며 몸값 올리기에 열을 올리자, 이마트는 까르푸를 인수합병하기가 쉽지 않겠다고 판단하고 별도의 배트나를 확보하기 위해 재빨리 움직였다. 이마트가 인수 대상으로 삼은 기업은 당시 전국에 16개의 매장을 가지고 있었던 월마트코리아. 이마트는 발 빠른 대처와 결단력으로 월마트코리아를 성공적으로 인수하고 국내 95개의 점포를 확보하면서 할인점 시장에서 독보적인 1위 자리를 굳히게 된다.

이렇듯 M&A 협상에 있어서 기업들은 더 나은 배트나를 확보하여 유리한 고지를 선점하기 위해 치열한 물밑작업을 펼치며, 기존 협상 상대방과의 상황이 여의치 않을 경우에는 새로운 배트나를 개발하여 협상 결렬 상황을 대비한다.

협상에서 배트나 노출 전략

협상을 할 때 배트나가 있다는 것을 상대에게 노출하는 것이 좋을까, 아니면 숨기는 것이 좋을까? 일반적으로 배트나의 존재는 상대방을 심리적으로 압박할 수 있기 때문에 노출하는 것이 협상에 도움이 된다. 하지만 어설픈 배트나 노출은 자칫 상대를 자극하거나 불편하게 만들어 협상을 그르칠 수 있다.

예를 들어, 당신이 협상 테이블에 앉자마자 "사실 저희는 귀사와 거래를 하지 않아도 B사와 거래가 가능하기 때문에 물량은 충분히 확보할 수 있는 상황입니다"는 식으로 배트나를 언급한다면, 상대방은 기분이 몹시 상할 뿐만 아니라 협상 의지를 잃게 될 것이다. 따라서 누가, 언제, 어떤 방식으로 배트나를 언급할 것인지에 대한 세밀한 커뮤니케이션 전략이 필요하다.

또한 배트나는 굳이 협상 테이블에서 협상 당사자가 직접 언급하지 않아도 된다. 기업 간 M&A 협상을 할 때 배트나를 언론을 통해 간접적으로 드러내기도 하고, 스포츠 스타들의 경우 에이전트나 가족의 입으로 다른 구단과 접촉하고 있다는 사실을 언급하기도 한다.

배트나를 찾기 힘든 상황에서의
협상 전략

●

▌루스벨트 선거캠프 비하인드 스토리[22]

1912년, 미국 대통령 선거에 나선 시어도어 루스벨트Theodore Roosevelt 전직 대통령. 26대 대통령을 지낸 그는 자신의 최측근이자 친구인 윌리엄 하워드 태프트William Howard Taft 27대 대통령의 국정 운영 방식이 마음에 들지 않자 28대 대통령 후보로 정계에 복귀했다.

당시 어느 때보다 치열한 선거전이 계속되었고 선거운동은 종점을 향해 가고 있었다. 루스벨트 후보 캠프에서는 남은 선거 기간 동안 미국 내륙의 소도시 기차역을 순회하는 마지막 지방 유세를 하며 유권자들에게 자신의 사진과 주요 공약이 담긴 홍보 팸플릿을 나눠주는 전략을 계획하고 있었다. 이를 위해 팸플릿 300만

모펫 스튜디오에서 촬영한 루스벨트
대통령 사진 ©Moffett Studios, Chicago

부가 화물 객차에 실려 있었다.

지방 유세에 돌입하기 직전, 선거캠프 참여자 중 한 명이 심각한 문제를 발견했다. 홍보 팸플릿에 인쇄된 루스벨트 후보의 사진 하단에 "모펫 스튜디오, 시카고Moffett Studios, Chicago"라고 저작권자가 명시되어 있었는데, 루스벨트 캠프에서는 저작권자 동의 없이 300만 부의 홍보 팸플릿을 무단 제작했던 것이다.

선거캠프는 혼란에 빠졌다. 당시 선거캠프에서 생각할 수 있는 시나리오는 크게 세 가지 정도였다.

첫째, 모른 척하고 배포할 경우

변호사에게 재빨리 자문을 구해보니 저작권 위반의 사진을 그대로 배포할 경우 저작권자는 사진 한 장당 1달러, 잠재적으로 총

300만 달러에 달하는 금액을 요구할 수 있었고, 당시로서는 이를 감당하기 힘든 상황이었다. 게다가 저작권법 위반으로 고소를 당할 소지도 있어 그야말로 대형 악재가 터질 것이 불 보듯 뻔했다. 모른 척하고 배포하는 것은 사실상 불가능한 상황이었다.

둘째, 홍보 팸플릿을 배포하지 않을 경우

남은 선거 기간을 모조리 쏟아붓기로 한 마지막 지방 유세에서 홍보 팸플릿을 배포하지 못한다면 루스벨트 후보는 당선을 장담할 수 없었다.

셋째, 홍보 팸플릿을 다시 인쇄할 경우

그렇다고 300만 부의 팸플릿을 모두 파기하고 다시 찍을 수도 없었다. 추가적으로 들어가는 비용도 문제지만 무엇보다 시간이 부족했다.

배트나를 찾기 힘든 상황에서
당신이라면
어떻게 이 상황을 해결하겠는가?

이렇듯 선택할 수 있는 대안을 찾기 힘든 상황에서 당시 루스벨트 선거캠프는 모펫 스튜디오와 담판을 지어야 한다는 데 의견을 모았다. 이를 위해 상대에 대한 정보를 수집해봤더니 모펫 스튜디오를 이끄는 모펫은 오랜 기간 사진작가로 활동했지만 크게 성공하지는 못한 인물로, 은퇴를 앞두고 경제적 이익에 집착하는 다소 냉소적이고 불만스러운 사람이라는 사실을 알게 되었다.

선거캠프를 이끌던 조지 퍼킨스George Perkins는 당시 상황을 냉정하게 진단한 후 모펫 스튜디오에 직접 연락을 취하기로 했다. 조지 퍼킨스가 고심 끝에 보낸 전보는 아래와 같다.

> "선거 홍보 팸플릿 수백만 부의 커버에 루스벨트 후보의 사진을 인쇄해 배포할 계획임. 귀사의 스튜디오 사진이 실리면 전국적으로 귀사의 스튜디오를 알릴 수 있는 절호의 기회로 보임. 귀사의 스튜디오 사진을 싣는 대가로 얼마를 낼 용의가 있는지 확인 후, 즉시 회신 바람."

모펫 스튜디오에서 곧 연락이 왔다.

> "이런 제안에 응해본 적이 없지만, 250달러를 낼 용의가 있음."

만약 조지 퍼킨스가 협상의 하수였다면 어떻게 대응했을까? 조지 퍼킨스가 모펫 스튜디오에 연락을 취해 현 상황을 사실대로 드러내면서 적절한 선에서 합의를 이끌고자 했다면 합의는 원만하게 이루어졌을까? 모펫이 루스벨트 후보 선거캠프가 배트나를 찾기 힘든 상황이라는 것을 파악했다면 더욱 공격적인 제안을 했을 것이다.

노련한 협상가인 조지 퍼킨스는 배트나가 없음을 상대방에게 알리지 않고 오히려 여러 개의 매력적인 배트나가 존재할 수 있다는 여지를 남겨둔 상황에서 협상을 시작했다. 그리고 상대방에게 이번 거래를 통해 얻을 수 있는 가치가 상당하다는 것을 각인시켜 오히려 상대가 거래에 응하고 싶게 만들었던 것이다.

배트나가 없는 최악의 상황에 처한 조지 퍼킨스가 이를 극복하기 위해 활용한 협상 전략을 분석해보면 몇 가지 중요한 인사이트를 얻을 수 있다.

1. 협상에서 정보 확보의 중요성

모펫이 루스벨트 캠프 내부 상황에 대한 구체적인 정보를 갖고 있었다면 협상은 전혀 다르게 전개되었을 것이다. 협상에서 정보 확보는 그만큼 중요하다.

2. 나의 프레임에서 벗어나, 상대방의 인식에 초점을 맞춘다

루스벨트 캠프의 다른 선거 담당자들과 조지 퍼킨스의 결정적인 차이점은 다른 사람들이 캠프 내부의 혼란과 위기에 초점을 맞추었다면, 조지 퍼킨스는 이를 전혀 모르고 있는 모펫의 입장에 초점을 맞추어 협상을 진행했다는 점이다. 모펫 입장에서는 조지 퍼킨스의 제안을 거절한다면 얻을 것이 없는 반면, 제안에 응하여 루스벨트 후보가 대통령이 된다면 유명세, 명예, 경제적 이익 등 많은 것을 기대할 수 있는 상황이었다.

3. 배트나 확보가 힘들다면 적어도 이 상황을 드러내지 말라

배트나가 약하거나 없는 상황이라면 신속히 배트나를 개발해야 하겠지만, 이것조차 불가능한 상황인 경우라면 이 사실을 드러내지는 않는 것이 최선일 수도 있다. 배트나가 없다는 것을 상대방이 알아채는 순간 협상의 주도권은 상대방에게 넘어가기 때문이다.

4. 상대를 압박하는 마지막 한 마디, "즉시 회신 바람"

조지 퍼킨스는 전보 내용 말미에 "즉시 회신 바람Respond immediately"이라고 남김으로써 시간적 제약을 통해 상대방을 압박함과 동시에, 모펫이 루스벨트 캠프 내부의 상황을 더 자세히 파악할 수 있는 기회를 차단할 수 있었다.

┃ 가장 까다로운 협상 상대방이 배우자인 이유

"협상하기 가장 힘든 상대가 누구인가요?"

내가 강의를 할 때 종종 던지는 질문이다. 이 질문에 많은 사람들이 주저 없이 본인의 배우자를 협상하기 가장 힘든 상대로 손꼽는다. 나 역시 마찬가지다. 협상을 연구하고 이를 업으로 하고 있지만 아내와의 협상은 늘 힘들다. 협상하기 가장 힘든 상대가 배우자인 이유가 무엇일까?

첫째, 모든 정보가 노출되어 있다

"이번 추석에 특별 상여금 나온다고 하던데 얼마 정도 나와?"

협상에서 정보력은 협상력과 직결된다. 즉, 상대에 대한 정보를 많이 확보한 쪽이 협상에서 유리한 고지를 점하게 된다. 그렇기 때문에 협상 테이블에 앉기 전 상대의 정보를 최대한 확보하고, 자신의 정보는 드러내지 않으려고 노력하는 것이 일반적이다. 하지만 배우자와 협상할 때는 이것이 힘들다. 이미 나의 정보는 전부 노출되어 있으며, 심지어 나도 모르는 정보를 배우자가 먼저 알고 있을 때도 있다.

"뭘 제대로 알고 이야기해야지, 가정생활에 대해 어떻게 남보다 더 모를 수가 있어?"

특히 대한민국 남편들은 아내에게 정보력에서 밀리는 경우가 많다. 현실적으로 가정생활에서 아내의 기여도가 더 큰 가정들이 많고 가정 내 상황과 아이들에 대한 정보는 아내가 더 많이 알고 있다. 이런 아내를 상대로 협상을 할 때는 남편이 무슨 이야기를 꺼내도 아내에게 밀릴 수밖에 없는 것이다.

둘째, 과거 경험과 감정이 현재의 협상에 개입된다

"아니, 그 이야기를 도대체 왜 또 꺼내는 거야? 그게 언제적 이야기인데?"

수년간 결혼생활을 통해 켜켜이 쌓인 해묵은 감정은 갈등 상황이 발생할 때마다 불거져나온다. 이러한 과거의 감정은 현재의 관계와 소통에 개입되어 문제의 본질을 흐리고 갈등 상황을 더욱 심각하게 만든다. 부부 사이의 협상이 유독 힘든 이유 가운데 하나는 바로 이 점 때문이다.

셋째, 수많은 숨은 이해관계인이 얽혀 있다

앞서 언급했듯이 연애와 결혼의 결정적인 차이점은 숨은 이해관계인들의 개입 여부다. 일대일 관계도 쉽지 않은데, 양가 부모님들과 아이들, 형제자매까지 고려해야 한다는 점은 배우자와의 협상 상황을 더욱 복잡하게 만든다.

넷째, 협상 결렬 대안을 확보할 수 없는 관계다

배우자와의 협상이 힘든 가장 결정적인 이유는 배트나를 찾기 힘들다는 점에 있다. 예를 들어, 본인을 힘들게 하는 친구가 있을 때, 우리는 그 친구를 멀리하고 다른 친구를 만나면 된다. 즉 마음만 먹으면 협상 결렬 대안을 찾을 수 있고 스트레스로부터 벗어날 수 있다. 하지만 부부관계는 이것이 불가능하다. 아무리 격렬하게 싸우고 감정이 상했더라도 어쩔 수 없이 한 지붕에서 얼굴을 맞대며 살아가야 하는 것이 부부관계다. 이 점이 배우자와의 협상을 유독 힘들게 한다.

❖

　　협상 테이블에서 '갑을 관계'를 결정짓고, 나와 상대방의 협상력의 차이를 규정짓는 가장 결정적인 요인을 한 가지만 꼽자면, 그것은 바로 배트나의 존재 여부다.

❖

당신의 협상력을 극대화시킬 수 있는 전략은 단순하다.
하나, 상대방을 압박할 수 있는 매력적인 배트나를 확보하라.
둘, 상대방이 나를 대체할 수 있는 배트나를 찾기 힘들게 만들라. 즉, 대체 불가능성을 확보하라.

갑을 상대하는 을을 위한
일곱 가지 협상 전략

우리는 종종 갑질하는 상대를 만나게 된다. 협상력에서 현저히 밀리는 을의 입장에서 갑을 상대할 때 우리는 어떤 협상 전략을 취할 수 있을까? 갑을 상대하는 을을 위한 일곱 가지 협상 전략을 소개한다.

첫째, 을 간의 연대를 구축하는 전략

상대와 일대일로 맞붙어 승산이 없는 상황이라면 뭉쳐야 산다. 나와 뜻을 함께할 수 있는 비슷한 처지에 있는 사람들이 있는지 확인하고 적극 연대하라. 같은 주장을 하더라도 1명이 하는 것과 100명이 하는 것과 10만 명이 하는 것은 상대방에게 주는 임팩트가 다르다.

예를 들어, 대주주의 독단적 경영과 횡포에 맞서 소수 지분권자 1명이 목소리를 낼 때는 무시당하기에 십상이지만, 수백수천 명의 소수 지분권자들이 하나의 목소리를 만들어 지속적인 요구를 한다면 결코 무시할 수 없을 것이다. 실제로 2018년 4월, 대한항공 오너 일가의 갑질 행위에 염증을 느낀 소액 주주들을 중심으로 조양호 회장 등 경영진을 교체하라는 움직임이 일어나기도 했다.

이런 사례에서 주주들이 힘을 모아 이사 해임 결의 요건을 갖추면 정당한 이유 없이도 이사를 일방적으로 해임할 수 있고, 현실적으로 이것이 힘들 경우에는 이사 해임 청구의 소를 법원에 제기할 수도 있다.*

둘째, 숨은 이해관계인을 활용하는 전략

상대가 내 말에 꿈쩍도 하지 않는다면, 상대를 움직일 수 있는 숨은 이해관계인을 활용하는 것이 현명하다. 상대와 밀접하게 연관되어 있거나, 상대가 가장 두려워하는 숨은 이해관계인이 누구

---

* 상법 제385조(해임) ① 이사는 언제든지 제434조의 규정에 의한 주주총회의 결의로 이를 해임할 수 있다. 그러나 이사의 임기를 정한 경우에 정당한 이유 없이 그 임기 만료 전에 이를 해임한 때에는 그 이사는 회사에 대하여 해임으로 인한 손해의 배상을 청구할 수 있다.
이사가 그 직무에 관하여 부정행위 또는 법령이나 정관에 위반한 중대한 사실이 있음에도 불구하고 주주총회에서 그 해임을 부결한 때에는 발행주식의 총수의 100분의 3 이상에 해당 하는 주식을 가진 주주는 총회의 결의가 있은 날부터 1월내에 그 이사의 해임을 법원에 청구할 수 있다.

일지 떠올려보자. 프랜차이즈 분쟁 사례에서 본사의 계속되는 갑질에 피해를 입어온 가맹점주 입장에서는 본사가 가장 두려워하는 제3자인 소비자나 여론 또는 공정거래위원회를 움직이기 위해 언론 보도를 준비하거나 공정거래위원회 신고 등의 카드로 압박할 수 있을 것이다.

셋째, 자신이 을임을 철저히 숨기는 전략

자신이 을의 상황에 처해 있음을 숨길 수 있는 상황이라면 가능하면 자신의 배트나가 없음을, 그리고 협상력 열위 상태임을 숨기는 것을 권한다. 굳이 자신이 을이라는 점을 상대에게 알려서 약점을 노출할 필요가 없기 때문이다. 루스벨트 선거캠프 사례에서 노련한 협상가인 조지 퍼킨스는 배트나를 찾기 힘든 열악한 상황임을 숨긴 채 협상을 시작하여 놀라운 결과를 이끌어냈다. 그러나 만약 협상 초기에 배트나가 없는 상황임을 상대방이 알아차렸다면 협상은 훨씬 더 힘들어졌을 것이다.

넷째, 더 이상 잃을 것이 없음을 드러내는 전략

자신이 을임을 숨기는 것이 현실적으로 힘들다면 오히려 반대로 자신이 상대에 비해서 을이라는 점을 드러내고 더 이상 잃을 것이 없음을 노골적으로 알리는 것도 무서운 전략이 될 수 있다.

예를 들어, 대기업의 착취에 휘청거리는 하청 업체가 더 이상 갑질을 하면 회사가 파산에 이르고 더 이상 잃을 것이 없는 자신들이 당신들을 상대로 할 수 있는 모든 대응을 불사하겠다고 압박한다면 상대적으로 잃을 것이 많은 상대방은 등골이 오싹해질 것이다.

다섯째, 갑의 치명적 약점을 물고 늘어지는 전략

갑의 치명적인 약점을 알고 있다면 이 부분을 공략하는 것을 고려해볼 만하다. 대표이사의 횡포를 더 이상 견디기 힘든 임직원이나 소수 지분권자들은 대표이사의 배임 횡령 정황을 포착하여 고소할 수 있을 것이다. 다만 법률적 분쟁은 곧 증거 싸움이므로 이에 대한 구체적인 증거를 일자별로 수집해야 한다. 예를 들어, 계좌 거래 내역, 법인카드 사용 내역, 문서, 이메일, 문자, 녹취록, 카카오톡, 사진, CCTV 등 객관적으로 사실관계를 증명해 보일 수 있는 어떠한 형태의 자료라도 도움이 될 수 있다.

여섯째, 법규와 정부 지침 등을 방패막이로 삼는 전략

갑으로부터 을을 보호하고자 생각보다 많은 법규가 제정되어 있다. 상대방과 협상을 하기 전에 자신이 유리하게 활용할 수 있는 법규들이 있는지 사전에 검토해보도록 하자. 임대차보호법, 공정거래법, 가맹사업법, 근로기준법 등에는 갑으로부터 을을 보호하기 위한 내용이 포함되어 있다. 예를 들어, 상가 임대차 분쟁에서 임대인이 권리금 회수 시도를 부당히 막는다면, 임차인은 상가건물 임대차보호법상 권리금회수기회보호 조항* 등을 근거로 임대인의 횡포에 대항할 수 있다.

일곱째, 을의 포지션에서 벗어나는 것이 궁극의 협상 전략

언제까지 을로만 살 수 없지 않은가. 시간이 걸리더라도 을의 포지션에서 벗어나는 것이 궁극의 협상 전략이다. 을의 포지션에서 벗어나기 위해서 가장 좋은 전략은 자신의 대체 불가능성을 확보하는 것이다. 결국 협상 테이블에서 우리는 어떤 형태로든 대체 불가능한 존재에게 쩔쩔맬 수밖에 없기 때문이다.[23] 이를 위해 장기적인 플랜과 구체적인 실행이 필요하다. 더 이상 을이 아닌 상태로 상대와 협상하는 그날을 위하여, 대체 불가능한 존재가 되기 바란다.

* 상가건물 임대차보호법 제10조의4(권리금회수기회보호 등).

최적의 커뮤니케이션
전략을 수립하라

악마의 에이전트,
스콧 보라스의 커뮤니케이션 전략

●

협상 시한 마지막 30초, 속이 새까맣게 타들어갈 정도로 긴장되는 시간이었다. 마침내 류현진 선수의 LA 다저스 행은 그렇게 극적으로 타결되었다.

2012년 류현진 선수와 LA 다저스는 6년 동안 3,600만 달러, 당시 한화로 약 390억 원에 달하는 대형 계약을 체결했다. 애초에 1,000만 달러만 넘겨도 대단한 계약이라는 평가가 있었지만, 한국 프로야구 출신 최초의 메이저리그 직행은 모두의 예상보다 훨씬 더 큰 규모의 계약으로 성사되었다.

세계 무대에 알려지지 않은 동양인 투수를 야구의 본 고장 미국에서도 가장 인기 있는 팀인 LA 다저스에 화려하게 입단시킨 주역은 바로 스콧 보라스다. 정교한 데이터 분석 능력을 기반으

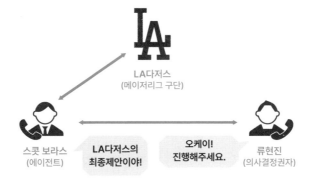

LA다저스와 류현진의 협상사례

LA다저스
(메이저리그 구단)

스콧 보라스
(에이전트)

LA다저스의
최종제안이야!

오케이!
진행해주세요.

류현진
(의사결정권자)

로 메이저리그 구단들을 최고 수위로 압박하여 고액 계약을 이끌어낸다고 하여 메이저리그 구단들은 그를 '악마의 에이전트'라고 부른다. 그만큼 구단들에게는 까다롭고 대면하기 싫은 협상 상대이지만, 클라이언트인 메이저리그 선수들에게는 '천사의 에이전트'로 불리며 업계에서 가장 인정받는 협상 전문가이다.

류현진 선수와 LA 다저스의 이적 협상도 스콧 보라스의 협상 전략이 맞아 떨어진 사례다. 류현진 선수와의 우선 협상권을 따내기 위해 포스팅에서 최고 응찰액인 2,573만 달러(약 280억 원)를 적어낸 LA 다저스는 정작 30일 동안 보장된 우선 협상 기간에 "류현진 선수와 계약을 안 할 수도 있다"고 압박을 가했지만, 스콧 보라스는 '류현진은 일본 프로야구 구단에서 뛸 수 있고, 한국에서 계속 뛰다가 FA(자유계약선수)가 되어 메이저리그에 진출할 수도 있다'며 맞불 작전을 펼쳤다. 양측은 치열하게 난타전을 펼치며, 상대를 압박하였다.

　30일 동안 주어진 우선 협상 기간 내에 실제로 29일 동안은 별다른 움직임 없이 서로 신경전을 펼쳤다. 본격적인 협상에 들어간 것은 마지막 날 협상 마감 시한 2시간 전이다. 스콧 보라스는 우선 협상권을 따낸 LA 다저스를 시간적으로 압박하며 더 나은 제안을 유도했다. 동시에, 류현진 선수를 마지막까지 협상 테이블에 노출시키지 않고 LA 다저스, 스콧 보라스 그리고 류현진이 각자 스피커 폰으로 협상을 진행하게 했다. 이런 유형의 협상 분위기에 익숙하지 않은 류현진 선수를 괜히 협상 테이블에 앉혀 변수를 만들지 않기 위함이었다. LA 다저스는 스콧 보라스와 직접 이야기할 수밖에 없었다. 스콧 보라스는 의사결정권자인 류현진 선수에게 최종 의사만 확인하는 방식이 더 유리하다고 판단했다.
　서로 치열하게 연봉 협상을 하며 줄다리기를 하던 중 LA 다저스는 단 30분을 남겨두고 마이너 옵션(구단이 부진한 선수를 강제로 마이너리그에 보낼 수 있는 조항) 카드를 내밀며 류현진 선수를 다시 한 번 압박했다. 협상 마감 시한이 얼마 남지 않은 긴박한 상황. 당황할 수 있는 이 순간에도 류현진 선수는 차분하게 이 제안을 거절하였다. 마이너 옵션은 딜 브레이커이며, 마이너 옵션 조항이 있으면 협상이 결렬된다는 의사를 명확하게 밝힌 것이다.

LA 다저스는 마이너 옵션을 포기하는 대신 6년 동안 3,000만 달러로 계약하자고 마지막으로 제안하였는데, 다시 한 번 스콧 보라스가 이를 거절하며 남은 1분간 20%의 연봉을 추가로 인상 시킨다. 결국 최종 계약은 6년간 3,600만 달러에 이뤄졌다. 협상 시한 30초 전에 극적으로 연봉 계약이 체결된 것이다. 그뿐만 아니라 류현진 선수가 잘 던질수록 더 많은 보너스를 챙길 수 있는 투수 책임 이닝별 보너스 조항과 5년 동안 750이닝 책임 시 자유계약선수 자격을 조기에 취득할 수 있는 옵션을 확보하며 확실한 실리까지 챙기는 결과를 낳았다.

악마의 에이전트 스콧 보라스의 협상 전략이 빛을 발하는 순간 이었다. 스콧 보라스의 협상 전략을 복기해보면, 그가 얼마나 치밀하게 커뮤니케이션 전략을 수립했는지 알 수 있다. 그는 협상 테이블에서 류현진 선수를 노출시키지 않고 메신저를 본인으로 제한하였고(누가), 마지막 순간까지 LA 다저스를 시간적으로 압박하며 최선의 제안을 이끌어냈다(언제). 또한 협상 테이블에서 대면 미팅을 하지 않고 유선으로 협상을 진행하였으며(어디서), 3자간 스피커폰을 활용하여 의사결정권자의 의도를 숨기며 상대를 압박하는 전략을 펼쳤다(커뮤니케이션 수단).

동일한 메시지라도 어떻게 전달하는지에 따라 그 영향은 전혀 다르다. 협상의 고수들은 누가, 언제, 어디서, 어떤 커뮤니케이션 수단을 활용하여 메시지를 전달할지에 대한 전략을 사전에 치밀하게 수립한다. 이를 통해 자신이 전달할 메시지의 영향력을 극대화하여 협상 테이블을 주도한다.

누구와 커뮤니케이션 할 것인가
: 노련한 판사의 지혜

●

민사 조정 사건에서 양측 변호사가 서로 치열하게 다툰다. 원고 변호사와 피고 변호사의 입장 차이와 합의금 차이가 생각보다 너무 큰 것이다. 원고 측 변호사는 그동안 피고가 얼마나 악의적이고 조직적으로 불법행위를 저질러 왔는지를 힘주어 주장한다. 피고 측 변호사는 조정 절차 중에는 시시비비를 가리기보다는 합의를 이끌 수 있는 조건 협의에 집중해야지 왜 이렇게 감정을 자극하냐고 도리어 언성을 높인다.

그 사이 고개를 푹 숙이고 있는 원고와 피고를 발견한 조정 판사는 양측 변호사 의견을 조용히 들어준 다음 나지막하게 한 마디를 건넨다.

"양측 변호사님들의 의견은 충분히 들어본 것 같습니다. 변호사님들 괜찮으시면, 이번에는 제가 원고와 피고의 이야기를 차례

대로 들어보도록 하겠습니다. 원고만 남고 변호사님들과 피고는 잠시 나가 계시기 바랍니다."

그렇게 판사는 원고와 일대일로 대면하였다. 원고와 마주하니 원고가 재판 절차를 거치며 많이 지쳤다는 사실을 알 수 있었다. 판사는 원고에게 물었다.

"조정 의사가 있으십니까?"

원고는 조용히 고개를 끄덕였다.

"자료를 보니 건실하게 사업을 하시는 대표님이시던데, 피고의 행위로 그동안 마음고생이 많으셨겠습니다. 양측 변호사님들의 합의금이 세 배 가까이 차이가 나는데, 어느 정도면 수용하시겠습니까?"

"판사님, 솔직히 저는 합의금 액수가 크게 중요하지는 않습니다. 다만, 저희가 업계 1위 업체라서 매 시즌마다 피고와 같은 업자들이 저희가 애써 개발한 제품들을 불법 복제해서 시장에 유통시킵니다. 저는 이를 막기 위해 이 싸움을 시작하였습니다. 따라서 피고가 자신의 불법행위를 인정하고 깊이 반성하며 처벌을 달게 받겠다는 취지의 반성문을 쓰게 하고, 이를 저희 홈페이지에 공개할 수 있도록 해주시면 합의금은 판사님께서 합리적으로 제안하시는 대로 수용할 의사가 있습니다."

"그러시군요. 원고의 뜻은 잘 알겠습니다. 잠시 나가 계시면 피고의 이야기도 들어보고 최대한 원고의 의사를 반영할 수 있게 조정안을 이끌어 보겠습니다.”

이어서 피고가 변호사 없이 조정 판사와 일대일로 이야기를 나누었다. 피고는 ‘자신의 잘못을 인정하고 충분히 뉘우치고 있으며, 합의금을 최소로 이끌어 주시면 무엇이라도 할 수 있다’고 판사에게 이야기했다.

원고는 공들여 만든 제품에 대한 지식재산권 침해 사례가 재발되지 않는 것이 주요 안건이었고, 피고는 합의금을 최소화하고자 했다. 변호사들이 주장하는 표면적인 합의금액 이면에 사건 당사자들이 가진 숨겨진 욕구를 조정 판사가 정확히 파악한 것이다. 엄밀히 살펴보면 법률대리인인 변호사와 사건 당사자의 욕구가 미세하게 다를 수 있음을 파악한 것이다. 먼저 변호사의 이야기를 충분히 들어준 다음, 변호사들 없이 당사자들의 주장을 한 명씩 차례로 들어본 점이 주효했던 것이다.

그렇게 최종 조정안이 도출되었다. 이 과정에서 판사는 양측 법률대리인들의 의견을 반영해주며 사건을 수임한 변호사들의 입장을 최대한 배려했다. 결국 원고는 상당 부분 합의금액을 낮추는 대신, 피고는 자신의 불법행위를 인정하고 손해배상 책임을 충실히 이행하겠다는 취지의 반성문을 작성하여 원고에게 전달했다. 원고는 해당 반성문을 개인정보를 가린 채 자사 사이트에 공개할 수 있는 권한도 함께 얻었다. 그렇게 서로의 욕구가 충족된 만족스러운 조정안이 이끌어진 것이다.

조정 판사는 어느 시점에 누구와 커뮤니케이션이 필요한지 경험으로 알았다. 특히 양측 변호사들의 간극이 너무 클 때, 사건 당사자들의 이야기를 직접 청취해서 핵심 욕구를 도출한 점, 조정안을 이끌 때 법률대리인들이 자신의 역할을 충분히 이행할 수 있게 절차적으로 배려한 점 등에서 판사의 노련미와 중재 능력이 빛나는 사건이었다.

이렇듯 협상 테이블에서 어떤 메신저를 내세워 누구와 커뮤니케이션 할 것인지를 정하는 것이 중요하다. 특히 다수 당사자가 존재하는 경우 당사자들의 입장이 모두 다를 수 있다는 점, 이럴 때에는 각자의 입장과 욕구를 파악하고 이를 충족시켜줘야 만족스러운 협상이 이루어질 수 있다는 점을 기억해야 한다.

언제 커뮤니케이션 할 것인가
: 주말 저녁, 평온함을 깬 메시지 한 통

일요일 저녁, 오래간만에 가족들과 여유로운 주말을 보내고 저녁을 함께 먹으며 한 주를 마무리하고 있었다. 하필 그 시간에 최 팀장으로부터 메시지 한 줄이 들어온다.

"김 과장, 주말에 미안한데 메일 보냈으니 확인 부탁해."

순간 머리가 지끈거린다.

'지난주 나를 괴롭혔던 그 사건인가, 아니면 뭔가 다른 급한 문제가 생겼나? 그냥 메시지를 확인하지 말까?'

고민을 하는 와중에 이미 평온한 주말 저녁은 날아가버렸다. 메시지를 봐도, 메시지를 보지 않아도 짜증스러운 것은 매한가지. 메시지를 확인한 다음, 이메일을 열어보니 그리 중요한 건도 아니다. 월요일 오전에 자신의 건강검진이 있는데, 잊지 말고 전달해둔 업무 처리를 해달라는 부탁이었다.

'에휴, 자기 건강검진 때문에 내 주말 저녁은 이렇게 망쳐버렸네.'

같은 메시지임에도 이를 언제 전달하는지에 따라 상대방이 받아들이는 태도와 감정이 전혀 달라진다. 유독 커뮤니케이션 타이밍이 안 좋은 사람들이 있다. 주말에 습관처럼 메시지를 보내는 상사, 금요일 퇴근하기 전 중요 메일을 보내고 자기는 퇴근하는 얄미운 동료, 밑도 끝도 없이 졸라대는 후배.

커뮤니케이션을 하기 전, 이 메시지를 언제 전달해야 가장 적절할지 상대방 입장에서 고민해보아야 한다. 내가 편한 시점이 아니라, '상대방에게 괜찮은 타이밍인가'를 고민하는 것이 핵심이다.

가급적이면 커뮤니케이션 수단별 기능도 잘 활용하면 도움이 된다. 상기 사례에서 최 팀장은 월요일 오전에 자신의 건강검진을 이유로 주말에 카카오톡 메시지를 보냈다. 사실 카카오톡 메신저에는 메일과 마찬가지로 예약 메시지 발송 기능이 있다. 즉, 내가 원하는 미래의 특정한 시점을 정해서 메시지를 발송할 수 있고 파일 첨부 기능도 있다. 만일 최 팀장이 조금 더 사려 깊었다면 차주 월요일 오전 9시로 메시지를 예약해서 김 과장에게 발송할 수 있었고, 그랬다면 김 과장의 평온한 주말을 그렇게 망치지 않았을 것이다.

가장 치명적인 타이밍에
상대를 공략한 한국 GM

•

2018년 2월 13일, 당시 국내 자동차 업계 3위였던 한국 GM은 군산 공장 생산을 중단하고 같은 해 5월 말까지 공장을 폐쇄할 것이라고 밝혔다. 4년간 3조 원에 달하는 누적 영업 손실을 입은 한국 GM이 정부와 산업은행° 측에 자금 지원 및 세제 감면 등을 요청했으나, 정부가 자구안을 우선 제시하라고 하자 곧바로 공장 폐쇄 결정을 통보한 것이다. 2,000여 명의 군산 공장 근로자와 1만 명이 넘는 협력 업체 임직원들의 생존권이 달린 이 문제는 정국의 가장 뜨거운 감자로 떠올랐다.

정부에게 GM은 만만치 않은 협상 상대였다. 다국적 기업의 '벼랑 끝 전술'에 익숙하지 않은 한국 정부에 비해, 이미 GM은 지난 5년간 호주, 인도네시아, 태국, 러시아, 인도, 유럽 등지에서 강

• **산업은행** 당시 한국GM의 지분 17.02%를 보유한 2대 주주.

정부와 산업은행을 상대로 벼랑 끝 협상을 벌인 한국GM ©연합뉴스

력한 정부들을 상대로 공장 폐쇄 카드를 손에 쥔 외줄 타기 협상
을 해본 경험이 있기 때문이다.

> 결국 협상은 한 번이라도 더 경험해본 자가
> 절대적으로 유리할 수밖에 없는
> 경험 집약적인 역량을 토대로 한 게임이다.

당시 다국적 기업의 생산 시설 하나를 폐쇄하는 데 우리 정부
가 그토록 예민하게 반응하며 정치, 경제, 언론의 가장 뜨거운 이
슈로 부각되었던 이유는 무엇이었을까?

┃ 치명적인 타이밍에 뇌관을 건드린 한국 GM

사실 한국 GM 군산 공장 폐쇄 가능성은 이미 2013년부터 거론되었다. 군산 공장 생산 차량 중 상당수가 유럽 수출용인데, 2013년 GM이 유럽에서 셰보레 차량 판매를 전면 중단한 이후로 공장 가동률이 현저히 떨어졌기 때문이다. 하지만 노련한 GM은 군산 공장 폐쇄 카드를 만지작거리고 있다가 한국 정부에 가장 치명적인 임팩트를 줄 수 있는 순간까지 기다렸다가 그 카드를 꺼내 들었다.

"2018년 5월 말 공장 폐쇄."

2018년 6월 13일은 문재인 정부의 분수령이 될 지방선거일이다. 한국 GM은 2018년 지방선거를 2주 앞둔 시점에 군산 공장을 폐쇄하기로 결정하고, 폐쇄일로부터 3개월 전에 선전포고를 하며 우리 정부를 압박하기 시작한 것이다. 여기에 더해 공장 폐쇄 결정 발표 직후, 미국 GM 본사는 한국 정부를 상대로 '2월 말'이라는 구체적인 협상 시한까지 제시하며 압박해나갔다.

"GM이 다음 단계에 대한 중대한 결정을 내리는 2월 말까지 이해관계자와 지속적 논의를 통해 의미 있는 진전을 이뤄내야만 한 다."[24]

당시 협상 테이블 이면의 숨은 이해관계인들에게도 2018년 상 반기는 중요한 시점이었다. 한국GM의 중요 의사결정에 관여해 온 미국GM 본사는 2008년 글로벌 금융위기 이후 끔찍한 구조조 정을 겪고 '수익성 확보'에 혈안이 되어 있던 시점이다. 그들은 수 익성이 보장되지 않는 해외 사업장에 가차 없는 구조조정을 진행 해오고 있었다. 또한 미국GM 본사에 영향을 미치는 미국 트럼프 정부는 2018년 하반기 치러질 11월 하원 중간선거를 준비하고 있 었다. 지지율 하락에 허덕이고 있던 트럼프 정권은 어떻게든 한국 GM 군산 공장 폐쇄 건을 선거에 유리하게 활용하고자 했다.

2월 말이 지나고 3월이 되었으나 그들이 원하는 결과가 나오지 않자 GM 본사의 배리 엥글 해외사업부 사장이 나서 한국GM 노 조를 압박하기 시작했다. 배리 엥글 사장은 '부도 가능성'을 노골 적으로 언급하며 압박의 수위를 높여갔다.[25]

"정부가 4월 20일 정도까지는 우리가 자구안을 확정해서 내놓기 를 바라고 있다. 3월 말까지 노사 임단협이 잠정 합의에라도 이르 지 못하면 이 기한 내 자구안 마련이 어렵다. 자구안을 내지 못하면 정부나 산업은행의 지원도 기대할 수 없고 그렇게 되면 현재 자금난 상황에서 부도가 날 수도 있다."

이후 4월 13일에는 GM 본사가 끝내 한국GM을 살리는 방안을 포기하고, 법정관리 신청 준비 작업에 착수했다는 기사가 나온다. 이번에는 언론을 활용해서 전방위적으로 압박을 해나갔던 것이다.[26]

당시 GM 사태와 관련된 중요 이슈를 시간순으로 정리해보면 다음과 같다. GM은 한국 정부와 산업은행 및 노조를 상대로 원하는 것을 얻어내기 위해, 한국GM, 미국 본사 및 언론 등을 활용하여 단계별로 수위를 높여가며 상대를 압박해나갔음을 알 수 있다. 그것도 가장 치명적인 타이밍에 벼랑 끝 전술을 펼치면서 말이다.

시간순으로 정리한 한국GM 관련 주요 이슈(2018년)

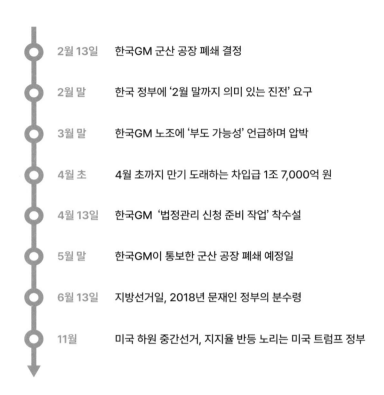

2월 13일	한국GM 군산 공장 폐쇄 결정
2월 말	한국 정부에 '2월 말까지 의미 있는 진전' 요구
3월 말	한국GM 노조에 '부도 가능성' 언급하며 압박
4월 초	4월 초까지 만기 도래하는 차입금 1조 7,000억 원
4월 13일	한국GM '법정관리 신청 준비 작업' 착수설
5월 말	한국GM이 통보한 군산 공장 폐쇄 예정일
6월 13일	지방선거일, 2018년 문재인 정부의 분수령
11월	미국 하원 중간선거, 지지율 반등 노리는 미국 트럼프 정부

▍까다로운 협상 상대방을 맞은 한국 정부는 어떻게 대처했을까

뜨거운 감자는 일단 식혀야 한다. 시간 압박을 해오는 상대방을 대하는 가장 좋은 협상 전략은 시간 압박에서 벗어나 오히려 느긋하게 협상을 진행하는 것이다. 당시 한국 정부는 한국GM의 갖가지 요구에 즉각 응하지 않고 원칙론을 내세우며 산업은행 주도의 재무 실사를 우선적으로 요청했다. 한국GM도 이를 받아들였다.

그렇게 시작된 재무 실사는 두 달이 넘게 진행되었다. 산업은행과 한국 정부는 상당한 시간을 끌면서 시간 압박에서 벗어날 수 있었다. 그리고 실사 과정을 통해 추후 협상 테이블에 활용할 수 있는 중요 정보들(연구개발비, 이전 가격, 대출금리, 관리비, 인건비 등)을 확보할 수 있었다.

이와 함께 산업은행과 한국 정부는 마지막까지 조건부 협상을 이어나갔다. 한국GM의 거센 자금 지원 요구에도 한국 정부는 중요 조건들이 모두 받아들여지는 것을 전제로 자금 지원을 고려해보겠다고 버티며 오히려 GM을 압박했다.

① 재무 실사 결과물인 실사 보고서에 문제가 없을 것

② 산업은행 지분율을 유지하고, 주요 의사결정에 대한 거부권 보장

③ 한국GM이 최소 10년 이상 한국을 떠나지 않으며 장기적인 투자를 약속할 것

군산 공장 폐쇄 결정으로 촉발된 한국GM 사태는, 2018년 5월 11일에 산업은행이 한국GM 경영 정상화를 위한 금융제공확약서(LOC)를 제공하고, 5월 18일에 양 사가 기본계약서를 체결하면서 일단락되었다. 양 사는 총 70억 5,000만 달러(약 7조 7,000억 원) 규모의 자본을 투입하기로 했고, 이 중에서 산업은행이 7억 5,000만 달러(약 8,100억 원)을 출자하기로 했다. 산업은행과 정부는 한국GM으로부터 지분 매각 5년간 전면 제한, 이후 5년간 35% 이상 지분을 가진 1대 주주의 지위 유지, 한국GM 자산 매각 제한을 위한 거부권 확보 등 협상 테이블에서 지속적으로 요구해온 핵심 조건들을 보장받았고, 막판 법정관리 문턱까지 가면서 16만 개 가까운 일자리를 위협해온 한국GM 사태의 급한 불을 끄는 데 성공했다.

하지만 그 과정에서 출혈도 적지 않았다. 산업은행은 당초 예상했던 것보다 증액된 7억 5,000만 달러(약 8,100억 원)의 자금을 대출이 아닌 출자 형태로 투입하기로 약속함으로써 출자금 회수에 상당한 리스크를 떠안게 되었고, 군산 공장 폐쇄를 막지는 못

했다. 또한 10년이라는 시한부 합의를 함으로써 10년 후 유사한 사태가 또다시 발생할 수 있는 불씨를 남기게 되었다.

▌상대방이 일방적으로 통보한 협상 시한에 흔들리지 말라

"늦어도 8월 15일까지는 당사가 제시한 협상안에 대해 귀사의 명확한 입장을 밝혀주시기 바라며, 이에 응하지 않을 경우 생산 시설 철수는 불가피할 것입니다."

실제 협상 테이블에서 상대방이 위와 같은 이야기를 하면 어떻게 대응해야 할까? 앞서 한국GM 사례에서도 실제로 GM이 이와 유사한 패턴으로 수차례에 걸쳐 협상 시한 제시를 통한 압박 전략을 펼쳤음을 확인할 수 있다. 사실 이러한 패턴의 시간 압박 전략은 변호사들이 상대방에게 내용증명을 보낼 때 많이 활용한다.

"본 내용증명 수령일로부터 2주 이내에 회신하지 않으면 민형사상 모든 책임을 물을 것입니다."

한 가지 기억해둘 점은 협상 테이블에서 당사자 일방이 제시한 협상 시한은 법적으로 어떠한 구속력도 없다는 점이다. 사실 내용증명을 보내는 사람 입장에서는 '2주 이내에 회신하길 바라지만 만일 회신이 없으면 어떻게 대응할까'라는 우려가 적지 않다. 하지만 내용증명 수령자들은 대부분 칼같이 그 기간을 지켜서 회신을 보낸다. 이미 상대가 활용한 타임 프레임에 걸려들었기 때문이다.

하지만 법원이 아닌 분쟁 당사자 일방이 제시한 타임 프레임에 구속될 필요가 없다. 따라서 상대가 협상 시한을 제시하며 시간 압박 전략을 펼친다면 이를 아예 무시하거나 상대가 제시한 협상 시한의 법적인 근거를 물어보는 방식으로 반박하는 것도 좋은 전략이다.

연봉 협상, 누가 먼저 제시할 것인가?

●

이 글을 읽는 당신이 구글Google로부터 스카우트 제의를 받았다고 가정해보자. 까다롭기로 소문난 구글의 면접을 수차례 통과한 후, 마침내 HR 책임자와 연봉 협상을 앞두고 있는 상황. 당신은 먼저 연봉을 제시할 것인가, 아니면 구글이 제시하는 금액을 일단 들어보겠는가.

우리나라 사람들은 대부분 이런 상황에서 "일단 한번 들어보고 결정하겠다"고 대답한다. 그리고 약 5~10% 내외의 사람들만 "내가 원하는 연봉을 먼저 제시하겠다"고 대답한다. 과연 협상 테이블에서 누가 먼저 제안하는 것이 더 유리할까?

상대의 제안을 먼저 들어볼 때의
리스크는 무엇일까?

만약 구글이 당신에게 연봉을 먼저 제안할 때를 가정해보자. 이때 당신이 구글의 제안에서 크게 벗어난 연봉으로 최종 합의를 이끌어낼 가능성이 얼마나 될까? 현실적으로 그다지 커 보이지는 않는다. 앞서 「원칙 3. 상대에게 기준을 제시하라」에서 언급한 앵커링 효과 때문이다.

실제 협상 테이블에서 상대방의 첫 제안이 앵커링 효과를 노리는 전략임을 간파했음에도 상대방이 선점한 기준점이 협상 내내 강력한 영향을 미치는 경우가 많다.

그레고리 노스크래프트Greg Northcraft 교수와 마거릿 닐Margaret Neale 교수는 부동산 중개인들을 대상으로 매물로 나온 부동산 감정 가격 및 적절한 매도 가격을 평가하게 하는 실험을 실시했다.[27] 그 결과 건물주에게 높은 매도 희망 가격을 제시받은 중개인일수록 부동산 감정 가격 및 적절한 매도 가격을 더 높게 평가하는 경향이 있었다. 부동산 거래를 전문적으로 하는 중개인들조차 상대방에게 처음 제시받는 가격 기준점에 상당한 영향을 받는다는 것이다. 이러한 측면을 고려해보면 상대방의 제안을 일단 들어보는 것이 결코 정답은 아니라는 생각이 든다.

반대로 내가 원하는 것을 먼저 제시할 때의
리스크는 무엇일까?

위 사례에서 가능한 가장 큰 리스크는 내가 제시한 연봉이 구글에서 고려하던 연봉 수준보다 오히려 낮을 수도 있다는 것이다. 그런 상황이 벌어진다면 그야말로 낭패다.

결국 협상 테이블에서 누가 먼저 희망 연봉을 제시하는 것이 좋을지, 일단 들어보는 것이 좋을지를 판단하는 핵심적인 기준은 내가 해당 쟁점에 얼마나 구체적이고 신뢰할 만한 정보를 확보하고 있는지에 달렸다.

신뢰할 수 있는 정보를 최대한 확보하라.
정보력은 협상력에 직결된다.

연봉 협상 사례에서, 당신이 구글의 평균 연봉과 구직 공고가 난 포지션의 전임자가 받았던 연봉, 전임자의 스펙, 연봉 협상 담당자의 성향 등에 자세한 정보를 확보할 수 있다면, 연봉을 먼저 제시해서 앵커링 효과를 노리는 것이 더 유리하다. 하지만 주요 정보들에 대한 접근이 불가능하거나 확보 가능한 정보가 제한적일 때는 일단 상대방의 제안을 먼저 들어본 다음에 협상을 해나가는 것이 좀 더 현실적이다. 그만큼 협상을 할 때는 쟁점과 상대방에 대한 구체적인 정보 확보가 무척이나 중요하다.

딜 브레이커는 조기에 매듭지어라

●

장관 후보자의 흠결 사항을 선제 공개한 문재인 정부[28]

2017년 5월, 문재인 정부의 첫 외교부 장관 후보 지명이 있었던 날, 청와대는 외교부 장관으로 강경화 당시 후보자를 지명했다. 특이했던 것은 청와대가 강경화 후보자를 지명하면서 후보자의 자녀 국적 문제와 위장 전입 사실을 밝혔다는 점이다. 당시 조현옥 청와대 인사수석은 "이러한 신상 문제에도 불구하고 강경화 후보자를 발탁한 것은 후보자의 외교 역량을 높이 평가했기 때문이고 현재 상황에서 가장 적임자라고 판단했기 때문"이라고 덧붙였다.

청와대가 후보자 지명과 동시에 후보자가 가진 흠결 사유를 미리 공개하는 것은 극히 이례적이다. 하지만 청와대는 어차피 인사

문재인 정부는 장관 후보자였던 당시 강경화 UN사무총장 정책특별보좌관의 흠결 사항을 선제 공개하는 것으로 위기를 정면 돌파했다. ©연합뉴스

청문회 과정에서 드러날 흠결 사유라면 사전에 선제적으로 공개하고 청와대의 입장을 국민들에게 밝히는 것이 사후 발생할 충격과 파장을 최소화할 수 있다고 생각하고 전략적 선택을 취했던 것으로 평가된다.

이후 청문회 진행 과정에서 이 두 가지 흠결에 대한 야권의 집요한 공격이 이어졌지만, 강경화 후보자를 낙마시킬 정도의 임팩트를 주지는 못했다. 결론적으로 청와대의 선제적 공개 조치가 주효했던 것이다.

딜 브레이커는
조기에 매듭을 지어라.

비즈니스 협상에서도 이와 유사한 협상 전략이 자주 활용된다.

특히 양측의 합의가 이루어지지 않으면 협상이 결렬될 수밖에 없는 딜 브레이커(협상 결렬 요인)가 있는데 상대방이 집요하게 이를 물고 늘어질 것으로 예상될 때는 본격적인 협상 진행 전에 매듭을 짓고 협상을 진행하는 것이 효과적이다.

예를 들어, 한국 기업과 중국 기업이 라이선스 계약 체결 협상을 앞두고 있는데 중국 업체가 단계적인 기술력 이전을 요청하고 있는 경우라면 다음과 같이 사전에 선을 긋고 협상에 임하는 것이 현명하다.

"본격적인 협상 전에 먼저 기술 이전 문제에 대한 당사의 입장부터 말씀드립니다. 귀사는 사전 논의 단계에서 수차례에 걸쳐 당사의 핵심기술 이전을 요청해왔지만, 저희같이 기술력 기반의 기업은 거래를 포기하더라도 핵심기술 이전 요청은 받아들이기 힘들다는 것이 확고한 입장입니다. 만약 이 부분을 계속 고집하신다면 이번 협상은 더 이상 진행되기 힘들 것으로 보이니, 이 부분에 대한 귀사의 입장을 우선적으로 밝혀주시기 바랍니다."

협상의 장소는 어디로 정할 것인가

협상에 임하기 전, 협상 장소는 어디로 정하는 것이 좋을까? 안방에서 협상을 하는 것이 유리할까? 적진으로 뛰어드는 것이 좋을까? 아니면 제3의 장소가 유리할까?

선택의 여지가 있다면 안방에서 협상을 진행하는 것이 유리하다. 익숙한 공간이 주는 심리적 안정감과 함께 본인이 가진 인적-물적 자원들을 적절히 활용할 수 있기 때문이다. 예를 들어, 법무팀을 갖추고 있는 기업의 계약 담당자가 협상 장소를 본인의 회사 사무실로 정해서 협상을 진행한다고 가정해보자. 계약 협상 도중 급하게 변호사의 의견이 필요할 때, 담당 변호사를 직접 불러 의견을 듣는다면 협상에 적지 않은 도움이 될 것이다.

반대로 적진으로 뛰어드는 것이 주는 장점도 있다. 상대방 입장에서는 우리가 상대방을 배려하고 이번 거래를 위해 적극적인 모습을 보인다는 점에서 우호적인 감정을 느낄 것이다. 또한 상대방의 사무실이나 생산 시설에 직접 방문하여 평소에는 파악할 수 없었던 정보들을 얻을 수 있는 기회가 되기도 한다.

예를 들어, 첫 거래를 시작하는 공급 업체와 협상을 하는 경우, 첫 미팅을 해당 공급 업체의 공장에서 진행하여 공장 가동률, 작업 환경, 근무 인원 등의 정보를 파악하고, 이를 협상에서 적절히 활용할 수 있다("둘러보니 공장 가동률이 60% 정도밖에 안 되어 보이는데, 저희가 제안하는 거래 조건을 맞춰주신다면 1년 내에 공장 가동률을 100%까지 끌어올릴 수 있는 물량을 맞춰드리겠습니다"와 같은 방식이다).

상황에 따라서 제3의 장소를 활용하는 것도 고려해볼 수도 있다. 양측이 지리적으로 떨어져 있다면 중간 지점에서 만날 수도 있고, 어느 일방의 장소에서 협상을 진행할 때 비밀 유출 등이 우려된다면 제3의 장소를 협상지로 정할 수도 있다. 또한 분쟁 해결을 위해 중재 등을 고려할 때는 준거 법률 및 관할 법원·중재원이 어느 일방에게 유리하게 작용하는 것을 방지하기 위해 제3국의 중재원에서 분쟁을 해결하는 경우도 있다(예를 들어 한국과 일본 기업의 분쟁 발생 시, 홍콩국제중재센터에서 분쟁을 해결하도록 합의하는 경우가 이에 해당한다).

2018년 6월 12일 사상 첫 북미정상회담 장소 선정을 두고 워싱턴 D.C., 평양, 몽골, 괌, 스위스, 스웨덴, 판문점, 싱가포르 등 7~8곳의 후보지가 물망에 올랐다. 가장 먼저 후보지에서 배제된 것은 워싱턴 D.C.와 평양이었는데, 양측 다 상대국의 수도에서 정상회담을 하는 것을 상당히 부담스러워했기 때문이다. 또한 괌은 미국령이기 때문에 북한에서 반대를 했고, 북한에서 원했던 몽골 울란바토르는 북한의 우방이라는 점과 경호 및 숙박을 위한 인프라가 취약하다는 점에서 미국이 반대했다. 한때 스위스와 스웨덴 등 유럽 국가들도 고려되었지만, 북한 김정은 위원장이 사용하는 소련제 전용기로는 논스톱 비행이 어렵다는 점이 고려되어 배제된 것으로 알려졌다. 마지막에 미국 트럼프 대통령이 판문점을 수차례 언급하며 판문점이 북미정상회담 장소로 부각되었지만, 미국 백악관의 참모들이 협상의 주도권을 빼앗길 수 있고 협상 결과에도 부정적인 영향을 줄 수 있을 것이라는 점을 우려하여 마지막에 후보지에서 제외한 것으로 알려졌다.

고심에 고심을 거듭한 끝에 북미정상회담의 장소는 싱가포르로 정해졌다. 싱가포르는 정치적 중립국이며, 경호, 숙박 및 언론 지원을 위한 최신 시설과 인프라를 갖추고 있다. 또한 2015년 중국 시진핑 주석과 대만 마잉주 총통의 정상회담 등 굵직한 외교 회담과 국제 행사를 성공적으로 진행한 경험이 있다. 지리적으로도 평양에서 5,000킬로미터 이내에 위치하여 약 1만 킬로미터를 비행할 수 있는 북한 김정은 위원장의 전용기로도 무리 없이 비행이 가능하다는 점도 고려된 것으로 드러났다. 협상 장소 결정을 둘러싸고 양국이 이렇게까지 고심하는 것을 보면, 협상 장소가 협상의 분위기와 주도권 장악, 협상 결과에 미치는 영향이 그만큼 크다는 것을 알 수 있다.

협상 장소뿐만 아니라, 심지어 협상 테이블과 자리 배치까지도 신경을 쓴다. 사각 테이블은 서로 대치하고 있는 느낌을 주어 긴장감을 고조시키는 측면이 있는 반면, 원형 테이블은 적대적인 느낌을 줄이고 수평적인 관계 속에서 원만하게 대화할 수 있는 분위기를 조성할 수 있다.

테이블과 자리 배치에 따른 협상 구도

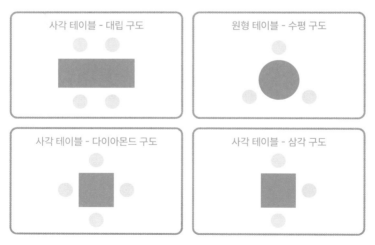

의자 종류를 바꿔가며
미묘한 외교전을 펼치는
아베 총리 ⓒ연합뉴스

2018년 4월 문재인 대통령과 김정은 위원장의 남북정상회담이
진행된 정상회담 테이블을 보면, 기존의 두 차례 남북정상회담 때
와는 달리 원형 테이블을 배치한 것을 발견할 수 있다. 이는 남북
정상이 긴장감을 줄이고 허심탄회하고 진솔하게 이야기를 나눌
수 있는 분위기를 위한 것이었다. 여기에 테이블 폭을 2,018mm
로 정하여 상징적인 의미를 부여하면서 서로의 심리적인 거리감
을 좁히기 위해 세심하게 준비했음을 알 수 있다.

만약 원형 테이블을 준비하기 힘든 상황이라면 사각 테이블에서 자리 배치를 삼각 구도나 다이아몬드 구도로 조정하여 대치되는 느낌을 줄일 수 있다. 또한 협상 참여자의 지위와 역할, 상황에 맞게 누가 어디에 앉을지도 전략적으로 고민해서 결정해야 한다.

의자의 크기와 높이 등도 협상에 미묘한 심리적 영향을 미치는데, 일본의 아베 전 총리는 일본을 방문한 국빈들과 대화를 나눌 때 자신은 더 크고 높은 의자에 앉고 상대방에게는 더 작고 낮은 의자를 배치하여 상대방을 내려다보는 상황을 연출한다. 실제로 2017년 6월 당시 정세균 국회의장이 한일관계 개선 방안 등을 논의하기 위해 일본을 방문했을 때, 일본 총리 관저에 배치된 의자의 크기와 높낮이가 다른 것을 발견하고 이를 지적해 의자를 교체한 사례도 있다.[29] 이처럼 협상을 앞두고 장소 선정은 물론이고 테이블 형태, 자리 배치, 의자 크기와 높이 등 세세한 부분의 결정에서도 치밀한 물밑작업이 진행되기도 한다.

어떤 커뮤니케이션 수단을
활용할 것인가?
: 커뮤니케이션 수단이 거짓말에 미치는 영향[30]

●

커뮤니케이션 수단이 거짓말에 어떤 영향을 미칠까? 미국 코넬대학교 제퍼리 핸콕Jeffrey T. Hancock 연구팀은 사람들이 직접 얼굴을 보고 대화할 때와 문자 메시지를 보낼 때, 전화 통화를 할 때, 이메일을 주고받을 때, 각 커뮤니케이션 수단별로 거짓말이 포함된 비율이 다르다는 점을 밝혀냈다. 결론적으로 사람들은 전화 통화를 할 때 가장 많은 거짓말을 했지만 이메일을 통해 커뮤니케이션할 때는 거짓말의 비율이 현저히 낮았다.

이런 차이가 발생하는 이유는 무엇일까? 일반적으로 우리는 전화 통화를 할 때보다 이메일로 커뮤니케이션을 할 때 심리적인 부담을 더 많이 느낀다. 전화로 이야기하는 것은 쉽게 휘발된다고 생각하지만, 시간이 지나도 기록으로 남는 이메일에는 아무래도 거짓말을 남기기가 부담스럽기 때문이다.

커뮤니케이션 수단별 거짓말이 포함된 비율

출처: Jeffry T. Hancock
"The Impact of Communication Technology on Lying Behavior"

커뮤니케이션 수단별로 거짓말이 포함된 비중이 다르기도 하지만, 전달되는 언어의 온도와 무게감도 차이가 난다. 다음과 같은 취지의 메시지를 전달한다고 하자.

"대표님, 약속하신 사항을 말일까지는 반드시 이행하시기 바랍니다."

비교적 무겁지 않게 접근하고자 한다면 카카오톡 메신저나 핸드폰 문자 등으로 메시지를 남기는 방법을 고려해볼 수 있다. 그러나 좀 더 무게감을 가지고 접근을 하는 것이 필요한 상황이라면 정식으로 이메일을 보내거나, 상대방을 찾아가서 직접 이야기하는 것이 더 나을 것이다. 만약 상대방에게 사태의 심각성을 일깨우고자 한다면 내용증명을 보내는 것도 고려할 수 있다. 이때 내

협상 시 커뮤니케이션 수단별 무게감

용증명을 본인의 이름으로 보낼 것인지, 회사 대표의 명의로 보낼 것인지, 아니면 로펌에 의뢰하여 변호사 명의로 보낼 것인지에 따라서도 무게감은 달라질 것이다.

따라서 나의 메시지를 상대방에게 전달하기 전에 어떤 커뮤니케이션 수단을 활용해서, 누가, 언제, 어떤 방식으로 전달하는 것이 가장 효과적일지 고민이 선행되어야 할 것이다.

✣

중요한 협상 전 다시 한 번 점검하라.

누가, 언제, 어디서 메시지를 전달할 것인가?

그리고 어떤 커뮤니케이션 수단을 활용할 것인가?

내가 놓치고 있는 것이 없는가?

결국, 성공과 실패는 커뮤니케이션 디테일에 달려 있다.

행동과 몸짓의 심리학
: 미셸 오바마의 깨달음

미국 UCLA 교수인 앨버트 메라비언Albert Mehrabian은 비언어적 커뮤니케이션의 중요성을 강조하며 설득에서 비언어적 요소가 93%를 차지하며, 언어적 요소는 단지 7%만 영향을 미친다고 주장한다.

구체적으로, 메라비언의 법칙은 다음과 같이 의사소통의 요소를 분류한다.

시각적 요소 (표정, 눈빛, 자세, 제스처 등): 55%

청각적 요소 (목소리 톤, 음색 등): 38%

언어적 요소 (메시지의 내용): 7%

그렇다면, 협상과 설득에서 우리는 표정과 제스처, 목소리가 주는 효과에 대해 조금 더 신중하게 생각해볼 필요가 있다.

버락 오바마의 대통령 선거 유세 기간 동안 미셸 오바마도 적극적으로 유세 활동에 참여하며 힘을 실었다. 하지만 미셸 오바마의 연설에 대해 공화당 인사들과 미디어에서는 '전투적 분노를 표출하는 테러리스트', '성난 무정부주의자' 등의 격한 단어를 쓰며 공격 대상으로 삼았다. 이에 대해 당시 NPR(미국공영라디오) 웹사이트에는 이런 제목의 기사가 실렸다.

"미셸 오바마는 자산인가 골칫거리인가?"

그 밑에는 "그녀는 신선할 만큼 솔직한가, 지나치게 직설적인가?", "그녀의 외모: 당당한가, 위압적인가?"와 같은 질문도 달렸다.

미디어의 신랄한 비난에 대해 미셸은 점차 지쳐갔다. 마음 같아서는 그렇지 않다고 반격하고 싶었지만, 선거운동본부는 이를 감내하고 넘어가는 편이 낫다고 판단했다. 미셸 오바마는 이 상황이 참을 수 없을 정도로 답답했다.

얼마 후, 오바마 캠프의 선거 전략을 컨설팅하는 데이비드 액설로드와 미셸의 오랜 친구인 밸러리 재릿 변호사가 시간을 내어 미셸 오바마와 이야기를 나누었다. 그들은 미셸의 고민을 충분히 들어준 다음, 미셸이 대중 연설을 하는 비디오를 보여주었다. 이때 데이비드 액설로드는 미셸의 연설 장면을 다시 재생하되 음소거를 하여 미셸에게 보여주었다. 목소리를 지워 비언어적인 부분을 집중적으로 살펴볼 수 있도록, 특히 표정을 관찰할 수 있도록 한 조치였다.

미셸 오바마는 자신의 모습을 보고 커다란 충격을 받았다. 자신감 넘치고 확신에 차게 말하는 데 급급한 나머지 한시도 표정을 누그러뜨리지 않았고, 지나치게 엄숙했고 무섭고 딱딱해 보였다.

그날 자신의 비디오를 관찰하며, 미셸 오바마의 눈에는 눈물이 맺혔다.

"왜 좀 더 일찍 말해주지 않았어요?"

옆에서 이 모습을 지켜보던 미셸의 친구 밸러리 재릿이 미셸의 손을 꼭 잡았다.

가장 가까운 사람들로부터 받은 진심어린 조언이 미셸 오바마에게는 특약 처방이 되었다. 영민한 미셸은 주눅이 들기보다는 이를 커다란 전환점으로 삼았다. 그리고 나머지 선거운동 6개월 동안 미셸 오바마는 훨씬 더 많이 웃고 덜 공격적이고 더 평온한 표정으로 대중들을 대할 수 있었다. 그러자 특유의 자신감과 선명한 메시지가 더욱 돋보이기 시작했다.

상기 사례는 미셸 오바마의 자서전 『비커밍』에 실린 미셸의 솔직한 경험담이다. 설득과 협상에 있어 비언어적인 커뮤니케이션이 얼마나 중요한지 단적으로 드러나는 장면이다. 기회가 있다면 내가 말하는 모습을 영상으로 촬영하여 음소거를 해서 관찰해보는 것은 자신의 비언어적 커뮤니케이션 역량을 강화시킬 수 있는 좋은 방법 중 하나이다.

또 한 가지 대중 발표나 중요한 메시지를 전달할 때 누구나 활용할 수 있는 방법 중 하나가 바로 파워 포즈Power Pose를 취하는 것이다. 하버드 대학교 에이미 커디 교수는 그의 저서 『프레즌스』에서 2분 동안 자신감 있는 자세(예컨대 두 팔을 크게 벌리기, 원더우먼처럼 양손으로 허리를 짚고 서기)를 취하면 체내 테스토스테론이 증가하고 스트레스 호르몬인 코르티솔이 감소해 자신감이 높아지고 스트레스 반응이 낮아짐을 연구 결과로 보여줬다. 에이미 교수는 협상에 들어가거나 면접을 보기 전, 또는 중요한 발표를 하기 전에, 2분 동안 몸을 크게 만들어 자신감 넘치는 자세를 취하라고 조언한다. 상대방을 설득하기 전에 비언어적 행동으로 스스로를 설득하는 시간을 가지면, 상대방을 설득하는데 도움이 될 수 있다는 것이다.

상대의 감정을
뒤흔들어라

하버드 교수와 학생들이 연봉을 포기한 이유[31]

●

A 당신의 연봉이 5,000만 원이고, 회사 동료들의 평균 연봉은 2,500만 원이다.

B 당신의 연봉은 1억 원이고, 회사 동료들의 평균 연봉은 2억 원이다.

당신은 A와 B의 회사 중 어느 회사를 선택하겠는가?

사라 솔닉Sara J. Solnick과 데이비드 헤민웨이David Hemenway 연구팀은 257명의 하버드대학교 교수와 학생들을 대상으로 위와 같은 질문을 던졌다. 상식적으로 당연히 B사를 선택했을 것이라 예상되지만, 놀랍게도 결과는 그렇지 않았다. 무려 56%의 사람들이 연봉을 2배 많이 주는 B사를 포기하고, 대신 월급은 적지만 다른 사람들에 비해 상대적으로 좋은 대우를 받는 A사를 택했다.

가장 합리적일 것 같은 하버드대학교 교수진과 학생들이 객관적으로 납득하기 힘든 비합리적인 선택을 한 이유는 무엇일까? 이는 사람들의 의사결정 과정에서 감정이 미치는 영향이 지대하기 때문이다. 질투심, 상대적 우월감, 인정받고 싶은 욕구 등과 같은 복잡한 감정과 욕구가 자신들 연봉의 절반을 포기할 정도로 중요한 요소로 작용하는 것이다. 인간은 결국 감정으로부터 자유로울 수 없는 동물이다.

우리는 감정적인 이유로 결정하고
논리적 이유를 댄다

●

▎플로리스트인 그녀가 B사의
신차를 칭찬했던 이유

평일 저녁, 플라워숍을 운영하고 있는 여동생에게 전화가 왔다.

"오빠, 혹시 B사에서 이번에 새로 나온 신차 본 적 있어?"

"응, 요즘 보니까 이런저런 홍보 많이 하던데. 왜?"

"아니 그냥. 몇 번 봤는데 예뻐 보여서…… B사 차가 디자인도
예쁜데 안전성이랑 연비도 좋고, 잔고장이 없다고 그러네. 게다가
이번에 나온 신형 세단은 트렁크 공간도 넓어서 꽃 시장 다닐 때
도 편할 것 같고. 그리고 최근에는 B사가 AS 서비스도 좋아져서
3년 동안은 무상 AS 서비스를 보장해준다고 그러더라."

겉으로는 B사의 신형 세단의 장점들을 늘어놓고 있지만, 동생

을 30년 넘게 지켜봐온 나로서는 동생의 궁극적인 욕구가 '차를 바꾸고 싶은데 오빠가 혹시 돈을 좀 보태줄 수 있는지'를 떠본다는 것을 잘 알고 있었기에, 맞장구를 치지 않고 묵묵히 듣고만 있다가 전화를 끊었다.

'근데 얘가 왜 뜬금없이 차를 사려고 하나? 무슨 일이 있나?'

궁금증을 참지 못했던 나는 동생을 가장 잘 아는 숨은 이해관계인인 어머니께 전화를 했다.

"너한테도 전화했니?"

어머니는 한동안 웃으시더니 생각지도 못한 정보를 제공하셨다. 사실 두 달 전쯤 동생이 초등학교 동창회를 갔었는데, 거기서 초등학교 때 동생과 숙명의 라이벌 관계였던 여자 동창이 B사의 신형 세단을 타고 나타났던 것이다. 동생은 그날 그게 그렇게 부럽고 질투가 났던 것이다.

우리는 감정적인 이유로 결정하고
논리적인 이유를 댄다.

아마 이 책을 읽고 있는 독자들 중 상당수도 이 말에 고개를 끄덕이고 있으리라 생각된다. 우리는 살아가며 많은 순간에 감정적인 이유로 중요한 결정들을 내린다. 그리고 이를 정당화하기 위해 그럴싸한 근거들을 갖다 붙인다. 이는 사적인 영역에서는 물론이고, 비즈니스를 할 때, 심지어 국가 공권력이 작용할 때도 마찬가지다. 다음 몇 가지 연구들을 살펴보자.

▌피고인과 희생자의 매력도가 형사 판결에 미치는 영향

데이비드 랜디David Landy와 엘리엇 아론슨Elliot Aronson 연구팀은 형사 재판에서 객관적 사실과 인과관계가 아니라, 피고인이나 희생자의 매력도가 배심원들의 판결에 영향을 줄 수 있다는 가정을 세우고 연구를 시작했다.[32]

첫 번째 실험은 261명을 대상으로 형사 모의재판을 진행했다. 사건과 관련된 다른 모든 사실관계를 동일하게 제공하되, A 그룹에게는 희생자의 사회적 위치·성격·평판 등이 매력적이라고 알려주고, 반대로 B 그룹에게는 희생자가 매력적이지 않다는 점을 알려준 후, 배심원들로부터 피고인에게 적정하다고 생각하는 형량을 결정하게 했다.

놀랍게도 모의재판에 참가한 261명의 배심원 중 희생자가 매력적이지 않다고 들은 B 그룹에 비해, 희생자가 매력적이라고 들은 A 그룹이 약 2.87년 더 중한 형을 내렸다.

구분	희생자가 매력적이지 않은 경우	희생자가 매력적인 경우
피고인 형량	12.9년	15.77년

두 번째 실험에서는 이 실험에 한 가지 변수를 더 추가했다. 첫 번째 실험과 동일하게 희생자를 매력도에 따라 두 그룹으로 나눈 뒤, 이번에는 혐의를 받고 있는 피고인의 매력도에 따라 다시 세 그룹(피고인이 매력적이지 않은 경우, 보통, 피고인이 매력적인 경우)의 정보를 추가로 제공하여, 총 여섯 가지 케이스(희생자 2그룹×피고인 3그룹)를 만들어 모의재판을 실시했다.

과연 배심원들은 어떤 판결을 내렸을까? 결과는 더욱 극명하게 드러났다. 실험에 참가한 배심원들은 희생자가 매력적이지 않고 피고인이 매력적인 경우에는 불과 8.44년의 형을 내린 반면, 희생자가 매력적이고 피고인이 매력적이지 않은 경우에는 무려 5.45년이나 중한 13.89년의 형을 내렸던 것이다.

이 실험은 사회의 여러 영역 중 가장 객관적이고 이성적이어야 할 형사 재판에서도 감정적인 부분이 영향을 미칠 수 있다는 점을 드러내고 있다. 즉 사건의 객관적 사실관계와 인과관계가 동일한 상황에서, 범행 결과로 어떤 사람이 희생당했는지 혹은 혐의를 받

구분	희생자가 매력적이지 않은 경우 + 피고인이 매력적인 경우	희생자가 매력적인 경우 + 피고인이 매력적이지 않은 경우
피고인 형량	8.44년	13.89년

고 있는 피고인이 어떤 사람인지에 따라 배심원들은 해당 사건을 다르게 인지하고, 이로 인한 인식과 감정의 변화가 형사재판 결과에 직간접적인 영향을 줄 수 있다는 것이다.

❘ 기업 채용 과정에서 감정적 요인이 결과에 미치는 영향

그뿐만 아니라 감정적 요인은 기업의 채용 과정에도 적지 않은 영향을 미친다. 워싱턴대학교의 채드 히긴스Chad A. Higgins와 플로리다대학교의 티모시 저지Timothy a. Judge 연구팀은 첫 직장을 구하고 있는 대학생 116명을 추적해서 그들의 채용 과정에서 면접관들이 어떤 요소로 채용을 결정하는지 분석했다.[33]

연구 결과 면접관들은 조직 적합도나 업무 적합도와 같은 기본적인 요소들을 고려하기는 하지만 이러한 적합도가 높다고 여겨지게 한 주요 원인으로는 결국 면접 당일 지원자의 행동, 표정, 태도 등에서 느낀 호감 여부가 매우 중요하게 작용했음이 밝혀졌다.

채용 과정에서 비슷한 역량을 가진 지원자들을 하루에도 수백 명씩 봐야 하는 면접관들이기에 결국 면접 당시에 발생한 감정적 요인들이 판단에 더 결정적인 영향을 미쳤던 것이다.

미친 설득력의 비밀, 백종원의 감정활용법

| 감정은 장애물이 아니라 협상의 중요 자산

앞선 사례에서 살펴본 것처럼 우리가 일상에서 의사결정을 할 때뿐만 아니라, 지극히 이성적이고 합리적인 사고에 근거해서 의사결정을 할 것으로 여기는 영역에서조차 감정이 커다란 영향을 미칠 때가 많다.

이에 따라 냉정하고 분석적이며 논리적인 접근 방식만을 강조했던 협상학계에서도 최근에는 감정이 협상에 미치는 영향에 관한 연구가 활발하게 진행되고 있다. 하버드협상연구소를 이끌고 있는 다니엘 샤피로Daniel Shapiro는 그의 저서 『원하는 것이 있다면 감정을 흔들어라』[34]를 통해 이렇게 말했다.

"감정은 종종 협상에 장애물로 작용하지만 반대로 위대한 자산이 될 수 있다."

협상 테이블에서 자신과 상대방의 감정을 파악하고 이를 적절하게 활용하는 것의 중요성을 강조했다.

| 미친 설득력의 비밀, 백종원의 감정활용법

그야말로 백종원 신드롬이다. 넷플릭스 〈흑백 요리사〉, SBS 예능 프로그램 〈백종원의 골목식당〉 등 예능에서뿐만 아니라, 자신이 최대주주로 있는 더본코리아를 상장시키며 사업적으로도 커다란 성공을 일궈내고 있다. 그가 가진 카리스마와 흡입력의 원천은 설득력에 있다. 외식업에 종사하는 출연자들을 향한 진심 어린 조언으로 감동을 주고, 부드러운 듯 강한 카리스마로 출연자와 제작진은 물론이고, 전 국민의 고개를 끄덕이게 한다.

과연 백종원은 어떻게 사람들을 설득할까? 그의 설득력은 절묘한 감정 활용에서 비롯된다. 백종원의 골목식당을 보면 백종원이 출연자들을 설득할 때, 일정한 패턴이 발견된다. 우선 백종원은 첫 만남에서 웃는 얼굴과 상대방을 인정해주는 말투, 도움을 드리러 왔다는 메시지를 전달하며 상대로부터 호감을 얻어낸 후 대화를 이어나간다.

하지만 출연자가 본인과의 약속을 어기거나, 위생규칙을 준수하지 않거나, 납득되지 않는 실수를 하면 백종원은 자신의 실망한 감정을 솔직하게 표현한다. 심지어 실망스러운 상황이 반복되면 상대방에게 수위를 조절하며 화를 내기도 한다. 그러고 나면 출연자들은 자신에게 도움을 주던 백종원을 실망시킨 것에 일종의 미안한 감정을 느낀다. 이 미안한 감정은 백종원에게 마음의 빚이 되어 상당 부분 백종원에게 맞추게 되는 것이다.

〈백종원의 골목식당〉에서 백종원과 심각한 갈등을 일으켰다가 결국 백종원에게 설득되었던 역대 출연자들은 대부분 이와 유사한 패턴으로 설득이 된다. 특히 필동 멸치국수집 아주머니와의 논쟁은 이러한 패턴을 극명하게 보여준다.

필동 멸치국수집 아주머니는 백종원과 멸치국수 육수 대결을 펼친 후, 대결에 지고 그 결과에 승복하지 않으면서도 백종원에게 레시피를 달라고 요청했다. 백종원은 그런 아주머니에게 "뭔가 착각하시는 것 같은데, 사장님은 해서는 안 되는 소리를 했어요. 아니 사장님, 저도 사람이고 감정의 동물인데…… 아니 내가 왜, 뭐 때문에(그래야 하나요)"라고 강하게 실망감을 표출한다.

이후 별도의 시간을 가진 필동 멸치국수집 출연자들은 "백 대표 입장에서는 이 사람들이 뭐하는 건가 생각할 수 있지, 백종원 씨가 기분 나빴겠다고 생각해요"라며 오히려 백종원에게 미안한 감정을 느낀다고 표현한다. 이후 출연자들은 고집을 꺾고 백종원의 솔루션을 받아들이는 것으로 방송은 마무리가 된다. 이러한 백종원의 설득 방식은 감정 변화를 절묘하게 활용한 설득 전략이다.

▍감정의 변화가 협상 결과에 미치는 영향

싱가포르 인시아드INSEAD의 앨런 필리포위츠Allan Filipowicz와 와튼 스쿨의 시걸 바르세이드Sigal Barsade와 시물 멜와니Shimul Melwani 연구팀은 협상 테이블에서 참가자들의 감정 변화가 협상 결과에 미치는 영향에 대해 연구했다.[35]

실험 결과는 놀라웠다. 학생들은 상대방이 일관된 감정을 유지한 1번과 4번이나 부정적인 감정을 보이다가 긍정적인 감정으로

바뀐 3번보다, 처음에 상대가 호감을 보이다가 협상 도중 실망한 기색을 드러내며 부정적인 감정으로 전환된 2번일 때 가장 많은 것을 양보했다.

왜 그럴까? 만약 당신이 중요한 협상 테이블에 나갔는데, 상대방이 미팅 초반 호감을 표시하며 긍정적인 감정을 드러낸다면 생각보다 협상이 잘 진행될 것이라 기대하며 안심하게 될 것이다. 그런데 협상 도중 묘하게 기류가 바뀌며 실망한 기색을 보이더니, 협상 마무리 시점에 상대방이 화를 내며 부정적인 감정을 표출했다면 어떨 것 같은가? 아마 대부분은 협상 초반 분위기가 좋았는데 자기의 탓으로 협상을 망쳤다고 생각하며, '어떻게 이 상황을 회복해야 될 것인가' 고민하게 될 것이다. 그리고 다음 협상을 앞두고 자연스럽게 양보 카드를 만지작거리게 되는 것이다.

이 실험 결과를 분석해보면 협상 테이블에서 상대방이 일관되게 부정적이거나 일관되게 긍정적 감정을 표출할 경우에 사람들은 이를 상대방의 기질적인 요인으로 치부해버리는 경향이 있음을 확인할 수 있다. 하지만 상대방이 처음에는 긍정적인 감정 상태였다가 협상 과정에서 화를 내는 것을 보면 이를 상황적인 요인으로 받아들이고, 협상 과정에서 본인이 실수했거나 지나친 요구를 해서 상대방의 감정 상태가 바뀌었다고 생각하고 일종의 미안함을 느낀다. 그 미안함이 상대방에게 양보를 해주는 심리적 동인으로 작동하는 것이다.

기질적인 요인 Dispositional attribution
'저분은 원래 화를 잘 내는 사람인가 보다.'

상황적인 요인 Situational attribution
'저분은 처음에는 기분이 좋았는데, 내가 지나친 요구를 했는지 언짢아하시네. 죄송하니까 이번에는 조금 양보해드려야겠다.'

이 실험은 협상에서 무조건 감정을 배제하는 것이 도움이 되는 것은 아니라는 점을 보여준다. 협상도 결국은 사람이 하는 것이다. 사람은 감정에서 결코 자유로울 수 없다. 감정을 지나치게 드러내는 것도 문제이지만, 감정을 완전히 배제하는 것도 바람직한 협상 방식은 아니다. 때에 따라서는 나의 감정을 적절하게 표현할 수 있어야 하며, 장기적으로는 이것이 결과적으로도 더 도움이 된다.

협상에서 감정은 무조건 배제해야 될 대상이 아니다.
노련한 협상가는 필요에 따라
자신의 감정을 적절히 활용한다.

또 상대방의 감정 상태를 파악하고 배려하면서

협상 테이블에서 서로가 감정적으로

흡족함을 느낄 수 있도록 이끈다.

북미 협상의 주도권을 잡은 트럼프 대통령의 전략[36]

●

역사상 첫 북미정상회담을 불과 20일 앞두고 미국의 도널드 트럼프 대통령은 북미 회담 취소 내용을 담은 공개서한을 백악관 홈페이지에 공개했다.

한 달 전까지만 해도 김정은을 "매우 열려 있고very open 매우 홀륭하다very honorable"고 칭찬하며 북미 회담에 강한 기대감을 표한 트럼프는, 북한의 김계관 외무성 제1부상과 최선희 외무성 부상이 존 볼턴 백악관 국가안보 보좌관, 마이크 펜스 부통령 등 미국의 고위 관리들을 노골적으로 비난하자, 이 상태로 회담을 진행하는 것은 무리라고 생각하고 초강수를 둔 것이다.

도널드 트럼프 대통령의 공개서한에는 북한 측이 보인 언행에 대한 아쉬움과 슬픔, 실망감이 표현되어 있었고, 최악의 경우에도 미국이 우월한 핵核 역량으로 상대를 압도할 수 있다는 자신감을 드러내고 있었다.

"슬프게도, 귀측의 최근 성명에서 나타난 엄청난 분노와 공개적인 적대감에 근거해보자면, 저는 이 시점에서는 오랫동안 계획해왔던 이번 회담을 진행하는 것이 부적절하다고 여겨집니다. 그러므로 양국을 위해, 그러나 세계 평화의 측면에서는 손해가 되겠지만, 싱가포르 회담이 열리지 않을 것임을 이 서한을 통해 밝힙니다. 귀하께서는 북한의 핵 역량을 말하고 있으나, 미국의 핵 역량은 너무 거대하고 강력해서 신께 절대로 그것들이 사용되는 일이 없도록 해달라고 기도합니다."

하지만 트럼프 대통령은 이와 함께 북한이 이제껏 진지하게 협상에 임하며 노력해온 부분과 협상 과정에서 억류된 미국인 3명을 석방해준 것에 대해서는 감사함을 표하며, 협상 재개의 여지가 있으며 이를 희망하고 있다는 속내를 은근히 드러내고 있었다.

"귀하와 저 사이에 멋진 대화가 이어지고 있다고 느꼈고, 궁극적으로는 대화 그 자체가 중요할 뿐이라고 여겼습니다. 언젠가 귀하와 만날 날을 무척 고대합니다. 한편으로 억류자들을 석방해 그들이 가족들과 함께할 수 있게 해준 것에 대해서 감사를 표합니다. 그

결정은 매우 훌륭했고 진심으로 감사하는 바입니다. 최고로 중요한 이번 정상회담과 관련해 만약 마음을 바꾸신다면 지체 없이 전화나 편지를 주기를 바랍니다. 세계는, 그리고 특히 북한은 영속적 평화와 훌륭한 번영과 부를 이룰 커다란 기회를 놓쳤습니다. 이는 진정 역사에서는 슬픈 순간입니다."

노련한 협상가인 도널드 트럼프 대통령은 자신의 실망감, 아쉬움, 슬픔, 분노의 감정을 솔직하게 담은 공개서한을 통해 상대방의 감정을 뒤흔들고, 북한이 계속해서 뼈딱하게 나오면 '먼저 판을 깰 수 있다'는 협박을 함과 동시에, 이전처럼 진지한 태도로 협상에 임할 의사가 있다면 언제든지 협상 테이블에 앉아 북한의 평화와 번영을 위한 생산적인 논의를 할 수 있다는 바람을 드러냈던 것이다.

트럼프 대통령이 밝힌 공개서한에 북한은 어떻게 반응했을까? 얼마 전까지만 해도 미국에 노골적인 적개심을 드러낸 북한의 김계관 외무성 제1부상은, 미국의 공개서한 발표 7시간 만에 "우리는 항상 대범하고 열린 마음으로 미국 측에 시간과 기회를 줄 용의가 있다"며 "첫술에 배가 부를 리는 없겠지만 한 가지씩이라도 단계별로 해결해나간다면 지금보다 관계가 좋아지면 좋아졌지 더 나빠지기야 하겠는가 하는 것쯤은 미국도 깊이 숙고해보아야 한다"라고 말하며, 미국의 회담 취소 재고를 촉구하며 트럼프를 회유하기 시작했다.

결국 트럼프 대통령은 상대방의 감정을 뒤흔드는 공개서한을 통해 북한의 태도와 행동에 변화를 만들어냈고, 미국은 이를 계기로 다시 북미 협상의 주도권을 잡으며 협상을 이끌어나갈 수 있었다.

호감을 불러일으키는
다섯 가지 전략

●

사람들은 내가 좋아하는 사람의 부탁에 유독 약하다. 설득에 강한 사람들의 특징을 살펴보면 그들은 상대의 호감을 이끌어내는 데 탁월하다. 만약 이 글을 읽고 있는 독자가 자신이 속한 조직에서 설득력이 있는 사람이 되고 싶다면, 지름길은 조직 내부에서 호감을 주는 사람으로 자리매김하는 것이 가장 좋은 방법일 것이다. 과연 호감을 어떻게 이끌어낼 수 있을까? 상대방에게서 호감을 불러일으키는 다섯 가지 전략을 알아보자.[37]

첫째, 미러링 효과를 활용하라

독서 모임에서 만난 젊은 한의사 한 분은, 하루에도 수십 명씩 진료하는 환자들에게 어떻게 하면 편하게 다가가면서 신뢰를 쌓을 수 있을지 오랫동안 고민했다. 그는 자신이 다소 내성적이라 먼저 다가가는 스타일은 아니지만, 지난 수년간 환자들을 진료하며 발견한 나름의 대화법이 있다고 말했다. 많은 사람들이 좋아해서 호감과 신뢰를 쌓는 데 도움이 되었다고 했다.

"경험적으로 진료를 해보면 환자 분들마다 통증을 설명하는 방식이 모두 다름을 알 수 있었어요. 저는 진료 차트에 환자 분 고유의 표현 방식을 그대로 기록합니다. 그리고 다음에 환자 분이 오셨을 때 환자 분의 언어와 똑같은 표현을 써서 통증 부위가 어떠한지 먼저 여쭤봤어요. 그러면 환자 분들은 의사가 자신을 기억한다는 데 먼저 고마움을 느끼고, 제가 정확히 통증에 대해 익숙한 언어로 이야기할 때 친근감까지 느끼시더라고요. 그게 제가 환자에게 호감을 전하고 신뢰를 쌓는 나름의 비법이랍니다."

심리학에서는 무의식적으로 자신이 호감을 갖는 사람의 언어나 비언어적 행위를 따라하는 행위를 '미러링 효과'라 한다. 마치 거울에 비친 듯 말투와 표정, 행동이 상대와 비슷해진다는 의미이다. 이 한의사 분은 환자들의 언어를 관찰하고 이를 그대로 사용함으로써, 자신이 호감이 있다는 무언의 메시지를 상대방에게 전달한 것이다.

좋아하는 사람, 친해지고 싶은 사람, 호감을 표현하고 싶은 사람이 있다면 먼저 그 사람 고유의 언어와 행동을 떠올려보자. 그 사람의 언어로 대화를 시작해보자. 무의식 중에 그 사람은 이미

당신에게 호감을 느끼고 있을 것이다.[38]

둘째, 부탁을 하면 호감을 얻는다

사람들은 상대에게 부탁하는 것을 지나치게 어려워한다. 하지만, 생각보다 사람들은 타인을 돕는 것을 좋아한다. 상대방이 내게 도움을 요청할 때, 사람들은 '저 사람은 나에게 호감이 있구나', '저 사람은 나의 능력을 인정하는구나', '저 사람은 나와 친해지고 싶구나'와 같은 메시지를 느낀다.

현명한 사람들은 예의를 갖추어 상대에게 부탁하고, 기회가 되면 자신이 도움을 줄 수 있다고 생각한다. 이것이 바로 자존감 높은 사람들의 태도이다. 도움이 필요할 때에는 먼저 다가가서 부탁을 해보자. 내가 지나치게 거리감을 가지고 상대를 어려워하면 상대도 나에게 다가올 기회가 없어진다. 도움을 받았다면, 도움을 주면 된다. 그렇게 서로가 연결된다.

셋째, 세심한 배려를 느끼게 하라

우리는 자신에 대한 세심한 배려에 감동과 호감을 느낀다.

- 사전 이메일과 전화 통화
- 약속 시간과 장소

- 협상 중 대화 방식과 태도
- 협상 중 쉬는 시간과 식사 시간
- 협상 후 인사나 선물

협상이 진행되는 일련의 과정 속에서 우리는 상대방이 나를 배려하는지 여부를 어렵지 않게 알아차릴 수 있다. 만일 상대방이 나를 세심하게 배려한다는 사실을 인지할 경우, 우리는 상대방에게 호감과 함께 고마움과 미안함을 가진다. 그리고 어떤 방식으로든 상대방으로부터 받은 배려를 다시 되돌려주고 싶다는 생각을 품는다. 세심한 배려로 상대방이 호감을 느끼게 하라.

넷째, 내가 먼저 솔직하라

우리는 솔직한 사람에게 호감을 느낀다. 협상에 있어서는 이러한 부분이 더욱 크게 작용한다. 협상 테이블에서는 많은 사람이 이해관계에 따라 움직이고 자신의 감정이나 생각을 숨기려는 경향이 있다. 하지만 협상 테이블에서도 솔직함은 강력한 무기가 된다. 자신의 생각과 감정을 솔직하게 드러내는 사람을 만날 경우, 사람들은 상대에게 신뢰를 느끼는 동시에 본인도 가급적 상대방에게 솔직하게 다가가려고 노력한다. 딱딱한 협상 테이블에서 상대방을 무장 해제시킬 수 있는 방법 중 하나, 바로 솔직함이다.

다섯째, 궁극적으로 자신만의 매력을 키워라

결국 우리는 자기만의 매력이 있는 사람에게 끌린다. 심지어 호감 차원을 넘어 매력적인 사람이 더 정직하고 더 지적이고 더 능력 있다고 생각한다. 하나의 장점을 통해 그 사람 전체를 긍정적으로 판단하는 일종의 후광 효과Halo effect가 작용되는 것이다.

캐나다 토론토대학교 마이클 에프란Michael G. Efran과 패터슨 E.W.J. Patterson 연구팀은 「사람들은 아름다운 사람에게 투표한다: 외모가 선거에 미치는 영향」이라는 주제의 연구를 통해, 캐나다 연방 총선에서 외모가 매력적인 후보가 그렇지 못한 후보에 비해 평균적으로 21%나 더 높은 득표율을 보였음을 밝혔다.[39]

실제로 성공한 CEO들을 만나보면 그들은 뛰어난 역량을 갖추고 있을 뿐만 아니라, 외모와 화법과 태도가 굉장히 매력적이라는 사실을 발견할 때가 많다. 그들이 인식하든 못하든 그들의 매력은 상대방의 호감을 불러일으키고, 호감은 설득력에 영향을 미친다. 상대방에게 호감을 이끌어내기 위해 자신만의 매력을 갖춘 사람이 되자.

협상 테이블에서의
감정 활용법

●

비즈니스 협상 테이블에서 우리는 지나치게 차갑고 논리적이다. 내가 운영하는 협상 스쿨에서 참여자들끼리 실제로 협상하는 장면을 분석해보면, 마치 상대방을 취조하는 것처럼 느껴질 정도로 상대를 일방적으로 몰아세우는 경우가 적지 않다. 그런 방식으로 협상을 이끌어나가면 과연 상대방을 설득할 수 있을까? 협상 테이블에서 감정을 배제해야 프로답게 보이고 결과도 좋다는 선입견에서 벗어날 필요가 있다.

의도적으로 감정을 더 섞어 대화하라. 협상 초기에 상대방을 먼저 인정하고 칭찬하라. 고마운 점이 있다면 숨김없이 표현하라. 실망을 하거나 화가 나는 감정도 솔직하게 드러내는 것이 오히려 협상 결과에도 도움이 된다. 그리고 협상이 끝나면 적극적으로 만족감을 표현하라. 협상은 결국 서로가 만족하는 합의점을 찾는 과정이고, 심리적으로 흡족한 느낌을 받게 하는 것이 중요하다. 이를 위해 감정적인 요인들을 적극 활용할 필요가 있다. 감정을 감추는 것만이 능사가 아니다.

한 가지 기억해야 할 점은 시시비비를 가리기 위한 격렬한 말다툼은 가급적 피하는 것이 좋다는 점이다. 입장 차이가 생겨 팽팽하게 맞설 때, 많은 사람들이 자신의 주장과 논리가 옳다는 것을 납득시키고자 기를 쓰고 달려든다. 하지만 언쟁이 계속될수록 분위기는 격해지고 상대방의 감정을 자극하는 단어들이 본인도 모르게 튀어나온다. 감정이 상한 당사자들은 서로 노려보며 흥분하기 시작하고, 급기야 상대방이 무슨 이야기를 해도 듣고 싶지 않아지는 상황까지 치닫게 된다.

이런 상황이 벌어지면 이미 상대방을 설득하기는 불가능하다. 협상은 시시비비를 가리는 재판 과정이 아니며 당신은 판사가 아니다. 협상은 궁극적으로 나와 상대가 최적의 합의점을 찾는 과정이다. 이를 망각해서는 성공적인 결과물을 얻기 힘들다. 따라서 시시비비를 가리기 위해 감정싸움으로 치닫는 격렬한 언쟁은 가급적 피하라. 협상과 설득에 백해무익하다.

❖

우리는 감정적인 이유로 결정을 하고 논리적인 이유를 댄다. 인간은 생각보다 그렇게 이성적이지 않다. 이제까지 우리는 협상 테이블에서 감정을 철저히 배제해야 더 프로페셔널해 보인다는 선입견에 사로잡혀왔다.

하지만 어차피 우리는 감정을 100% 배제할 수 없다. 그렇다면 감정을 활용하여야 한다. 상대방을 먼저 인정하고 칭찬하며, 고마운 점이 있다면 숨김없이 표현하라. 실망을 하거나 화가 나는 감정도 적절하게 드러내라. 협상 고수들은 협상 테이블에서 감정을 인위적으로 배제하기보다, 자유자재로 활용하여 서로의 만족도를 끌어올린다. 협상에 있어 감정은 배제해야 할 대상이 아니라 활용해야 할 자산이다.

당황스러울 때는
발코니로 향하라

협상을 하다 보면 다음과 같이 예상치 못한 상황이 발생한다.

- 상대방이 너무 강하게 압박해온다.

- 나에게 의사결정권이 없는 사안에 대해 입장 표명을 강요한다.

- 팀 내부적으로 의견 조율이 안 되어 불협화음이 생긴다.

- 본인의 감정이 생각처럼 컨트롤되지 않는다.

- 교착상태에 빠진 채 딜 브레이커가 계속 부각된다.

- 협상 주도권이 상대방에게 넘어가고 있는 느낌이 든다.

- 체력이 급격히 떨어진다.

이럴 때 우리는 어떻게 대응해야 할까? 이때 취할 수 있는 최선
의 협상 전략은 '발코니로 가기Go to the Balcony' 전략이다. 여기서

발코니는 협상 테이블에서 잠시 벗어나 감정을 추스르고 재정비할 수 있는 분리된 공간을 은유적으로 표현한 단어다. 협상 시 시기적절한 단절이 주는 효과는 예상 외로 크다. 발코니로 가기 전략을 활용해 불리한 흐름을 끊고, 분위기 전환을 꾀할 수 있으며, 내부적으로 필요한 준비 시간을 확보하여 반전을 이끌어낼 수 있다.

쉽게 말해 스포츠 경기에서 감독이나 선수가 활용하는 '작전타임'을 협상 중에 요청하는 것이다. 작전 타임을 통해 실제로 작전을 전개할 수도 있지만, 작전 타임 자체가 경기의 흐름을 단절시키고 분위기를 환기시키는 효과가 크기 때문에 스포츠 세계의 명장들은 주어진 작전 타임을 절묘하게 활용한다.

한미 자유무역협정FTA 협상을 주도했던 김종훈 전 통상교섭본부장의 인터뷰[40] 내용을 보면, 미국과의 협상 테이블에서 미국 측의 돌발적인 요구가 있을 때 '발코니로 가기 전략'을 활용해서 위기 상황에 대처했다는 것을 알 수 있다.

질문: 미국이라는 나라와 협상할 때 조심할 부분이 있다면?
답변: 가끔 상대가 협상 중 영어로 된 장문의 제안서를 던져 놓고 우리 반응을 보는 경우가 있다. 그러면서 뭐라고 영어로 설명을 한다. 처음 보는 영문 서류를 읽으면서 동시에 듣고 이해해야 하는 것이다. 보통 당황하기 일쑤다. 그럴 때일수록 냉정을 찾고 브레이크

(휴식)를 외쳐야 한다. '좀 쉬자'고 하면서 꼼꼼히 봐야 한다. 충분히 준비되고 생각을 간추려서 대응해야 한다.

그뿐만 아니라 협상이 생각보다 지지부진해서 교착상태에 빠졌을 때에는 발코니로 가기 전략을 활용해서 분위기 전환을 이끌어낼 수 있다. 한미 FTA 2차 협상 시 교착상태에 빠지자, 김종훈 전 통상교섭본부장이 "나가서 바람이나 쐬자"며 론 커크 미 무역대표부(USTR) 대표와 함께 단둘이 호텔 앞을 산책했고 이 산책길에서 이야기가 잘 되어 패키지 딜(일괄타결)이 이뤄질 수 있었다.[41]

또 한 가지 중요한 점은 극도의 긴장감과 피로감이 몰려올 때 단시간에 집중력을 회복시킬 수 있는 자신만의 루틴Routine을 가지는 것이 꼭 필요하다. 나는 협상 도중에 발코니로 가기 전략을 취한 다음, 화장실에 가서 찬물로 세수를 하고 바깥 공기를 5~10분 정도 쐬고 오면 집중력이 회복되는 것을 깨달았다. 그 뒤로는 협상 시 루틴으로 활용하고 있다. 본인에게 맞는 루틴을 개발하라. 커피를 마실 수도 있고, 담배를 필 수도 있다. 껌을 씹거나 양치질을 할 수도 있고, 음악을 들을 수도 있다. 단시간 내 자신의 집중력을 다시 끌어올릴 수 있는 루틴은 결정적인 순간에 큰 도움이 된다.

협상 후 반드시
마침표를 찍어라

투자 확약을
카카오톡으로 취소당한 창업자

●

변호사가 된 후, 첫 직장으로 독일 기업의 법무팀에서 일을 시작했다. 당시 법무팀에서 배정된 사수는 국내 대기업 해외 법무팀에서 오랜 기간 경험을 쌓은 노련한 미국 변호사였다. 첫 주에 정신없는 적응 기간을 보내고 둘째 주에 사수 변호사님과 둘이서 점심을 먹으러 갔는데, 식사 중 변호사님이 생각지 못했던 이야기를 꺼냈다.

"류 변호사, 내가 15년 넘게 국내 대기업과 외국계 기업의 계약 전문 변호사로 일하며 여러 일을 겪었어. 그래도 큰 탈 없이 회사에서 인정받으며 일할 수 있었던 건 마음속에 한 가지 원칙을 기억하고 지켜왔기 때문이라 생각하네. 류 변호사도 꼭 기억해둬."

"CYB. Cover Your Back."

그때 사수 변호사님이 말해준 그 장면이 지금도 또렷하게 기억이 난다. Cover Your Back. 언제 어떤 일이 일어날지 모르고, 상황에 따라 상대방의 태도와 말이 달라질 수 있다. 항상 스스로를 보호할 수 있도록 대비하라. 위험이 감지되면 모든 것들은 서면화하고, 최대한 증거자료를 확보해두라. 이메일도 좋고, 공문도 좋고, 녹취록도 가능하다. 그렇지 않으면 결정적인 순간, 스스로를 보호할 수 없게 되고 위험에 처하게 된다.

▎투자 확약을 카카오톡으로 취소당한 창업자

김 대표는 창업 2년 만에 연 매출 30억 원이 넘는 프랜차이즈 기업을 일구었다. 아직까지 프랜차이즈 가맹점이 서울 지역에 한정되어 있지만 주요 타깃층인 20대 소비자의 입맛을 완벽하게 사로잡았고 가맹점주들의 반응도 뜨겁다. 별다른 홍보 없이도 가맹 문의가 꾸준히 들어오는 상황이다.

그 무렵 김 대표의 지인 박 이사가 김 대표의 프랜차이즈 사업에 투자하고 싶다는 의향을 밝혀왔다. 박 이사는 수년 전 PC방 프랜차이즈 사업을 전국적으로 키워 이를 매각한 뒤 큰돈을 벌었고, 그 뒤로 관련 프랜차이즈 기업의 등기이사이자 자문 역할을 하고 있었다. 박 이사는 자신의 역량을 동원해 김 대표의 사업을 전국구 프랜차이즈로 확장하고 중국까지 진출한다는 멋진 청사진을 제시했다.

김 대표로선 거부할 수 없는 제안이었다. 지금까지 승승장구해왔지만 프랜차이즈 사업 경험이 불과 2년밖에 되지 않아 앞으로가 더 고민이었다. 이제는 프랜차이즈 사업에 노하우가 있으면서 성공적으로 기업을 매각해본 경험을 가진 조력자가 절실히 필요했다. 박 이사는 김 대표의 이러한 니즈를 정확히 간파하고 거절하기 힘든 투자 제안을 한 것이다.

김 대표는 자신의 감정을 드러내지 않고 담담하게 박 이사에게 이야기했다.

"이사님처럼 프랜차이즈업에 대한 이해와 경험이 풍부하신 분이 이런 제안을 해주시니 저희 기업의 가치를 인정받은 것 같아 그것만으로도 감사한 마음입니다. 다만 몇몇 기업으로부터 현재 투자 제안이 들어와 있는 상태이기 때문에 2주 정도의 시간을 주시면 종합적으로 고려해 말씀드리도록 하겠습니다."

김 대표의 이 한마디에는 박 이사에 대한 인정, 충분히 고민할 수 있는 시간 확보, 다른 배트나가 있다는 암시를 모두 포함하고 있었다. 김 대표는 2주 동안 지금까지 들어온 투자 제안들을 꼼꼼히 비교해보았다. 하지만 역시 가장 믿을 수 있고 확실한 시너지를 낼 수 있는 투자자는 박 이사라는 생각이 들었다.

다시 만난 미팅 자리에서 박 이사는 김 대표가 생각하는 것보다 더 좋은 조건으로 투자하겠다고 말했다. 그리고 투자를 집행한 뒤 2년 내 전국구 프랜차이즈로 성장시켜 3년 이내에 매각까지 진행하겠다며 구체적인 매각 예상 금액까지 언급했다. 이밖에도 김 대표의 사업에서 부족한 부분을 정확히 짚어내어 이를 해결할 수 있는 솔루션까지 제시했다.

미팅 후 김 대표는 확신이 생겼다.

'박 이사로부터 투자를 받자. 그게 회사를 위해 가장 도움이 되는 길이다.'

김 대표는 박 이사를 제외한 나머지 투자자들에게 차례로 연락을 취해 투자 제안을 정중히 거절한다는 뜻을 전했다. 그리고 박 이사와의 투자 계약 협상에 집중하기로 했다. 이후 박 이사에게 투자 계약의 구체적인 조건을 논의하기 위한 미팅을 갖자고 요청했다.

박 이사는 현재 말레이시아 출장 중이어서 컨퍼런스 콜(전화회의) 방식으로 미팅을 진행하자고 했다. 그렇게 2주 동안 수차례에 걸쳐 컨퍼런스 콜을 진행한 결과 현 시점에서 45일 이내에 3억원, 그리고 연말까지 추가로 7억 원을 투자하겠다는 합의를 이끌어냈다.

김 대표는 박 이사에게 구체적인 조건이 모두 정리되었으니 말레이시아 출장이 끝나는 대로 계약을 체결하자고 말했다. 박 이사는 이에 흔쾌히 동의했다. 다만 출장이 생각보다 길어져 10일 정도 뒤에 귀국할 것이니 그때 계약을 체결하자고 대답했다. 김 대표는 박 이사와 협상을 진행하면서 10억 원의 투자를 받으면 향후 어떤 식으로 회사를 운영할지를 놓고 TFT를 구성해 매일 기획 회의를 진행했다. 그 사이 김 대표는 평소 함께 일하고 싶었지만 연봉 수준이 맞지 않아 영입하지 못했던 프랜차이즈 전문가들을 접촉해 입사 제의를 했다.

그러는 동안 박 이사가 귀국하기로 한 시점이 됐지만 그에게서는 어떤 연락도 없었다. 전화를 해보니 해외 로밍 중이라고 떠서 카카오톡으로 메시지를 남겨두었다.

'전화를 드렸는데 안 받으시네요. 메시지 확인하시면 바로 연락해주세요.'

평소 박 이사에게 카카오톡을 남기면 즉각 회신이 왔지만, 이번에는 이틀이 넘도록 확인조차 하지 않았다. 뭔가 이상한 느낌이 들었다. 그로부터 다시 이틀 뒤 늦은 밤 카카오톡으로 박 이사가 메시지를 보내왔다.

'대표님, 연락이 늦어 죄송합니다. 아무래도 이번 투자는 힘들 것 같습니다. 자세한 이야기는 귀국 후 적절한 시점에 찾아뵙고 말씀

드리겠습니다.'

그야말로 청천벽력이었다. 가깝게 지내던 변호사에게 급히 연락했다. 상대방이 계약 체결을 하겠다고 확답을 하고 계약 조건을 구체적으로 논의한 증거를 우선 찾아보라는 대답이 돌아왔다. 하지만 박 이사가 해외에 있어서 모든 회의를 컨퍼런스 콜로 진행하는 바람에 문서로 남겨진 것은 아무것도 없었다. 이메일을 샅샅이 뒤져도 박 이사가 "계약을 체결하겠다"라고 직접 언급하거나 계약 조건에 관해 구체적으로 논의한 메일은 없었다. 심지어 카카오톡 메신저에도 그런 내용은 없었다. 참담했다. 그리고 깊은 한숨이 흘렀다.

'최악의 경우 계약이 체결되지 않을 수도 있겠구나. 어떻게 해야 하나. 법적 대응을 해야 하나. 지금까지 준비해온 것은 다 어떻게 하나. 이 건 때문에 다른 투자자들도 다 떠나갔고 입사를 하기로 약속한 지인들도 있는데⋯⋯.'

협상은 서로가 만족하는 합의점을 찾기 위한 의사소통과정이다. 즉 협상은 그 자체가 목적이라기보다는 합의를 달성하기 위한 수단의 성격을 가지고 있다. 그렇다면 우리는 협상 과정에서 활용할 수 있는 수많은 협상 전략과 기술에만 집착할 것이 아니라, 이번 협상을 통해 합의를 이끌어낼 수 있는지, 그리고 합의 내용이 실제로 이행될 수 있는지에 대한 고민이 반드시 필요하다. 실컷 협상을 하고도 합의에 이르지 못하거나 이 사례처럼 합의점을 찾기는 했으나 합의 사실에 대한 증거를 확보하지 못하고 합의가 이행되지 않는다면, 협상은 그야말로 시간낭비일 뿐이기 때문이다.

몇 해 전, 실제로 벤처업계의 유명 개발자가 코스닥 상장 온라인 게임 개발 기업으로부터 100억 원 투자를 약속받은 후 계약 체결 당일 아침에 이메일을 통해 일방적으로 투자 취소 통보를 받은 사례가 발생하여 언론에 크게 보도된 적이 있다.[42] 4개월에 걸쳐 구체적인 투자 내용과 조건들이 논의되고 투자를 약속받았지만 정작 계약 체결은 이루어지지 않은 상태에서 투자자가 갑작스럽게 투자 제안을 철회했던 것이다. 투자가 진행되리라 믿고서 다니던 직장까지 그만두고 사업 준비와 기획에 몰두하던 유명 개발자는 커다란 피해를 입었다.

이러한 리스크는 이 글을 읽는 독자분들에게도 언제든지 찾아올 수 있다. 따라서 본격적으로 협상에 돌입하기 전, 이번 협상을 통해 도출할 결과물은 무엇인지, 협상의 결과물인 합의를 어느 타이밍에 어떤 형태로 이끌어낼 것인지, 합의 사실을 어떻게 입증할 것인지를 미리 고민하고 준비해야 한다. 합의를 이끌 수 없는 협상이라면 애초에 시작하지 않는 것이 낫다.

중간합의서를 잘 활용하면
협상의 고수

●

협상이 생각보다 길어지거나, 세부적으로 확인할 사안은 남아 있지만 주요 사안에 대해 합의가 이루어졌을 때, 협상의 고수들은 중간합의서를 작성하여 지금껏 진행시킨 협상 자체가 결렬될 리스크를 최소화한다.

앞서 언급한 김 대표와 박 이사의 사례에서, 김 대표가 박 이사로부터 "45일 이내에 3억 원, 그리고 연말까지 추가로 7억 원을 투자하겠다"는 합의를 이끌어낸 시점에 일단 중간합의서를 작성해두었다면 어땠을까? 그랬다면 박 이사가 일방적으로 계약 의사를 철회하여 낭패를 보는 일을 막을 수 있었을 것이다.

계약서를 체결할 때 한 번에 모든 내용을 담은 종국적인 합의서를 만들어야 한다는 고정관념에서 탈피할 필요가 있다. 계약서는 서로 합의한 내용을 작성하면 그것으로 효력이 있다. 설령 일부 내용이 추가적으로 논의되어야 하더라도 미래의 불확실한 시점까지 리스크를 부담한 채 팔짱을 끼고 기다리기보다는, 일단 중간합의서를 체결한 다음 추가적인 내용을 보완해서 추후 최종적인 합의서를 체결하는 것이 계약 파기의 리스크를 낮출 수 있는 방법이다.

이와는 달리 주요 사안에 대한 합의가 이루어져 상대방이 계약 체결을 종용하고 있으나, 일부 사실관계나 선행 조건 이행 여부를 확인할 때 추가적인 시간이 필요한 경우도 있다. 이 경우 일단 조건부합의서를 체결한 다음, 선행 조건이 모두 이행된 것이 확인되면 최종합의서를 체결하는 것도 현명한 대처 방법이다.

실제로 2018년 5월 한국GM과 산업은행이 한국GM 경영 정상화를 위한 최종합의안에 사인하기 전, 산업은행은 4월 27일에 '조건부 금융제공확약서 LOC'를 우선 발급했다. 당시 산업은행은 상황이 더 악화되는 것을 막기 위해 금융제공확약서 발급을 미룰 수 없다고 판단했으나, 5월 초에 마무리되는 한국GM에 대한 재무 실사 결과를 최종적으로 확인할 필요가 있었다. 이에 산업은행은 '재무 실사 결과에 문제가 없다는 사실을 조건부로 한 금융제공확약서'를 발급함으로써, 추후 재무 실사 결과에 문제가 확인되면 투자 의사를 철회할 수 있는 여지를 남겨두었다. 이후 재무 실사 결과에 문제가 없어 한국GM이 약속한 선행 조건이 모두 이행된 것을 확인한 산업은행은 5월 11일 '법적 구속력이 있는 최종 금융제공확약서LOC'를 발급해주었다.

협상 고수들은
반드시 증거를 확보한다

●

▎구두 합의는 효력이 인정될까?

앞서 언급한 김 대표와 박 이사의 사례에서 협상 시 상호 간 구두로 합의한 사항도 합의로서 법적 효력이 인정될 수 있을까? 결론부터 말하면 구두 합의도 이를 입증할 수만 있다면 얼마든지 합의로서 효력이 인정된다. 문제는 대부분 구두 합의가 존재했다는 사실을 입증하기가 힘들어서 기껏 협상하여 합의점을 도출하고도 무용지물이 되는 경우가 많다는 점이다. 협상 고수들은 이러한 상황에 대비하여 그때그때 구체적인 증거 자료들을 확보해두고 상대가 교묘히 빠져나가는 것을 미연에 방지한다.

| 반드시 합의서를 작성하라

수차례의 협상 결과로 합의에 이르렀다면 어떤 형태로든 이를 입증할 수 있는 증거를 남겨야 한다. 이를 위해 가장 확실한 방법은 합의서 작성이다.

계약서나 합의서는 굳이 전문가가 작성하거나 공증을 받지 않더라도, 서로 합의한 내용을 누구나 알아볼 수 있게 명확하게 적고 양 당사자가 서명 날인을 하면 그 자체로 효력이 발생한다. 합의서 체결 사실을 상대가 부정하는 꼼수를 막으려면, 공증을 받거나 인감도장으로 서명 날인을 하고 그 인감증명서를 확보해두길 권하지만, 이 과정이 없다고 해서 합의서의 효력이 부정되는 것은 아니다.

| 위약금 조항으로 심리적 압박을 가하라

합의서나 계약서를 체결했는데도 이를 이행하지 않거나 일방적으로 파기하는 사례들도 있다. 이를 방지하기 위해 합의서에 위약금 조항을 명시하길 권한다. 위약금 조항은 아주 간단한 방법으로 상대방에게 심리적 부담을 줄 뿐만 아니라 합의 내용의 이행을 강제할 수 있다.

위약금 조항 예시 계약 당사자 중 일방이 위 합의 내용을 이행하지 않을 경우, 상대방에게 위약금 명목으로 금 1억 원을 지급하여야 한다.

위약금 조항 예시 쌍방이 본 프로젝트 과정에서 서로 교환한 정보는 비밀로서 보호되어야 한다. 만약 계약 당사자 중 일방이 이를 제3자에게 유출한 경우, 유출 당사자는 상대방에게 금 5,000만 원을 배상해야 한다.

▌동의받지 않은 녹음 파일도 증거 자료로 인정될까?

상대방과의 대화를 녹음한 파일은 증거 자료로서 효력이 있을까? 녹음 파일도 증거 자료로서 인정된다. 실제로 법률 분쟁이 생겼을 경우 상대방과의 대화 내용을 녹음한 후 이를 녹취록 형태로 법원에 제출하는 경우가 상당히 많다.

그렇다면 만약 대화를 녹음은 했는데 사전에 이에 대해 상대방의 동의를 받지 않은 경우에도 증거로서 효력이 인정될까? 본인이 직접 대화 당사자로 참여한 대화를 녹음했다면 상대방의 동의를 받지 않아도 증거로서 효력이 인정된다. 따라서 앞선 사례에서 김 대표가 박 이사와 수차례 컨퍼런스 콜을 한 내용을 녹음해두었다면, 이를 녹취록 형태로 법원에 제출하여 구체적인 합의가 존재했음을 주장할 수 있다.

단, 자신이 대화 참여자로 포함되지 않은 타인 간의 비공개 대화를 몰래 녹음하는 것은 통신비밀보호법 위반으로 처벌받을 수 있다.

▍협상 당일 반드시 이메일을 남겨라

협상 후에는 협상 시 논의된 내용을 정리하여 협상 당일 이메일을 발송하라. 일시, 장소, 참여자를 명시하고, 이번 협상에서 합의된 내용과 추후 협상에서 논의될 내용을 간단하게 작성해서 공유한다. 그런 다음 상대방이 이메일 내용에 동의하는지 그 여부를 회신하도록 요청하는 것이 필요하다.

이메일을 보내 얻을 수 있는 효과는 생각보다 강력하다. 기본적으로 협상에서 논의된 내용에 대한 서로의 이해가 동일한지 확인해볼 수 있으며, 발송된 이메일은 그 자체로 증거 자료로서 활용할 수 있다. 또 이메일을 통해 상대방에게 이행을 촉구하여 심리적 압박을 주는 효과도 있다.

협상을 한 후 합의점을 찾았음에도 여건상 계약을 체결하지 않아 합의 내용에 증거를 남기기 힘든 경우가 많다. 이럴 때는 서로

주고받은 이메일을 확인해서 당사자 간 합의 의사가 있었는지, 합의된 내용은 무엇인지를 확인할 수 있다. 만약 이메일을 발송하기도 힘들다면, 문자나 카카오톡으로라도 협상 시 논의된 내용을 구체적으로 공유하고, 해당 내용에 동의하는지 상대방에게 확인을 받아두는 것이 좋다.

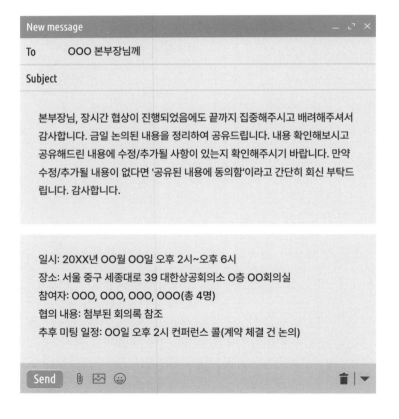

합의 전 확인해야 할
체크 리스트 열 가지

●

협상이 진행되고 최종 합의를 하는 행위는 가장 결정적인 장면 중 하나다. 향후 돌이킬 수 없는 결과를 야기할 수 있는 순간이기도 하다. 그만큼 합의 시 신중해야 하고 잘 따져봐야 한다. 상대방과 합의하기 전, 당신이 확인해야 할 열 가지 체크 리스트는 아래와 같다.

① **합의 여부** 합의를 하는 것이 나은가? 합의를 하지 않는 것이 나은가?

② **당사자** 누구와 합의를 할 것이며 당사자가 합의할 권한이 있는 자인가?

③ **시기** 언제 합의를 하는 것이 가장 효과적인가?

④ **절차** 합의를 위해 이사회나 주주총회 또는 주주 동의 등 필요한

사전·사후 절차가 있는가?

⑤ **형태** 양해각서, 중간합의서, 최종계약서 등 현 상황에서 적합한 형태가 무엇인가?

⑥ **조건** 합의서 등에 명시될 세부 조건은 무엇인가?

⑦ **구속력** 합의서에 법적 구속력을 부여할 것인가?

⑧ **위반 시 대처** 합의 내용의 이행 시기는 언제까지이며, 불이행 시 제재는 무엇인가? 위약금이나 위약벌 조항이 필요한가?

⑨ **변경·철회** 도출된 합의 내용을 변경하거나 철회할 수 있는가?

⑩ **합의 결과 공유** 합의 내용을 알리면 도움이 될까? 알린다면 누구에게 어떤 방식으로 알려야 효과적일까(주주, 투자자, 채권자, 임직원, 이해당사자 또는 미디어 등)?

교묘히 합의를 피하는
상대방의 다섯 가지 행동 패턴

●

협상을 진행하면서 합의와 관련된 언급이 있을 때 상대방이 명확한 입장을 밝히지 않고 교묘하게 합의를 피하는 태도를 보인다면 상대방이 이번 협상을 통해 나와 합의를 할 의사가 있는지 다시한 번 검토해봐야 한다. 상대방이 합의할 의사는 전혀 없이 우리측 정보를 얻어내기 위해 협상을 진행할 수도 있다. 또 합의할 당사자가 따로 있는데 나를 단지 배트나로 활용하기 위해 협상하고 있을 수도 있다. 만약 그렇다면 본인은 시간과 비용을 들여가며 철저히 이용만 당하는 셈이다. 일반적으로 합의를 피하는 상대방의 행동 패턴은 다음과 같다.

첫째, 차일피일 합의 일자를 미룬다

"상황이 급변하고 있고 변수들이 많아서 종합적으로 다시 한 번 더 고려해봐야 할 것 같습니다."

둘째, 본인은 합의 여부를 결정할 권한이 없다고 이야기한다

"죄송하지만 이 부분은 대표이사님의 의사를 여쭤본 후에 말씀드
릴 수 있을 것 같습니다."

**셋째, 합의에 대한 확답은 없이 합의를 전제로 유리한 조건을 이끌어
낸다**

"합의를 해드린다면 제가 제안한 조건을 수용하실 수 있는지부터
먼저 알려주시면 확답을 드리겠습니다."

넷째, '우리 사이'를 강조한다

"에이, 우리 사이에 무슨 합의서예요. 그냥 믿고 하는 거지. 혹시 저
를 못 믿으셔서 그러시는 건 아니죠?"

다섯째, 효력 없는 합의서를 제안한다

"이번에는 일단 구속력 없는 양해각서MOU를 먼저 체결하는 것으
로 하시지요."

최후의 카드는
협상 테이블에서 먼저 일어나는 것

●

협상 결과물이 본인에게 불리하거나, 상황적으로 합의를 하는 것 자체가 본인에게 그다지 도움이 되지 않는다고 판단된다면 우리는 어떻게 대응해야 할까? 이 경우에는 합의를 정중히 거부하거나 합의 시점을 다음으로 미루는 것이 필요하다. 분위기에 이끌려 만족스럽지 못한 협상안에 동의를 했다가는 나중에 낭패를 보기 때문이다. 이를 위해 기본적으로 다음의 세 가지를 유념하기 바란다.

첫째, '반드시 합의를 도출해야 한다'는 강박관념에서 벗어날 것

협상은 서로가 만족하는 합의점을 찾기 위한 의사소통 과정이다. 그런데 당사자 일방이 만족하지 않는 협상안이 도출된다면 합의를 하지 않는 것이 맞다. 협상에 임할 때 '어떠한 형태라도 반드시 합의를 도출해야 한다'는 강박관념에서 벗어나야 한다.

둘째, 매몰비용의 오류에 빠지지 말 것

합의를 할지 말지 망설이고 있는 당신에게 노련한 상대방은 이 때까지 협상에 들인 비용과 시간을 강조한다. 그리고 이를 통해 당신에게 미안한 마음이 들게 만든다. 하지만 '매몰비용의 오류'에 빠져서는 안 된다. 협상에 들인 비용이 아까워 합의를 했다가는 이후에 감당하기 힘든 손해를 야기하게 된다.

셋째, 최후의 카드는 협상 테이블에서 먼저 일어나는 것

아무리 불리한 협상 테이블이라도 당신은 치명적인 협상 카드를 가지고 있다. 최후의 카드는 협상 테이블에서 먼저 일어나는 것이다. 상대가 현저히 불리한 협상안을 제시하거나, 지속적으로 밀리고 있을 때, 상대에게 정중히 이야기를 건네고 협상 테이블에서 먼저 일어나는 용기가 필요하다. 기억해두기 바란다. 당신은 언제든지 협상 테이블에서 일어날 수 있는 사람이다.

❖

　　　　協商의 고수는 協商 시작 전부터 언제 어떻게 마침표를 찍을지 고민한다. 실컷 협상을 하고도 합의에 이르지 못하거나 합의에 이르고도 이행되지 않는다면, 협상은 그야말로 시간낭비일 뿐이기 때문이다.

　　　　협상 결과 서로 만족하는 합의가 도출되었다면 합의서 등의 형태로 증거를 남기고 법적 구속력을 부여할 수 있는 장치를 마련해야 한다. 다만 협상이 자신에게 불리할 때에는 협상 테이블에서 내가 먼저 일어나는 마지막 카드가 있다는 사실을 잊지 말아야 한다.

시작 전 10분,
종료 전 10분에는 긴장해야 한다

▍협상 시작 전 10분을 활용하라

협상 시작 10분 전, 당신은 어떤 감정을 느끼는가? 조금 긴장되기도 하고 예상하지 못한 쟁점이 부각될까 불안하기도 할 것이다. 이때 상대방이 웃으면서, 이렇게 이야기하면 기분이 어떨까?

"부장님, 카카오톡 프로필을 보니 따님과 찍은 사진이 너무 보기 좋던데, 부장님 딸바보시죠? 부장님 매사에 이렇게 열심히 하시는 것도 다 딸 때문인 것 같아요."

아마 긴장감이 상당히 풀리는 동시에 상대방에게 친밀감과 호감을 느끼게 될 것이다. 이처럼 협상 고수들은 협상 시작 전 10분, 자연스럽게 스몰 토크를 활용한다. 협상이 본격적으로 시작되기 전, 협상 테이블에 먼저 도착해 커피를 한 잔 마시면서 긴장을 풀고, 상대와 짧은 대화를 나누며 정서적인 교감을 나누는 것이 협상 결과에도 긍정적인 영향을 미치기 때문이다. 중요한 협상이라면 협상 시작 10분 전을 유용하게 활용하라!

▌ 협상 마지막 10분을 조심하라

반대로 협상 타결 직전, 마지막 10분은 느슨해지기 쉬운 시간이다. 체력적으로도 힘들고 집중력도 저하되며, 큰 맥락에서 합의점을 찾았기 때문에 마음을 놓기 쉽다. 노련한 협상가는 이 순간을 놓치지 않는다.

물품공급계약 체결 시, 거래 수량과 공급 단가에 대해 치열하게 다툰 뒤 사인하기 직전에, 이렇게 구매 담당자가 이야기한다.

"아, 참. 깜빡하고 말씀을 못 드렸는데 배송비는 당연히 공급자 부담으로 해주시는 거죠? 이 부분도 계약서에 명시해주시기 바랍니다."

공급자 입장에서는 공급계약 체결을 눈앞에 둔 상황에서 분위기상 거절하기가 쉽지 않다. 뭔가 모르게 찜찜한 기분이 들지만 공급자는 얼떨결에 구매 담당자의 제안을 받아들인다.

바로 이 순간, 협상 고수들이 즐겨 사용하는 니블링 전략

Nibbling Tactics에 말려든 것이다. 야금야금 갉아먹는다는 뜻의 '니블Nibble'이라는 단어에서 착안해 명명된 이 협상 전략은 상대방이 협상에 들인 매몰비용이 아까워서 거절하기 쉽지 않은 수준의 요구 사항들을 협상 타결 직전에 요구하여 관철시키는 전략이다.

상대의 교묘한 니블링 전략에 어떻게 대응해야 할까? 이 경우 우리는 협상 과정에서 관철되지 않은 우리 측 요구 사항을 제시하며, 상대가 이를 수용하는 것을 전제로 상대방의 요구를 받아들일 의사가 있다고 맞받아치는 역니블링 전략Counter-Nibbling Tactics으로 대응할 수 있다.

"마침 저희 측에서도 말씀드리지 못한 부분이 있었는데, 저희 요구 사항을 받아주신다면 귀사의 제안을 받아들일 용의가 있습니다."

만일 상대가 마지막 순간까지 니블링 전략을 활용하지 않는다면, 내가 먼저 니블링을 활용하는 것도 좋은 전략이다. 다만 니블링 조건이 딜 브레이커가 될 정도로 부담스러운 제안을 하는 것은 오히려 막판에 협상을 망칠 수 있기에, 상황에 맞게 적절한 수준으로 활용하기를 권한다.

궁극의 협상전략,
신뢰자본

협상을 성공으로 이끄는 가장 결정적인 요인

●

김 상무가 송 대표이사에게 보고하러 들어간다.

권 상무가 송 대표이사에게 보고하러 들어간다.

직장생활을 할 때 유사한 내용의 보고서를 준비하더라도 누가 보고를 하느냐에 따라 상사의 반응이 전혀 달라지는 경우를 경험해봤을 것이다. 송 대표는 김 상무가 자신의 사무실로 들어서는 순간 이미 기분이 언짢아진다. 반면 권 상무가 들어서는 순간 옅은 미소가 번진다. 권 상무에게 두터운 신뢰가 있는 송 대표는 권 상무가 하는 이야기는 듣지도 않고 고개를 끄덕이며 사인부터 한다. 반면 김 상무가 보고하는 동안에 인상을 찌푸리며 듣다가, 꼬치꼬치 캐묻기 시작한다.

이러한 현상을 메신저 효과Messenger Effect라고 한다. 전달하는 메시지의 내용이 무엇인지보다 메시지를 전달하는 메신저에 대한 신뢰와 호감이 상대방을 설득하는 데 더 결정적인 영향을 미친다는 것이다.

협상에서도 메시지보다 메신저에 대한 신뢰가 절대적으로 중요하다. 즉, 아무리 완벽한 협상 전략을 짜고 협상 스킬을 구비해도 상대가 당신을 전혀 신뢰하지 않으면 협상은 결렬된다. 반대로 협상에 대한 대비가 부족하더라도 상대가 오랜 기간 당신에게 호감을 가져왔고 깊이 신뢰한다면 협상을 하지 않고도 거래가 성사될 수 있다.

성공적인 협상을 이끄는 결정적인 요인으로 많은 사람들이 전문 지식이나 계약 내용 등을 떠올린다. 하지만 와튼 스쿨의 스튜어트 다이아몬드 교수는 협상에서 성공적인 합의를 이끈 결정적인 계기가 전문 지식이나 계약 내용과 관련되는 경우는 불과 8%밖에 안 되는 반면, 협상 절차가 가지는 중요도는 37%에 달한다고 설명한다. 그리고 사람에 대한 신뢰, 호감, 감정 등이 성공적인 합의를 이끄는 데 무려 55%의 기여를 한다고 밝혔다.[43] 결국 협상을 성공으로 이끄는 데 가장 결정적인 영향을 미치는 것은 사람에 대한 신뢰와 호감 같은 인간적인 요인이라 할 수 있다.

몇 가지 실수들을 겪은 후에, 저는 제가 좋아하고, 신뢰하며,

존경하는 사람들과만 사업을 하기로 하였습니다. 물론 이것이 성공을 보장하지는 않습니다. (중략) 하지만 우리는 나쁜 사람과 좋은 거래를 성사시키는 데 결코 성공한 적이 없습니다.[44]

신뢰는 보이지 않는 자본이다

●

대개 기업들은 새로운 업체와 거래를 시작하기 부담스러워한다. 새로운 업체와 거래하려면 기업 내부적으로 거쳐야 하는 결재 과정이 복잡해서 기업 담당자가 이를 기피한다. 그것도 있지만, 아직까지 신뢰가 형성되지 않는 상대와 거래하고 협상하는 일 자체가 굉장히 피곤하고 신경 쓰이기 때문이다.

그만큼 신뢰가 형성되지 않은 상대와의 협상은 많은 에너지가 소모되고 시간도 많이 걸린다. 상대가 제시한 정보가 맞는지, 상대가 지속적인 거래가 가능한 업체인지, 상대가 우리 측의 요구사항들을 안정적으로 처리할 수 있는지 등을 믿을 수 없기 때문에 매순간 의심의 눈초리로 검증하고 되묻고 확인하는 과정이 계속된다. 이 과정이 진행되는 동안 기업 담당자들은 상당한 긴장감과 피로를 느끼고 거래 만족도는 떨어질 수밖에 없다.

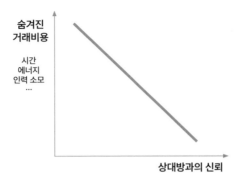

반면 오랜 시간 동안 신뢰를 쌓아온 상대방과 협상을 하면 마음이 한결 편하다. 협상에 쏟는 불필요한 에너지 소모가 현저히 줄고 시간도 적게 걸리기 때문이다. 서로 잘 알고 신뢰를 기반으로 거래한다는 사실에 공감대를 형성하면 협상은 그리 어렵지 않게 진행된다. 이는 협상 결과와 만족도에 직결된다.

따라서 협상에서 신뢰는 그 자체로 중요한 자본이다. 협상 전 신뢰자본을 확보하면 거래 효율이 높아지고, 만족도도 보장되기 때문이다. 그래서 우리는 자연스럽게 신뢰할 수 있는 상대방을 찾게 되고, 스스로 신뢰자본을 갖추기 위해 노력한다.

협상 전, 나와 상대방의
신뢰도를 파악하라[45]

●

말단 영업사원으로 시작해 골드만삭스 사장 자리까지 오른 도키 다이스케는 『왜 나는 영업부터 배웠는가』에서 상대방을 설득시키려면 가장 먼저 상대방에게 신뢰를 얻어야 한다고 강조한다. 그는 상대방과 자신의 신뢰관계를 파악할 수 있는 그래프를 만들어 영업에 나가는 세일즈맨들에게 고객과의 신뢰도가 몇 단계에 있는지 확인해볼 것을 주문한다.

5단계로 구성된 이 그래프를 보면, 본인과 상대의 신뢰도가 적어도 4단계 이상이어야 의미 있는 비즈니스가 성사될 수 있다. 또한 충분한 신뢰가 쌓이지 않은 1~3단계에서 먼저 가격부터 제시한다거나 성급하게 비즈니스를 추진하는 것은 오히려 독이 되기 때문에 조금 더 시간적 여유를 갖고 신뢰를 쌓기 위해 노력을 기울여야 한다.

5단계 신뢰관계도[46]

신뢰 단계	대화 분위기	고객 반응
1단계	차갑다	약속을 잡기 위해 전화를 걸어도 "무슨 일인데요?", "바쁩니다"라며 쌀쌀맞게 경계한다.
2단계	형식적이다	고객을 만나긴 해도 비즈니스에 관한 이야기를 꺼내면 "고마워요. 검토해보겠습니다"처럼 형식적인 대답만 할 뿐, 생산적인 반응이 없다.
3단계	조금 따뜻하다	전화를 걸어서 "시간 좀 내주십시오"라고 부탁하면 용건을 몰라도 만나준다.
4단계	협력적이다	비즈니스를 성사시키려면 어떻게 해야 하는지 조언과 격려를 해준다.
5단계	친밀하다	언제들지 "계약을 맺어주십시오"라고 부탁할 수 있고, 설령 지금은 하지 않더라도 "다음엔 반드시 하겠습니다"라고 대답한다.

생각해보면 우리가 바쁜 일상에서도 사업 파트너를 만나 저녁을 먹고, 주말에 골프를 치기도 하고, 명절 전후로 선물을 보내고, 경조사를 빠짐없이 챙긴다. 이런 일련의 행위들은 결국 신뢰관계도 측면에서 1~3단계에 머무르는 신뢰도를 4~5단계로 끌어올리기 위한 노력이라 볼 수 있다.

독자도 자신의 동료나 사업 파트너, 지인들과의 관계가 신뢰도 몇 단계에서 주로 분포되어 있는지 생각해보기 바란다. 1~2단계

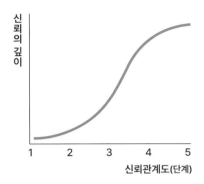

에 주로 분포되거나 2~3단계에 많이 분포된 유형, 3~4단계에 주로 분포된 유형, 4~5단계에도 적지 않게 분포된 유형 등 여러 경우가 나올 수 있다.

한 가지 생각해볼 점은 신뢰는 결코 한 번에 쌓이지 않는다는 것이다. 신뢰를 쌓는 과정은 마치 마일리지를 적립하는 것과 같다. 일상에서 꾸준하고 일관된 태도로 상대를 대할 때 조금씩 신뢰가 쌓인다. 하지만 신뢰를 잃은 것은 한순간이다. 한 번 잃은 신뢰를 회복하는 것은 극도로 어렵다.

▌ 신뢰자본을 확보하기 위한 'ABCD 신뢰 모델'

켄 블랜차드의 저서 『신뢰가 답이다』에서는 지속 가능한 신뢰

ABLE 핵심 역량을 보여줄 것	▪ 탁월한 성과를 거둔다. ▪ 자신이 하는 일을 잘하고 최선의 노력을 다한다. ▪ 능숙하고 역량이 발전하고 있으며 문제해결 능력이 있다.
BELIEVABLE 솔직하고 진심으로 대할 것	▪ 정직하고, 진정성이 있다. ▪ 섣불리 판단하지 않고 남의 뒷이야기를 하지 않는다. ▪ 다른 사람을 존중하고 신용을 지킨다.
CONNECTED 상대를 존중하고 배려할 것	▪ 다른 사람의 이야기를 귀담아 듣고 공감한다. ▪ 다른 사람에게 관심을 가지고 때로는 조언을 부탁한다. ▪ 다른 사람의 노력을 칭찬하고 조화를 이루며 일을 한다.
DEPENDABLE 일관되게 행동할 것	▪ 말한 대로 실천한다. ▪ 시간을 잘 지키고 자신의 행동에 책임을 진다. ▪ 지속적으로 일관되며 마무리를 잘 맺는다.

자본을 쌓기 위한 네 가지 요소를 'ABCD 신뢰 모델Trust Model'로
제시하고 있다. 이 네 가지를 상대에게 꾸준히 보여줄 수 있다면,
본인이 큰 실수를 하지 않는 이상 신뢰자본을 얻을 수 있을 것이
다. 독자 여러분도 참고해보기 바란다.[47]

똑똑하지만
신뢰할 수 없는 사람의 특징

●

지난 십수 년 동안 변호사로 일하고 벤처캐피탈을 운영하며 적지 않은 사람들을 만나보았다. 그중에는 신뢰할 수 있는 사람도 있었지만 그렇지 못한 사람들도 있었다. 겉으로 보기에는 똑똑하지만 신뢰할 수 없는 사람들의 몇 가지 공통된 특징을 꼽자면 다음과 같다.

1. 일을 맡기면서도 계속 의심하고 간섭한다

일단 함께 일을 하면 믿음을 줘야 한다. 일을 맡기면서도 상대를 믿지 못하고 끊임없이 의심하고 간섭하면, 상대도 이를 알고 일하기 싫어진다. 그러면 일도 제대로 진행되지 않을 뿐만 아니라 서로의 감정이 상하게 되고, 결국 신뢰도 무너진다.

2. 예측이 안 된다

꾸준히 신뢰할 수 있는 사람들은 예측가능하게 움직인다. 만일 상대가 예상하지 못할 상황이 발생한다 싶으면, 먼저 상대에게 그 상황을 자세히 설명하고 당황하지 않게 배려한다. 하지만 신뢰할 수 없는 사람들은 그렇지 않다. 그들은 예측이 안 된다. 자기 시간을 중심으로 사고하고, 상대에게 그 일정에 맞춰 이행할 것을 일방적으로 강요한다. 상대는 매번 노심초사하게 되고 불안하다. 마치 시간으로 갑질을 당하고 있다는 생각이 든다.

3. 작은 약속을 어긴다

작은 약속을 어기는 것은 불신을 초래하는 가장 확실한 방법이다. 시간 약속을 매번 어기거나, 이메일 회신을 해주기로 하고 회신이 없는 등 일상의 사소한 약속을 반복해서 어긴다. 또 쓸데없는 '말빚'을 져서 상대에게 기대하게 만들고 이를 지키지 않아 상대방을 실망시킨다. 그렇게 신뢰관계가 무너진다. 큰 약속을 어기면 이유라도 알 수 있지만, 작은 약속을 어기면 이유도 없이 상대는 떠난다.

4. 결과에 따라 관계를 끊을 수 있음을 암시한다

"결과가 안 좋으면 여기서 끝나는 거지 뭐"와 같은 말을 입버

롯처럼 내뱉는 사람들이 있다. 지속적인 신뢰에 기반한 관계라기보다는, 결과에 기반한 가벼운 파트너십 정도로 상대를 생각한다. 하지만 모든 일의 결과가 좋을 수는 없다. 최고의 타자들이 즐비한 미국 메이저 리그에서도 타자들의 연 평균 타율은 2할 5푼이 채 안 된다. 일이 잘될 때도 있지만, 결과가 나쁠 수도 있다. 그럼에도 결과에 따라 관계가 끊길 수 있다고 말하는 파트너십은 언젠가 깨질 수밖에 없는 관계일 뿐이다.

5. 자기중심적이고 상대의 감정을 고려하지 않는다

앞서 살펴본 신뢰할 수 없는 사람들의 예외 없는 공통점은 지나치게 자기중심적이라는 데 있다. 매사가 본인 위주다 보니 상대의 감정을 전혀 고려하지 않는다. 상대방은 그 사람과 함께 있는 시간이 불편하고 오래 있으면 반드시 감정적 상처를 입게 된다. 그런 사람을 가까이 두는 것은 해롭다.

❖

　　　궁극의 협상 전략은 협상을 하지 않고도 원하는 것을 얻는 것이다. 이것을 가능하게 만드는 것이 바로 신뢰 자본이다. 협상 전, 상대방과의 신뢰도를 확인해보자. 그리고 상대와 신뢰를 쌓아나가기 위해 어떻게 행동해야 할지, 반대로 신뢰를 잃지 않기 위해서 바로잡아야 할 습관은 없는지 고민해보자. 장기적으로 주위 사람들로부터 신뢰받는 메신저로 자리매김하게 되면 시간과 비용을 현저히 줄이면서도 원하는 결과를 얻는 만족스러운 협상이 펼쳐질 것이다.

성공적인 협상 이후
당신이 해야 할 세 가지

협상을 성공적으로 마무리한 후, 어떤 행동을 취하는 것이 좋을까? 만족스러운 협상을 하고 나서 당신이 해야 할 세 가지를 기억해두기 바란다.

첫째, 협상 당일, 잊지 말고 이메일을 보내라

협상에서 만족스러운 합의점을 도출했다면, 협상 당일 잊지 말고 상대방에게 이메일을 보내도록 하라. 협상이 만족스럽게 진행되었고 그것이 당신 덕분이라는 말을 가장 먼저 전하라. 그러고 나서 이메일에 합의된 내용을 정확히 명시하여 합의안에 대한 이해가 일치하는지를 한 번 더 확인하라.

둘째, 상대방에게 유익한 협상이었음을 강조하라

"사실 저는 1억 2,000만 원이라도 구매할 의향이 있었는데, 마지막에 통 크게 깎아주셔서 1억 원에 살 수 있었네요. 이번 협상 결과에 너무 만족합니다."

당연한 말이지만 협상 후 절대 하지 말아야 할 말이다. 설령 자신이 상대방보다 조금 더 이익을 얻었다고 생각되더라도 이를 상대방에게 표현하는 것은 백해무익하다. 이런 이야기를 들으면, 상대방은 본인이 손해를 봤다고 생각하게 되고 협상을 통한 만족도가 급격히 떨어질 것이다. 협상에서 만족도는 주관적이기 때문이다.

따라서 협상을 통해 서로가 만족하는 합의점을 찾고, 협상 후에는 상대방이 조금 더 유리하고 조금 더 얻었다고 느끼게 만들어라. 그것이 가장 현명한 처신이며, 당신의 다음 협상에도 도움이 될 것이다.

셋째, 협상 성공의 공을 상대방에게 돌려라

"사실 가능할까 싶었는데, 대표님이 확신을 가지고 저희를 이끌어주셔서 합의점에 도달할 수 있었던 것 같습니다. 처음부터 끝까지 세심하게 챙겨주시고 배려해주셔서 감사드립니다."

만족스러운 합의점을 찾았다면, 협상 성공의 공을 상대방에게 돌리도록 하라. 협상 과정에서 상대방이 충분한 기여를 했다는 점을 인정해주면 상대방의 숨은 욕구를 자극하게 되고, 그로 인해 상대방은 '고마움을 아는 사람이구나'라고 생각하게 되어 좋은 인상으로 협상을 마무리 지을 수 있다. 이런 훈훈한 마무리는 다음번 협상에 긍정적인 영향을 줄 것이다. 결국 성공적인 협상은 협상 결과뿐만 아니라 인간관계까지 살뜰히 챙길 때 비로소 가능한 것이다.

원칙 11

NPS를 활용하여
철저히 준비하라

철두철미한 한 대표는
어떻게 협상에 대비하는가

●

서울에서 5개의 와인 바를 운영하고 있는 한 대표는 신중한 성격의 소유자이며 일에 있어 완벽함을 추구하는 사람이다. 이번에 와인 수입 업체 A사와 와인 공급 조건에 대한 협상을 앞두고 있는데, 한 대표 입장에서는 비용을 줄이고 영업 이익을 개선할 수 있는 중요한 협상이다. 협상에 앞서 한 대표는 점검해야 할 사항들을 체크리스트로 만들어 하나씩 확인했다.

우선 한 대표는 이번 협상의 목표가 무엇인지에 대해 고민해보았다. 와인 수입 업체 A사로부터 공급받는 와인 공급가가 다소 높다고 판단되기 때문에, 와인 공급가를 일률적으로 최소 5% 이상 낮추고, 분기별로 3종의 와인에만 적용되는 2+1 프로모션을 5종의 와인으로 확대 적용해달라고 요청할 생각이다. 아울러

결제 주기도 공급일로부터 30일까지 늦춰달라고 요청할 것이다.

원칙 ❶ 목표 설정

다음으로 한 대표는 A사를 설득시키기 위해 A사가 원하는 것은 무엇일지 생각해보았다. A사 담당자인 윤 매니저는 평소 영업 총괄인 최 본부장에게 매출 압박을 심하게 받고 있는 듯 보였다. 또한 A사가 주 1회 정기 배송을 월 2회 정도로 조정하고 싶다는 의사를 밝혔으나, 한 대표가 이를 거절한 경험도 떠올랐다. 원칙 ❷ 욕구 파악

그러고 보니 친한 지인인 박 대표도 A사와 거래를 하고 있었다. 박 대표를 만나 A사와의 거래 조건을 조심스럽게 물어봤다. 한 대표보다 2년 먼저 와인 바 사업을 시작했고 현재 총 8개의 와인 바를 운영하고 있는 박 대표는 한 대표보다 더 좋은 조건으로 와인을 공급받고 있었다. 물론 와인 공급량에서 다소 차이가 나지만, 공급 조건이 이렇게까지 차이가 날지는 몰랐다. 한 대표는 박 대표에게 적용되는 공급 조건을 확보하고 업계 통상 적용되는 수입 업체와의 공급 조건을 조사하여 협상의 기준점으로 삼기로 했다. 원칙 ❸ 기준점 제시

그리고 A사의 최 본부장과도 잘 아는 박 대표에게 다음 주 화요일 정도에 최 본부장에게 전화해서 '친한 지인인 한 대표가 다른 와인 수입 업체들을 몇 군 데 알아보고 있던데 신경 좀 써야 되는 거 아니냐'고 언급해달라고 부탁해두었다. 원칙 ❹ 숨은 이해관계인 활용

만약 공급 조건 변경 요청을 했는데 A사가 이를 받아들이지 않는다면 어떻게 할까? 혹시 양측 모두 만족할 수 있는 묘안은 없을까? 결국 A사의 핵심 욕구는 매출 확보와 비용 절감일 것이다. 만약 한 대표가 분기별 구매 수량을 사전에 보장해주고, 현재의 주 1회 정기 배송에서 월 2회 정기 배송으로 조정해주겠다고 하면 A사 입장에서는 상당히 매력적인 제안일 것이다. 한 대표는 공급가 일괄 5% 할인과 프로모션 확대 적용을 조건부로, 구매 수량 보장과 배송 주기 조정을 약속해줄 생각이 있다. 원칙 ❺ 창조적 대안 개발

그리고 나서 한 대표는 A사와 경쟁관계에 있는 와인 수입 업체 두세 군데에 연락해 차례로 미팅을 잡고 와인 리스트와 공급 조건을 브리핑해달라고 요청했다. A사를 압박하기 위한 카드로 활용하는 동시에 협상 결렬에 대비하기 위해서였다. 원칙 ❻ 배트나 확보

협상은 누가하고, 타이밍과 미팅 장소는 어디가 좋을까? 아무래도 장사가 잘되는 모습을 직접 보여주고 매출 상승에 대한 기대를 주는 것이 좋으니 손님이 많은 서교점에서 매출이 잘 나오는 목요일 저녁 시간대가 좋을 것 같다. 그리고 윤 매니저뿐만 아니라 의사결정권을 가진 영업 총괄 최 본부장도 같이 참석해달라고 사전에 요청해두었다. 원칙 **⑦** 커뮤니케이션 전략

협상 테이블에서 한 대표는 A사와 신뢰를 가지고 거래해왔는데, 다른 와인 바보다 더 높은 공급가를 적용받아왔다는 사실을 알고 실망한 감정을 솔직하게 드러낼 생각이다. 원칙 **⑧** 감정

사전 준비가 끝난 뒤 한 대표는 비로소 윤 매니저에게 연락을 했다. 연락을 받은 윤 매니저는 다음 주 목요일 저녁 최 본부장과 함께 서교점으로 오기로 약속했다. 이번 협상에서 한 대표는 A사와의 합의 사항을 정리하여 공문이나 이메일을 통해 공식적으로 전달받을 생각이다. 원칙 **⑨** 합의

현재 최 본부장 및 윤 매니저와의 신뢰관계도는 3단계 정도의 수준인 것 같다. 원칙 **⑩** 신뢰자본

협상을 앞둔 한 대표의 사전 준비 사항

체크 리스트	한 대표가 협상 전 준비한 사항
목표	공급가: 5% 이상 인하 프로모션: 5종 이상 확대 적용 결제 주기: 공급 후 30일
욕구	매출 증대 / 비용 절감 / 결제 주기 / 장기 거래
기준	박 대표가 현재 공급받는 거래 조건, 업계 통상 와인 바와 수입 업체의 거래 조건
숨은 이해관계인	박 대표, 경쟁 와인 수입 업체
창조적 대안	공급가 인하와 프로모션 확대 적용 수용 조건으로, 구매수량 보장과 배송주기 조율
배트나	다른 수입 와인 업체들 3곳
커뮤니케이션	목요일 저녁 / 서교점 / 윤 매니저와 최 본부장과 함께 대면 미팅
감정	협상 초반 다소 실망한 기색을 보일 것
합의	최종 합의 내용은 공문이나 이메일로 확보
신뢰자본	신뢰관계도: 현재 3단계

협상에 적용되는
80:20의 법칙

●

협상 성공 여부는 협상 테이블에 들어서기 전 어떻게 유리한 판을 짜는지에 달려 있다. 협상 준비 과정에서 협상 성공의 80% 이상은 이미 결정된다. 그리고 나머지 20% 내외가 협상 당일 협상 테이블에서 결정된다. 흥정 수준이 아닌 협상에서 아무런 준비 없이 몇 가지 협상 스킬과 순간의 기지로 바꿀 수 있는 것은 극히 제한적이다. 따라서 우리는 협상에 임하기 전에 최선의 결과를 얻을 수 있도록 자신에게 유리한 판을 짜기 위해 면밀히 준비해야 한다.

문제는 협상을 앞두고 과연 무엇을 어떻게 준비해야 할지 막막하다는 점이다. 우리는 앞서 살펴본 한 대표의 협상 준비 과정을 보며 그 실마리를 얻을 수 있다.

철두철미한 한 대표는 중요한 협상을 앞두고 먼저 쟁점별로 목표의 우선순위를 정하고 수치화된 목표를 설정했다. 그리고 상대의 욕구를 파악한 뒤, 협상에 영향을 미칠 수 있는 숨은 이해관계인 박 대표를 만나 정보를 파악하고, 박 대표에게 적용되는 조건과 업계에서 통산 와인 수입 업체와 거래되는 조건을 기준점으로 삼아 협상에 임하기로 마음먹었다.

다음으로 협상 결렬 대안인 배트나를 마련하기 위해 다른 와인 수입사와 미팅을 갖고 이러한 사실을 박 대표를 통해 A사에 알려 심리적인 압박을 주는 전략을 취하고 있다. 이와 함께 한 대표는 조건부 협상을 통해 창조적 대안을 마련하고 있는데, 와인 수입사가 공급가 5% 일괄 인하 및 프로모션 확대를 받아들이는 것을 조건부로 최소 구매 수량 보장과 배송 주기 조정을 보장해줄 생각이다.

또한 협상을 위한 가장 유리한 타이밍과 장소를 고민하여 정한다음, 비로소 협상 상대방인 A사에 연락해 협상 의사를 전달하고의사결정권자인 최 본부장도 함께 참여해달라고 요청했다. 그리고 협상이 시작되면 그동안 신뢰를 기반으로 거래해왔는데 차별대우를 받은 것 같아 실망했다는 감정을 솔직하게 전달할 생각이다. 이렇게 하여 합의된 내용은 공문이나 이메일을 통해 공식적으로 전달해달라고 A사에 요청할 것이다.

한 대표와 A사의 협상 테이블에서도 초반 팽팽한 기 싸움이 전개될 것이다. 하지만 한 대표는 불안해하지 않을 것이며 쉽게 밀리지 않을 것이다. 명확한 목표와 목표 달성을 위한 구체적인 방법들로 이미 자신에게 유리한 판을 짜두었기 때문이다. 돌발 변수는 늘 있기 마련이지만, 이렇게 협상을 준비한다면 불안이 아닌 확신을 가지고 협상에 임할 수 있을 것이다.

체계적인 협상 준비,
NPS를 활용하라

●

| NPS를 활용하여 협상을 준비하라

준비에 실패하는 자는 실패를 준비하고 있는 것이다. 제대로 협상을 준비하지 못한다면 협상 테이블에서 밀리게 되고 결국 실패한 협상으로 귀결될 것이다.

실전 협상을 앞두고 체계적으로 협상을 준비하고 협상 상황을 다각적으로 분석할 수 있도록 돕는 협상 준비 툴인 NPSNegotiation Preparation Sheet를 활용해보자. NPS는 협상 테이블에 들어가기 전에 반드시 확인해야 할 체크 리스트를 간단한 표로 만든 것으로, 누구든 어렵지 않게 협상을 준비할 수 있도록 도와준다.

NPS에는 지금까지 언급해온 열 가지 협상의 핵심 개념들이 모

두 담겨 있다. 우선 협상 시작 전에 이번 협상을 통해 얻고자 하는 목표가 무엇인지 정하고 이를 수치화한다. 그리고 상대방의 요구 사항과 그 이면에 자리 잡고 있는 주된 욕구가 무엇인지를 파악한다. 목표 달성을 위해 설득력 있게 제시할 수 있는 기준점 마련이 가능한지 확인해보고, 양측 모두를 만족시킬 수 있는 창조적 대안이 있는지 고민해본다. 그럼에도 상대방이 생각대로 움직이지 않는다면 혹시 협상 진행을 방해하고 있거나 반대로 협상 진행에 도움이 될 수 있는 숨은 이해관계인이 있는지 확인해본다. 이후 협상 결렬 시 취할 수 있는 최선의 대안인 배트나를 확보하고 이를 통해 상대를 압박한다.

이렇게 준비한 협상 카드들을 언제 누구를 메신저로 활용하여 전달하는 것이 가장 적절한지 커뮤니케이션 전략을 고민하고, 나와 상대방의 감정 상태를 파악하고 협상 테이블에서 어떤 감정을 드러내는 것이 도움이 될지 생각해본다. 마지막으로 협상 결과를 정리하여 계약서나 공문 또는 이메일 형태로 남기는 절차를 준비한다. 이 모든 협상 과정은 신뢰를 기반으로 진행되어야 하므로, 협상 직전 상대와 본인의 신뢰관계도는 몇 단계에 있는지 확인해보도록 한다.

NPS를 활용하여 이렇게 하나씩 체크 리스트들을 확인해나가면 협상 상황을 다각적으로 이해하여 상황에 맞는 협상 전략을 세울 수 있다. 또한 협상 준비 과정에서 빠뜨리는 부분이 발생하는 것을 사전에 막아 실수를 줄일 수 있다. 특히 팀을 이루어 협상을 준비할 때 내부적으로 공유할 만한 가이드라인이 없다면 서로의 의견이 중구난방으로 발의되고 맥락을 찾지 못해 협상 준비에 어려움을 겪는 경우가 많다. 이때 NPS를 가이드라인으로 삼아 열 가지 체크 리스트를 차례대로 짚어본 다음, 팀 내부적으로 역할 분담을 정한다면, 훨씬 효과적으로 협상을 준비할 수 있을 것이다.

NPS 다운로드

협상 테이블에 들어가기 전 반드시 확인해야 할 체크 리스트(NPS)

CHECK LIST

체크 리스트	본인	상대방
① 목표 설정		
② 요구와 욕구		
③ 기준 제시		
④ 창조적 대안		
⑤ 숨은 이해관계인		
⑥ 배트나		
⑦ 커뮤니케이션		
⑧ 감정		
⑨ 합의와 증거		
⑩ 신뢰자본		

▎NPS를 활용한 협상 준비 사례
: 온라인 마케팅 기업 조직 내부 갈등 상황
(대표 VS 팀장)

다음의 시나리오는 내가 운영하는 '협상 스쿨'에서 NPS를 활용하여 협상을 준비한 뒤 실제로 협상 스쿨 참여자들끼리 실전 시뮬레이션 형태로 협상을 경험해보기 위해 만들어진 자료의 일부다. 독자분들도 시나리오를 읽어보고 두 당사자 중 어느 한쪽의 입장을 정하여 NPS 체크 리스트들을 하나씩 작성해본다면 체계적인 협상 준비 방법론을 익히는 데 도움이 될 것이라 생각된다.

2년 전 SNS 기반의 온라인 마케팅 기업을 설립하여 운영 중인 김현성 대표는 그동안 여러 시행착오를 겪으며 쉽지 않은 시간을 보냈다. 무엇보다 자금이 넉넉하지 못한 상황에서 기획자, 재무 담당자, 마케터, 개발자가 갖춰진 제대로 된 팀을 구성하기가 정말 어려웠다. 고민 끝에 김 대표는 최고의 팀을 구성하기 위하여 자신이 보유한 회사 지분 중 일부를 나누어주기로 결심하고, 외부에서 마케팅 전문가 및 개발자를 파트너로 영입하기로 했다.

김 대표는 업계에서 실력을 인정받고 있는 고준 마케터, 박정훈 개발자와 접촉하여 그들에게 각각 마케팅팀장과 개발팀장 자리와 함께 본인이 소유한 회사 지분을 10%씩 나누어주겠다고 제안했다. 대신 김 대표는 고 팀장과 박 팀장에게 본격적인 매출 발생이 예상되는 12개월 후까지는 기존 연봉의 80% 수준의 보수로 일해줄 것을 요청하며(기존 연봉 5,800만 원/제안 연봉 4,600만 원), 12개월 후에는 기존에 받아왔던 연봉 이상의 수준으로 회복시켜주겠다고 약속했다.

이렇게 합류하게 된 고 팀장과 박 팀장은 그동안 누구보다 열심히 일했고 그 결과 회사의 각종 지표들이 눈에 띄게 좋아지고 있었다. 온라인에 올리는 콘텐츠의 반응은 날이 갈수록 파급력이 높아지고 있고, 업계에서 완성도 높은 콘텐츠를 만드는 감각적인 마케터 집단으로 입소문이 나면서 마케팅 의뢰도 눈에 띄게 늘어나고 있다. 하지만 조직 내부의 갈등은 골이 깊었다. 특히 김 대표와 박 팀장 간의 보이지 않는 갈등이 이어져왔고 결국 박 팀장은 입사 후 1년을 버티지 못하고 회사를 나가버렸다.

박 팀장이 회사를 나가기 며칠 전, 고 팀장은 박 팀장과 점심을 먹으며 이야기를 나누었다. 박 팀장 이야기로는 요즘 김 대표가 10억 원 정도 투자를 받기 위해 사활을 걸고 투자자를 찾고 있는데, 여기에 정신이 팔려 회사는 뒷전이고 직원들에게 안하무인의 행동을 일삼고 있으며, 심지어 해외 출장 시 법인카드를 개인적 용도로 사용한 정황도 있다는 것이었다.

투자를 앞두고 있는 김 대표는 회사 내부 상황이 불안하게 돌아가자 일단 고 팀장만이라도 확실히 잡아두어야겠다고 생각하고 고 팀장에게 이틀 뒤 미팅을 요청했다. 이 자리에서 고 팀장이 흔들림이 없는지 확인해보고, (아직 확정된 것은 없지만) 투자를 받기 전까지 조금만 더 힘내달라고 부탁할 생각이다. 다만 현재 자금적으로 여유가 없어서 정직원을 채용하거나 당장 연봉 인상을 약속하기는 어렵기 때문에, 인턴 1~2명 정도를 뽑아서 당분간 힘들어하는 부분을 지원해줄 생각이다.

김 대표에게 미팅 요청을 받은 고 팀장은 생각에 잠겼다. 성과에 지나치게 집착하는 김 대표와 딱히 잘 맞는 것은 아니었지만 그래도 지난 12개월 동안 마케팅 영역에서만큼은 김 대표가 신뢰해주었고, 또 회사의 각종 지표들이 가파르게 성장하고 있어 미래를 기대하며 일해왔다. 그러나 박 팀장을 비롯해 주위 사람들의 이야기를 들어보니 '이건 좀 아니지 않나'라는 생각이 들기 시작했다.

또 그동안 마케팅팀에 일이 몰리면서 본인도 힘들지만 팀원들이 인원 확충 및 처우 개선을 수차례 언급한 점이 계속 마음에 걸렸다. 이번 기회에 김 대표가 약속했던 기존 회사 연봉 이상의 처우를 확답받고, 직원들의 처우 개선 및 추가 인원 고용도 요청할 생각이다. 사실 고 팀장은 최근 지인에게 꽤나 알려진 IT기업의 CMO Chief Marketing Officer 자리를 제안받고 적지 않게 고민이 되기도 했다. 하지만 회사 상황이 힘들고 또 투자를 앞둔 중요한 상황에서 당장 본인까지 나가겠다고 하면 치명적일 것이다. 그런 만큼 김 대표와의 대화를 통해 만족스러운 합의점을 찾을 수 있다면 당분간은 김 대표와 함께할 생각이다.

이상의 시나리오 내용에 기반하여 이틀 뒤 있을 김 대표와 고 팀장의 협상을 준비해보면 다음과 같이 NPS를 작성해볼 수 있다.

NPS 체크 리스트	고준 팀장의 입장	김현성 대표의 입장
① 목표 설정	• 마케팅팀 인원 확충: 경력직 및 신입 각 1인 • 마케팅 처우 개선: 연봉 10% 인상 • 본인의 연봉 인상: 이전 직장 연봉 이상 보장 • CMO 포지션으로 승진	• 마케팅팀 인원 확충: 인턴 2명 • 마케팅 처우 개선: 투자 이후 논의 • 고 팀장과의 연봉 인상: 투자 이후 논의 • CMO 포지션으로 승진 보장
② 요구와 욕구	• 본인의 기여도와 능력 인정 • 마케터로서 성공적인 커리어 • 마케팅 팀장으로서 팀원들의 동기 부여 • 행복한 직장생활 • 마케터 업계에서의 평판	• 비용 절감 • 조직 관리 • 리더십 유지 • 투자 유치 • 성공에 대한 강한 집착
③ 기준 제시	• 기존 근무지의 근로 조건 • 업계 평균적 근로 조건 • 다른 기업에서 제시한 근로 조건 중 하나를 선택, 기준 제시	• 성공한 IT기업의 초기 2년간 직원들 급여 수준(현실적으로 4,000만 원 이상인 곳을 찾아보기 힘듦)

NPS 체크 리스트	고준 팀장의 입장	김현성 대표의 입장
④ 창조적 대안	• 마케팅팀 업무 일부를 아웃소싱 • 마케팅팀 팀원들에게도 스톡 옵션 지급 • 박 개발자의 지분 일부 취득	• 일부 업무를 타 팀으로 분배 • 투자 유치 조건부 처우 개선
⑤ 숨은 이해관계인	• 박 개발자, 마케팅팀 팀원들, 다른 주주들과 회사의 임원들, 잠재적 투자자들, 동종업계 마케터들	
⑥ 배트나	• 다른 기업으로 이직(당장 가능함)	• 마케팅팀 팀장 스카우트 마케팅팀 업무 전체 아웃소싱 (현실적으로 둘 다 쉽지 않음)
⑦ 커뮤니케이션	• 김 대표와 원온원 미팅 요청. 현재 고 팀장이 퇴사하면 투자 유치는 힘들어 질 것. 따라서 현 시점이 김 대표를 공략할 수 있는 결정적 타이밍	• 김 대표 입장에서는 현재 마땅한 배트나가 없으므로, 초반부터 지금까지 고 팀장의 기여에 대해 인정해주며 최대한 시간을 지연시키는 전략을 취할 것
⑧ 감정	• 약속을 지키지 않고 연봉과 근로조건이 개선되지 않음에 대한 우려와 깊은 실망감 표현할 것	• 먼저 고 팀장의 헌신에 대한 고마움과 약속을 제때 지키지 못함에 대한 미안한 마음 표현할 것
⑨ 합의와 증거	• 가급적 모든 쟁점들에 대한 합의안을 이끈 뒤, 이메일 또는 확약서 등 서면으로 남길 것	• 인턴 채용과 CMO 포지션 승진 등에 대해서는 허용하되, 나머지 사안들은 명시적 합의를 해주기보다 투자 이후로 지연시킬 생각
⑩ 신뢰자본	• 상대에 대한 신뢰도는 1~2단계 수준	• 상대에 대한 신뢰도는 3~4단계 수준

협상 준비 과정에서
고려해야 할 세부 사항

●

| 뺑소니 가해자와의 합의금 협상

자정 무렵, 판교 근처에서 피해자 차량 뒤 범퍼를 치고 유유히 달아났던 가해자는 다음 날 오전 경찰에 붙잡혀 수사를 받았다. 다행히 피해자가 많이 다치지는 않았지만 차량이 크게 손상되는 사고였다.

나는 피해자의 변호를 맡았다. 가해자는 수사 단계에서는 합의에 적극적이지 않았다. 그러나 공판기일통지서를 받아보고는 겁이 났는지 내가 몸담고 있는 서초동 로펌 사무실로 전화를 해왔다. 전화기 너머로 다급하고 절박한 목소리가 들려왔다. 가해자는 죽을죄를 지었다며 울먹이기 시작했다. 최저 임금을 받으며 편의점 아르바이트를 마치고 집에 가던 중 실수로 피해자 차량에 사고를 일으켰는데 너무 겁이 나서 자기도 모르게 달아났다고 했다. 그러면서 현재 두 아이의 가장이고 할머니와 할아버지까지 모시고 살아가다 보니 생활고가 너무나 심하다고 했다. 최대한 마련할 수 있는 금액이 300만 원 정도인데 이조차도 주말에 주위 지인들에게 빌려봐야 한다고 했다.

300만 원. 합의 금액과 차이가 많이 났다. 피해자는 가해자가 제시한 금액의 3배 이상을 생각하고 있었기에 턱없이 부족한 금액이었다. 전화기 너머 가해자는 숨죽인 흐느낌으로 내 감정을 뒤흔들고 있었다.

"일단 알겠습니다. 제가 다시 한번 피해자분과 이야기를 나누고 연락드리겠습니다."

감정이 흔들릴 때는 대화의 흐름을 끊어야 한다. 전화를 끊고 핸드폰에 전화번호를 저장해두었다. 조금 뒤 카카오톡 메신저에 친구 추가가 떴다. 무심결에 어떤 분인가 싶어 프로필 사진을 눌러보았다. 그랬더니 '간만에 필드 나가니 가슴이 뻥~'이라는 문구와 함께, 근사한 자세로 골프를 치고 있는 사진이 눈에 보였다.

"아…… 속았구나."

전화기 너머로 들려오던 흐느낌에 잠시 흔들렸던 내 감정이 배신감으로 변하고 있었다.

"협상 결렬이다."

프로의 세계에서는 디테일이 승패를 결정짓는다. 협상 테이블에서도 이는 마찬가지다. 이번 사례에서도 자신의 딱한 생활고를 이야기하면서 상대의 감정을 흔들어 합의금을 낮추려는 가해자라면 적어도 카카오톡 프로필 사진 정도는 상대방이 어렵지 않게 확인할 수 있다는 점을 미리 예상했어야 한다.

협상 과정에서 고려해야 하는 세부 사항은 적지 않다. 협상 상대방에 대한 정보 파악과 함께 의사결정권자가 직접 협상에 참여하는지를 파악하고, 우리 측은 누가 협상에 참여할지에 대해 논의가 필요하다. 만약 팀 단위로 협상에 임한다면 내부적으로 명확한 역할 분담을 정해야 할 것이다. 또 협상 장소는 어디로 할지, 협상 시기는 언제가 유리할지 등을 고민하고, 협상 오프닝은 어떻게 시작할 것이며 협상 시 준비해야 할 자료는 없는지 확인해봐야 할 것이다.

협상도 결국 사람이 한다. 본인의 컨디션, 피로도, 체력 등이 협상 결과에 영향을 미칠 수밖에 없다. 극심한 스트레스가 며칠씩 계속되는 협상을 할 때는 일찌감치 체력이 바닥날 수도 있다. 그리고 체력이 고갈되는 쪽은 대개 협상을 빨리 끝내고 싶어 하는 경향이 있고, 상대방은 이를 캐치하여 활용하려고 한다. 이에 대비하여 협상 시간을 적절히 제한하고, 협상 이후에 충분한 휴식을 취할 수 있는 환경을 미리 준비해야 한다. 장기전에서는 체력이 곧 협상력에 직결된다.

작은 선물의 효과는 생각보다 크다. 협상 중간 점심과 저녁 장소의 배려, 공항에 차량 배치, 숙소의 배려, 협상 종료 후 작은 선물 등은 큰돈을 들이지 않고 협상 분위기를 우호적으로 만들 수 있으며 협상 결과를 성공적으로 이끌 수 있는 윤활유 역할을 한다. 이러한 배려들이 얼마나 영향을 줄 수 있는지는 상대의 성향에 따라 다르지만, 부정적인 영향을 미친 적은 단 한 번도 없다.

▍물은 100℃가 되어야 끓는다

물은 100℃가 되어야 비로소 끓는다. 60℃, 90℃, 심지어 98℃가 되어도 물은 끓지 않는다. 물을 끓이기 위해 꽤 오랜 시간을 준비하여 98℃만큼 온도가 올라갔는데도 물이 끓지 않을 때 '이 정도면 되겠지. 할 만큼 했잖아'라고 생각하며 냄비 뚜껑을 수차례 열어보는 사람이 있는 반면, 좀처럼 에너지를 빼앗기지 않고 응축한 채 애초 목표로 삼은 100℃에 도달하기 위해 120%의 노력을 하며 묵묵히 준비해나가는 사람도 있다. 당신은 전자에 속하는가, 후자에 속하는가? 결정적인 차이를 만들어내는 사람은 마지막 순간까지 준비하고 응집하고 집중한다.

❖

　　　　　준비에 실패하는 자는 실패를 준비하고 있는 자다. 협상 테이블에 들어서기 전, 협상 준비과정에서 협상 성공의 80% 이상이 정해진다. 흥정 수준이 아닌 협상에 있어 아무런 준비 없이 몇 가지 협상 스킬과 순간의 기지로 바꿀 수 있는 것은 극히 제한적이기 때문이다. 따라서 성공적인 협상을 위해서는 사전에 자신에게 유리한 판을 짜는 것이 핵심이다. 이를 위해 NPS를 활용하여 협상을 준비해보자. NPS는 협상 상황을 다각적으로 이해할 수 있게 돕고, 열 가지 체크 리스트를 활용하여 빈틈없는 준비를 하고 실수를 줄일 수 있게 한다.

의심스러울 때는
위약금 조항으로 거짓인지 확인하라

협상 테이블에서 장래의 불확실한 변수가 협상의 중요한 변수로 떠오르거나 확실하지 않은 핑크빛 미래를 지나치게 부각하여 유리한 조건으로 거래를 이끌려고 하는 상대방을 마주할 때가 있다. 그럴 때는 위약금 조항을 활용하여 상대방이 거짓 진술을 할 동기를 없애는 전략을 활용할 수 있다.

매도인 "만약 ○○ 지역이 관광특구로 개발되면 부동산 가격이 폭등할 거예요. 미리 사두시는 게 좋을 겁니다."

매수인 "말씀하신 내용은 아직까지 확정된 내용도 아니고 어떻게 될지 모르는 상황인데 사실 저는 좀 불안합니다. 만약 사장님이 그렇게 자신이 있으시다면 아래 위약금 조항을 부동산 매매계약서 특약 사항으로 넣는 것은 어떻습니까?"

위약금 조항 ○○ 지역에 관광특구 개발이 계약 체결일로부터 24개월 내에 확정적으로 진행되지 않을 경우, 매수인은 매도인에 대한 서면 통지로 계약을 일방적으로 취소할 수 있다. 이 경우 매도인은 매수인으로부터 매매 계약 취소 통지를 받은 날로부터 30일 이내에 기수령한 매매 대금과 함께 위약금 1억 원을 지급하여야 한다.

이렇게 되면 매도인 입장에서는 관광특구 개발이 진행되지 않으면 상당한 손해가 예상되기 때문에, 본인이 관광특구 개발에 100% 확신을 갖지 못하는 이상 위 위약금 조항을 받아들이기는 힘들 것이다.

결국 장래의 불확실한 상황이 협상의 중요한 변수로 부각될 때는 위약금 조항을 활용하여 상대가 제시하는 핑크빛 미래가 사실인지 거짓인지, 그리고 상대가 어느 정도 확신을 가지고 말하는지를 확인할 수 있다.

실제 계약 협상에서 협상 고수들은 위약금 조항을 자주 활용한다. 계약서 말미에 위약금 조항을 명시할 경우, 상대방이 심리적으로 상당한 압박감을 받아 계약 이행 확률을 현저히 높일 수 있다. 그뿐만 아니라 상대방이 계약 이행을 하지 않을 경우 채무불이행으로 인해 발생한 손해액이 얼마인지 증명할 필요 없이 위약금에 명시된 손해배상 예정액을 청구하면 되기에, 복잡함을 덜고 간명하게 문제를 해결할 수 있다.

이번 협상이
마지막이 아님을 기억하라

하루에 28조 원을 버는
남자의 실패 이야기

●

"우리는 실패에 익숙해져야 한다."

2017년 11월 11일, 중국판 블랙 프라이데이로 불리는 알리바바 광군제光棍節 쇼핑 행사 때 알리바바는 하루에 1,682억 위안(약 28조 3,080억 원)의 매출을 기록했다.[48] 24시간 동안 무려 28조 원의 거래를 일으킨 세계 최대 규모의 온라인 쇼핑몰 알리바바의 창업자인 마윈은 놀랍게도 실패의 아이콘이다.

다음은 스위스 다보스에서 열린 세계경제포럼에서 자신이 경험한 실패에 대해 마윈이 이야기한 부분이다.

"저는 정말 많이 실패했어요. 초등학교 시험에 두 번 낙제했고, 중
학교 시험에도 세 번 낙제했습니다. 대학교 입학 시에도 삼수를 했

습니다. 이후 취업을 준비했는데 서른 번을 떨어졌습니다. 경찰에 지원했을 때도 거절당했고, 심지어 동네에 있는 KFC에서도 24명의 지원자 중 23명이 합격했는데 저만 떨어졌어요. 경찰 지원 때도 5명 중 4명이 합격했는데 유일하게 떨어진 사람이 바로 저였어요. 하버드대학교에는 열 번을 지원했는데 모두 거절당했어요.

그래서 저에게 거절당하는 것은 당연한 일이었어요. 우리는 실패에 익숙해져야 합니다. 우리는 그렇게 완벽한 존재가 아니에요. 지금 이 순간에도 수많은 사람들이 거절당하고 있습니다. 저 역시 거절당할 때마다 아주 고통스러웠습니다.

하지만 불평하지 않았습니다. 당신이 일을 하다가 실수나 실패를 경험했을 때 항상 남 탓을 하고 불평만 하고 있다면 절대 성공하지 못할 것입니다. 하지만 스스로를 다시 점검하고 다시 변화를 만드는 사람은 성공할 것입니다."

협상 결렬에
대처하는 자세

●

협상의 고수와 협상의 하수가 결정적으로 차이를 드러내는 부분이 있다. 바로 협상 결렬에 대처하는 자세다.

협상 고수는 중요한 협상일수록, 중요한 클라이언트일수록, 결코 한 번의 협상으로 만족할 만한 협상 결과를 이끌어낼 수 없음을 잘 알고 있다. 그래서 그들은 협상이 결렬되더라도 이를 크게 마음에 담아두지 않는다. 그리고 결렬된 협상을 디딤돌 삼아 곧 다음 협상을 준비한다.

하지만 협상의 하수는 다르다. 자신의 제안을 상대방이 거절하면 '상대방이 나를 싫어하나?', '내가 뭘 잘못한 게 있나?' 등 갖가지 생각을 하며 상처를 입고 이내 거래를 포기하고 만다. 하수는 거절을 감정으로 받아들이고 고수는 거절에서 필요한 정보를 얻는다. 거절을 통해서 찾을 수 있는 실마리에 집중해서 다음 협상을 더 정교하게 준비하는 것이다.

첫 제안을 했을 때, 상대방이 YES를 외칠 확률이 얼마나 될까? 대부분의 사람들은 상대방의 첫 제안을 그대로 받아들이지 않는다. 비즈니스 협상에서 상대방의 첫 제안은 최선의 제안이 아닐 확률이 대부분이기 때문이다. 그렇다면 협상에서 거절은 어쩌면 당연하다. 우리는 이를 받아들이고 거절에 더 익숙해져야 한다.

누군가가 당신의 첫 제안을
거절하는 것은 당연하다.
하수는 거절을 감정으로 받아들이고,
고수는 거절에서 필요한 정보를 얻는다.

상대방이 당신에게 호감이 있고 당신의 제안이 충분히 매력적이라고 생각하더라도, 협상 상황이나 타이밍, 숨은 이해관계인 등의 문제로 한 번에 YES를 외치지 못하는 경우가 훨씬 많다.

그럼에도 당신이 협상을 위해 열심히 준비하고 최선을 다한 모습과 열의는 상대방의 기억에 남기 마련이다. 어쩌면 상대방은 당신의 제안을 거절한 것에 미안한 마음을 가지고 "이번에는 타이밍이 안 맞았지만, 다음번에 기회가 되면 꼭 저 사람에게 연락을 해야지"라고 생각할 수도 있다.

경험이 많은 협상의 고수들은 이러한 상황을 대비해 어떠한 형태로든 미래를 위한 연결고리를 남겨둔다. 그것은 깍듯한 인사와 함께 건네는 명함일 수도 있고, 협상 후 상대방이 궁금해했던 정보를 이메일로 보내는 성의일 수도 있으며, 마음을 담은 문자나 카카오톡 메시지일 수도 있다. 그리고 이 연결고리는, 향후 언젠가 상대방이 본인을 떠올리고 다시 거래를 제안할 때 둘 사이를 자연스럽게 이어주는 중요한 역할을 할 것이다. 그렇게 고수들은 한두 번의 만남을 통해 거래의 성패를 단정 짓지 않고, 거래의 확률을 높여나가는 방법을 택한다.

삼고초려를 마다하지 않는
저커버그의 M&A 협상 전략[49]

⬤

2012년 4월 9일, 메타(구 페이스북)는 10억 달러에 인스타그램을 인수했다. 당시 인스타그램은 직원 수 13명에, 매출은 거의 없었으며, 이용자 수는 3,000만 명에 불과했다. 시장에서는 마크 저커버그가 쓸데없이 과도한 금액을 지불한 것이 아니냐는 우려와 함께, 이사회를 배제하고 인스타그램 CEO 케빈 시스트롬Kevin Systrom과 일대일로 만나 독단적인 결정을 내린 인수합병 방식에 대한 비난도 거셌다.

그로부터 10여 년 뒤, 인스타그램의 월간 실사용자 MAU는 20억 명을 돌파했다. 인스타그램의 광고 수익과 매출은 다른 SNS를 앞도하고, 페이스북과 함께 엄청난 시너지를 일으키며 전 세계 SNS 시장을 장악하고 있다.

메타는 그 후, 모바일 메신저 왓츠앱을 190억 달러에 인수하고 곧이어 오큘러스VR을 23억 달러에 차례로 인수했다. 마크 저커버그는 2004년 설립 이후 100건이 넘는 크고 작은 인수합병을 성사시켰다. 인수합병을 추진하는 과정에서 보여준 저커버그의 M&A 협상 패턴을 분석해보면 다음과 같은 특징들이 있음을 알 수 있다.

1. 딜이 진행되기 전, 긴밀한 인간관계를 맺어둔다

무려 20조 원에 인수합병된 왓츠앱과 VR업계의 선두주자 오큘러스VR의 경우 메타로부터 인수합병되는 과정에서 라이벌인 구글로부터 비슷하거나 더 높은 금액의 제안을 받았다. 심지어 2014년 2월, 미국 정보지 〈인포메이션The Information〉의 보도에 따르면 왓츠앱이 메타와 인수 계약을 체결하기 바로 전날, 당시 구글의 CEO 래리 페이지Larry Page가 왓츠앱 CEO를 만나 메타와 계약하지 말라고 설득했다고 한다.[50] 그럼에도 두 번 모두 인수합병 전의 승자는 메타였다.

저커버그가 인수합병 경쟁에서 승리할 수 있었던 비결 중 하나는 오랫동안 긴밀하게 맺어온 인간관계였다. 저커버그는 인스타그램과 왓츠앱 등 중요 인수합병이 일어나기 수년 전부터 해당 기업의 CEO 및 의사결정권자들과 긴밀한 인간관계를 맺어왔고, 결정적인 순간, 그들과의 네트워크가 빛을 발한 것이다. 이를 두고

신속하고 대담한 협상 전략으로 주요 인수합병을 성공시킨 마크 저커버그. ⓒ연합뉴스

저커버그는 이렇게 말했다.

"우리가 움직여야 할 때라고 생각하는 바로 그 시점에, 기존에 형성된 긴밀한 관계와 공통된 사고 기반은, 경쟁자와 비교해서 우리가 인수대상 기업과 더 빠르게 논의하고 결정할 수 있게 해주었다."

저커버그는 메타가 오랫동안 지켜봐온 유망 기업들의 핵심 인물들과 수년 전부터 긴밀한 인간관계를 맺으며 때를 기다려왔던 것이다.

2. 인수가를 제안하기 전, 비전을 공유한다

마크 저커버그는 협상 테이블에서 성급하게 구체적인 조건이나 인수 가격을 언급하기 전에, 서로의 비전을 공유하고 인수합병의 명분과 시너지 효과에 대해 이야기하며 공감대를 형성하는 것이 더 중요하다고 생각했고, 이를 통해 상대방을 설득했다.

왓츠앱 인수 당시 왓츠앱 CEO인 얀 쿰Jan Koum은 협상 테이블에서 "우리는 현재의 수익 창출에 별로 관심이 없다. 우리는 성장에 집중하고 있다"라고 이야기했다. 이에 대해 저커버그는 "우리의 분명한 전략은 앞으로 몇 년간 성장에 집중하고 전 세계 사람들을 연결하는 것이다"라고 말하며, 얀 쿰의 경영 철학을 존중하면서 왓츠앱이 가진 비전이 메타와 일치할 수 있음을 강조했다.

가장 중요한 부분은 서로의 비전을 공유하고
함께 일함으로써 얻을 수 있는 시너지 효과에 대해
이야기하며 흥분되는 감정을 공유하는 것이다.

3. 중요한 딜을 위해서는 삼고초려를 마다하지 않는다

2004년, 저커버그는 케빈 시스트롬이 만든 '포토박스'를 보고 시스트롬에게 메타에서 함께 일할 것을 제안했으나 당시 스탠포드대학교 2학년에 재학 중이던 시스트롬은 이를 거절했다. 이후

시스트롬은 인스타그램 개발에 집중했고 2011년 초 인스타그램의 가입자가 700만 명 정도였을 때 저커버그는 다시 그에게 인수합병을 제안했지만, 이번에도 시스트롬은 저커버그의 제안을 거절하고 독립적인 경영을 계속해나갔다.

1년 뒤, 저커버그는 시스트롬과의 만남을 주선했다. 이번에는 실리콘밸리에 위치한 자신의 집에 시스트롬을 초대했고, 주말을 낀 3일의 시간을 함께 보내며 향후 SNS의 지각구도를 뒤흔들 협상을 진행했다. 당시 메타의 이사회는 협상이 성사되어 통보될 때까지 이 사실을 인지하지 못했다고 한다. 결국 변호사나 투자 전문가 한 명도 없이 진행된 사흘간의 협상으로 20대의 두 젊은 CEO들은 10억 달러라는 천문학적인 금액의 협상을 성사시켰다.

마크 저커버그는 협상이 성사되기 전 케빈 시스트롬에게 두 차례나 거절당했지만 이에 아랑곳하지 않고 장소와 시간, 전략을 바꾸어 또다시 거래를 제안했다. 그리고 세 번의 제안 끝에 결국 거래는 성사되었다. 저커버그가 사소한 감정에 휘둘렸다거나, 한두 번 거절당한 후 협상을 포기했다면 지금쯤 인스타그램은 페이스북을 넘보는 무서운 경쟁자로 성장했을지도 모른다.

저커버그는 메타의 최고운영책임자인 셰릴 샌드버그Sheryl Sandberg를 영입할 때도 당시 구글 해외 부문 부사장이었던 그녀를 6주간 찾아가는 삼고초려 끝에 영입에 성공했다. 이렇게 영입한 셰릴 샌드버그는 그녀가 메타에 입사한 이후 3년간 페이스북 전 세계 가입자를 7,000만 명에서 7억 명으로 급증시키고 매출을 매년 2배씩 성장시키는 마법을 선사했다.

4. 상대방의 우려를 불식시키는 창조적 대안을 제시한다

저커버그는 2012년 인스타그램을 인수한 이후, 왓츠앱과 오큘러스VR을 차례로 인수하는 과정에서 세 회사의 CEO들에게 공통된 협상안을 제시했는데, 그것은 바로 기존 CEO들의 독립적인 경영 체제를 그대로 유지하는 것이었다. 저커버그는 왓츠앱을 인수할 당시 이런 말을 남겼다.

> 왓츠앱은 자신들의 제품과 네트워크를 만들어
> 5년 만에 거의 5억 명에 달하는 활발한 사용자들을 모았다.
> 역사상 이 정도로 빠르게 성공한 회사는 없었다.
> 우리가 여기에 간섭을 하는 것은
> 아주 바보 같은 일이 될 것이다.

저커버그는 상대방의 능력과 가치를 인정함과 동시에 상대의 가장 큰 우려를 불식시키는 데 초점을 맞추었다. 피인수기업의 경영진은 인수합병 과정에서 본인들이 설립한 회사에서 쫓겨나거나 본인들의 회사가 인수기업에 의해 일방적으로 바뀌는 것을 가장 크게 염려했을 것이고, 인수기업이 이를 고수한다면 협상이 결렬될 여지도 있었을 것이다.

이를 파악한 저커버그는 인수합병 후에도 기존 경영자들의 지위와 독립적 경영권을 보장하는 창조적 대안을 제시함으로써 인수기업과 피인수기업 모두가 만족할 수 있는 협상 결과를 이끌어낸 것이다.

5. 타깃이 정해지면 속전속결로 협상을 끝낸다

저커버그는 인스타그램의 인수합병 논의를 위해 주말에 시스트롬을 자신의 집으로 초대하고 단 3일간 협상을 마무리 지었다. 그야말로 속전속결. 심지어 저커버그는 사전에 주주총회나 이사회를 통해 인스타그램 인수합병 건을 논의하지도 않았다. 이후 20조 원에 달하는 왓츠앱 인수 과정도 속전속결 전략이 주요했다. 저커버그는 왓츠앱 인수가 단 9일 만에 성사되었다고 밝혔다. 저커버그는 대형 M&A를 추진할 때 주의할 점으로 다음을 언급했다.

왓츠앱이나 인스타그램과 같이 조 단위를 넘는
인수합병의 경우 우리는 일사분란하게 움직여야 한다.

그렇지 않으면 구글, 애플, 트위터 같은 경쟁 회사들이

피인수기업을 컨택하여 우리보다 먼저

그들을 사버리고 말 것이다.

그리고 만약 우리가 피인수기업에 특정 가격으로

제안했다는 소식을 전해 들으면,

경쟁 회사들은 그 이상을 제안할 것이다.

속전속결로 끝내는 것은 협상이

성사될 확률을 높이는 것뿐만 아니라

인수 과정에서 인수 금액이 치솟는 것을 막는다.

❖

　　　이번 협상이 마지막이 아님을 기억하라. 중
요한 협상은 결코 하루 아침에 성사되지 않는다. 한 번의 거절에
낙담하지 않고 거절에서 힌트를 찾는 것, 그리고 점진적으로 접
근하는 것, 실패한 상황에 마주하더라도 미래를 위한 연결고리
를 남겨두는 것, 그것이 바로 고수들의 협상법이다.

당신이 협상에서
결코 하지 말아야 할 세 가지

협상 테이블에 들어서기 전에 사람들은 대부분 불안감과 긴장감을 느낀다. 협상이라는 것이 결코 쉽지 않을뿐더러 상대방이 어떤 태도를 보일지, 돌발 변수는 없는지 등 예측 가능성이 확보되지 않기 때문이다. 그리고 긴장된 상황 속에서 결코 하지 말아야 할 행동들을 하고 나서 뒤늦은 후회를 하곤 한다.

우리가 협상 테이블에서 절대로 하지 말아야 할 행동 유형을 분석해보면 아래와 같다.

첫째, 주어진 권한 밖의 협상을 하지 말라

협상 전 내가 어떤 권한을 가지고 협상에 임하는지, 어디까지 협상할 수 있는지 확인하라. 자신에게 주어진 권한 밖의 협상을 하는 것은 지극히 위험하다. 당신이 조직의 임직원으로서 협상 테이블에 나간다면 '나는 회사를 대리해서 협상을 하는 것이지, 개인 대 개인으로 상대방과 협상을 하는 것이 아니다'라는 점을 분명히 인지할 필요가 있다.

예를 들어, A회사는 까다로운 상대방과의 협상을 위해 장기적인 협상 전략을 수립하고 단계별 협상 담당자를 정해서 협상을 전개한다. 이때 실무자 B가 협상 초반에 자신의 권한 밖의 사항에 대해서까지 논의를 하더니, 상대방과 성급하게 결정을 내리고 돌아왔다. A회사의 입장에서는 이로 인한 직접적인 손해도 감수해야 하지만, 전체적인 협상 계획에 차질이 생기는 것이 더 뼈아프다. 특히 협상 경험이 적은 사람들이 협상 테이블에서 분위기에 취해 이런 실수들을 종종 한다.

협상 전, 이번 협상에서 내게 어떤 권한이 주어졌는지, 내가 결정할 수 있는 사안이 어디까지이고, 결정을 유보해야 하는 사안은 무엇인지, 의사결정권자는 누구인지를 확인하고 스스로에게 각인시켜야 한다.

둘째, 서둘러 협상을 끝내려 하지 말라

오전에는 적극적으로 협상에 임하던 김 본부장이 오후 3시가 넘어가면서 급격히 집중력을 잃기 시작한다. "이 정도면 된 것 같은데 빨리 합의하시지요", "저는 사실 이 상황에서 어떻게 결정되든 큰 차이는 없습니다"와 같이 협상을 빨리 끝내고 싶다는 메시지가 담긴 말을 무의식적으로 내뱉고 있다.

노련한 상대방은 이런 모습들을 유심히 관찰하고 있다. 상대가 목표치 이상의 만족스러운 지점에 도달했거나, 협상에 지쳐 있음을 눈치 채고, 이때부터 오히려 더 느긋하게 여유를 부리며 협상을 이어나간다. 지쳤거나 마음이 급한 상대방의 실수를 노려 조금이라도 양보를 얻어내며 실리를 챙기는 것이다. 극단적으로 시간에 쫓기지 않는 이상, 서둘러 협상을 끝내려 하지 말라. 마지막 순간에 협상을 망칠 수 있다.

셋째, 어떠한 경우에도 비즈니스 매너를 망각하지 말라

협상이 마음대로 안 풀린다고 감정을 여과 없이 드러내거나, 상대방에게 무례한 언행을 하는 것은 협상 하수들이 저지르는 전형적인 행태다. 사람들은 손해를 보거나 다급한 상황에 처했을 때 자신의 인격을 드러낸다. 그리고 상대방은 이러한 순간에 드러나는 당신의 행동을 주의 깊게 관찰하고 기억한다. 협상을 통해 손해 본 것은 다시 회복할 수 있지만, 비즈니스 매너를 망각하여 잃게 되는 신뢰와 이로 인해 틀어진 관계는 영원히 회복할 수 없다. 비즈니스 매너는 신뢰의 시작이고, 프로페셔널의 최소한이다.

노련한 상대방이 활용하는
열 가지 협상 전략과 대응 방법

협상 테이블에 앉기 전, 우리는 성공적인 협상을 꿈꾼다. 하지만 노련한 상대방은 그렇게 호락호락하지 않다. 오히려 시간이 갈수록 교묘하게 나를 뒤흔들고 압박해온다. 협상 테이블에서 노련한 상대방이 당신을 공략하기 위해 활용하는 열 가지 협상 전략과 이에 대한 대응 전략을 정리해보았다.

나: H기업 박 과장
노련한 협상 상대방: K기업 김 팀장

1. 강력한 첫 제안으로 기준점을 선점하는 전략

노련한 상대방은 강력한 첫 제안으로 기준점을 선점하여 당신을 묶어두려고 할 것이다. 앞서 언급한 앵커링 효과를 노리는 것인데, 앵커링 효과는 알면서도 당할 정도로 협상 테이블에서 강력한 임팩트를 준다.

이 경우 일단 상대방의 첫 제안을 허물어라. 상대방이 제시한 첫 제안의 근거를 물어보고, 이를 통해 반박의 여지가 있는지를 확인해본다. 이와 함께 상대방의 첫 제안을 무너뜨릴 수 있는 다른 기준점을 제시하여 앵커링 효과를 무력화시키는 것도 방법이다.

2. 협상 쟁점과 관계없는 인신공격

"제가 듣기로 박 과장님은 협상 테이블에서 흥분을 잘하기로 업계에서 유명하시던데, 오늘도 역시 그러시네요."

분명 말도 안 되는 황당한 제안과 무례한 태도로 우리 쪽을 자극한 건 상대방인데, 저 이야기를 듣는 순간 더 이상 상대를 몰아붙일 수 없게 된다. 상대방은 협상의 쟁점과 별 상관이 없는 박 과장의 인신공격을 통해, 박 과장의 언행을 극도로 얼어붙게 만든다. 노련한 협상 상대방이 즐겨 쓰는 협상 스킬이다.

이럴 때 당신은 협상 쟁점과 신상의 문제를 명확히 분리시키고 아무렇지 않은 듯 상대방의 인신공격을 받아넘긴 뒤, 곧바로 중요한 쟁점을 되묻는 방법으로 상대방을 긴장시키는 것이 좋다.

"김 팀장님. 협상 쟁점 흐리지 마시고, 제가 여쭤본 부분에 대한 명확한 입장부터 밝혀주시죠."

3. 본인은 아무런 결정권이 없다고 말하는 전략

실제 협상 테이블에서 상대방이 답변하기 곤란한 상황에 처했을 때 가장 즐겨 쓰는 대응 방식이다.

"이 부분은 저희 대표님과 상의를 해보고 나서 말씀드릴 수 있을 것 같네요."

"이 부분은 이사회 결정 사항이고 제가 이 자리에서 결정할 수 있는 부분은 아닙니다."

"제가 대표로 되어 있긴 하지만, 공동 창업자들의 의견을 들어봐야 할 것 같네요."

상대방은 특정 쟁점에 대해서는 본인의 결정권이 없다고 이야기하거나 의사결정권자가 누구인지 명확히 밝히지 않음으로써, 한발 물러날 수 있는 공간을 확보한다. 이를 통해 답변하기 힘든 이슈에 즉답을 피할 수 있는 것이다. 이럴 때는 상대방이 더 이상 빠져나가지 못하도록 선을 그을 필요가 있다.

"해당 쟁점에 대해 귀사의 의사결정권자가 누구인지 밝혀주시고, 의사결정권자와 상의 후에 귀사의 입장을 일주일 후에 있을 협상 테이블에서 밝혀주시기 바랍니다."

4. 계속되는 요구로 목표를 관철시켜나가는 물량 공세 전략

상대방은 차분하고 부드럽게 본인의 요구 사항을 이야기한다. 처음에 한두 번은 상대방의 요구 사항을 받아들였다. 하지만 이

내 상대방은 또 다른 요구 사항을 이야기한다. 도저히 받아들이기 힘든 사항은 거절했지만, 양 사의 관계를 언급하며 또다시 요구 사항들을 이어간다. 박 과장은 계속 거절하기도 미안해서 결국 김 팀장의 요구 사항 중 상당 부분을 들어주고 말았다.

물량 공세 전략이다. 생각지 못한 갖가지 요구 사항들을 잔뜩 준비하고, 우호적인 태도로 상대방에게 요청해서 상대방이 계속 거절하는 것에 미안함을 느끼게 한 후, 그중 일부를 관철시키는 전략이다.

노련한 상대방의 물량 공세 전략에 어떻게 대응해야 할까? 가장 좋은 방법은 내가 양보하는 대가로 상대방은 무엇을 제공할 수 있는지를 물어 물량 공세를 사전에 차단하는 것이다.

"만약 귀사가 제안하는 요구 사항을 수용한다면, 귀사에서 제공할 수 있는 것은 무엇인가요? 개인적으로야 김 팀장님이 하시는 말씀을 다 들어주고 싶지만, 저도 회사에 소속된 직원이고, 얻어가는 것 없이 퍼주기만 하면 회사에서 잘릴지도 모릅니다. 요즘 저희 회사 분위기 잘 아시지 않습니까? 제 입장도 좀 고려해주세요. 팀장님."

5. 굿 캅 배드 캅 전략

협상을 할 때 노련한 상대방은 팀을 구성하여 접근한다. 내부적으로 각자의 역할을 명확히 인지한 팀은 협상 테이블에서 강력한 힘을 가진다. 대표적으로 활용하는 팀 전략이 바로 굿캅 배드 캅Good Cop Bad Cop 전략이다.

입을 굳게 다문 피의자에게 험상궂게 생긴 형사Bad Cop가 큰소리를 치며 몰아붙인다. 피의자는 당황해서 잔뜩 움츠러든다. 여러 시간 동안 계속되는 강도 높은 경찰 조사에 피의자가 지쳐갈 무렵, 지켜보던 수사과장Good Cop이 형사에게 "야야, 적당히 해라. 뭘 그렇게까지 빡빡하게 해?" 그러고는 담배 한 개비를 들고 피의자 쪽으로 가서 조용히 "많이 힘들지? 나가서 담배 한 대 피고 오자"라며 이야길 건넨다.

즉 팀 내에서 둘 중 하나는 배드 캅 역할을 맡아 강경하게 상대방을 압박하고 상대의 제안에는 회의적인 입장을 취한다. 반대로 굿 캅 역할을 맡은 자는 상대의 이야기에 귀를 기울이고 우호적으로 커뮤니케이션을 하며 협상 타결을 위해 노력한다. 실제 비즈니스 현장에서도 이러한 협상 전략은 빈번하게 활용된다. 심지어 혼자 협상 테이블에 나가더라도 가상의 배드 캅을 상정해서 이 전략을 활용할 수 있다.

"박 과장, 나(Good Cop)도 웬만하면 이 정도에서 사인하고 싶은데, 외국계 기업에 있다가 올 초에 우리 회사로 온 이 전무(Bad

Cop)가 보통 깐깐한 사람이 아니야. 얼마나 쪼아대는지…… 우리도 진짜 죽을 맛이야. 진짜 마지막으로 부탁하는데 가격을 2%만 더 조정해줄 수 없을까?"

상대방이 굿 캅 배드 캅 전략을 활용할 때는 언제나 굿 캅을 조심해야 한다. 결국 최종적인 거래를 이끄는 것은 굿 캅이고 배드 캅은 분위기를 조성하는 사람에 불과하기 때문이다.

6. 부풀리고, 과장하고, 심지어 거짓말하는 전략

상대가 특정 사실을 과장하고, 심지어 사실이 아닌 이야기를 하는 경우도 있다. 이럴 때는 사실관계에 대한 확실한 검증이 필요하다. 특히 한 번도 들어보지 못한 사실이나 정보를 협상 테이블에서 언급할 때 해당 정보가 맞는지 확인할 수가 없어 당황스럽다. 이럴 때는 솔직하게 이야기를 해서 사실관계를 확인할 수 있는 시간을 확보해야 한다.

"지금까지 한 번도 언급하신 적 없는 정보네요. 이 자리에서 정확한 정보인지 확인이 불가능하니, 시간을 갖고 검증한 후 저희 의견을 드리도록 하겠습니다."

또한 경우에 따라서는 위약금 조항을 활용하여 상대방이 제시하는 정보가 거짓인지 여부를 확인할 수도 있다.

"말씀하신 사실에 대해 확신하신다면,

아래와 같은 위약금 조항을 명시하고 싶습니다.

'A가 제공한 정보가 사실이 아니어서 B에게 손해가 발생할 경우 A는 B에게 위약금 _____원을 지불한다.'

7. 매몰비용을 강조해서 그만두지 못하게 만드는 전략

왠지 모르게 협상이 뜻대로 진행되지 않고 점점 상대방에게 끌려가고 있을 때, 우리는 상대방과의 협상을 이쯤에서 그만두고 다른 배트나를 찾아봐야겠다는 생각을 한다. 이때, 노련한 상대방은 이때까지 협상을 위해 투입한 시간과 비용, 즉 매몰비용Sunk Cost이 크다는 점을 강조하여 협상을 이대로 끝내는 것이 어리석음을 강조한다.

하지만 매몰비용의 오류Sunk cost fallacy에 빠져서는 안 된다. 이제까지 들인 시간과 비용이 아까워 원하지 않는 거래를 시작하면 앞으로 추가적인 손해가 지속적으로 발생하게 되고, 이후 손실은 눈덩이처럼 불어날 수 있다. 협상 테이블에서 정확한 상황 분석과 냉정한 결단이 필요한 이유다.

8. 배수진을 치고 양자택일을 제안하는 전략

밀고 당기기를 수차례, 협상 고수 김 팀장이 이렇게 말한다.

"이게 내가 할 수 있는 최선이네, 박 과장. 더 이상은 힘들 것 같네. 내 제안을 받아들이든지, 아니면 이번 협상은 그냥 없었던 걸로 하자고."

역시 김 팀장은 협상의 고수다. 상대방을 벼랑 끝까지 몰아붙이고 난 뒤, 결정권을 상대에게 넘겨버린다. 실제 협상 테이블에서도 가장 강력하게 상대를 압박할 때 종종 활용되는 '양자택일 전략Take-it-or-leave-it offer'이다. 이럴 때 우리는 다음과 같은 대응 전략들을 고려해볼 수 있다.

① 해당 이슈에 대해 즉답을 피하고 뜨거운 감자를 식히는 시간을 확보한다. 그리고 해당 이슈 이외의 다른 사안들을 우선적으로 논의한다.
② 이제까지 협의된 부분에 대해 필요하다면 중간합의서를 체결해 둔다. 한두 가지 이슈 때문에 협상 자체가 원점으로 돌아가는 것을 막는 최소한의 장치다.
③ 강력한 배트나를 준비해서 맞불 작전을 펼치며 상대방을 압

박한다.

9. 협상 절대 고수들의 전략, 침묵

협상 테이블에서 절대 고수들이 쓰는 전략 중 하나는 바로 침묵이다. 예를 들어 상대방이 터무니없는 제안을 했을 때, 당신이 이에 즉각 다투지 않고 아무런 대답을 하지 않은 채 한동안 침묵하고 있다면 상대방은 스스로 움찔하며 별 생각이 다 들 것이다.

'이게 무슨 의미지? 협상을 하기 싫다는 건가? 아니면 내가 너무 과했나?'

그리고 이 침묵을 견디지 못하는 사람은 자신의 제안을 스스로 철회하거나 일부 양보하게 된다. 상황에 따라 침묵은 수많은 문장보다 훨씬 더 상대방을 두렵게 만든다.

10. 합의 직전, 거절하기 애매한 요구를 하는 니블링 전략

계약 체결 직전, 노련한 김 팀장이 생각지도 못한 이야기를 꺼낸다.

"깜빡하고 언급할 타이밍을 놓쳤는데, 이거 하나만 계약서 특약 사항에 적어둡시다."

협상을 결렬시킬 정도의 딜 브레이커는 아니지만 김 팀장 입장에서는 충분히 실리를 챙길 수 있는 요구 사항이다. 협상 마지막 단계, 이 시점에서 분위기상 "아니요"라고 말하기도 애매한 박 과장. 뭔가 모르게 찝찝한 기분이 들지만, 얼떨결에 김 팀장의 제안을 받아들였다.

협상 고수들이 즐겨 사용하는 니블링 전략이다. 앞서 말했듯 야금야금 갉아먹는다는 뜻인 니블Nibble이라는 단어에서 착안해 이름 붙여진 협상 전략이다. 상대방이 협상에 들인 매몰비용이 아까워 거절하기 쉽지 않은 수준의 요구 사항들을 협상 타결 직전에 요구하여 관철시킨다.

상대의 교묘한 니블링 전략에 어떻게 대응해야 할까? 이 경우 우리는 역니블링 전략Counter Nibbling Tactics으로 맞대응할 수 있다. 그리고 이를 위해 협상 과정에서 관철되지 않은 우리 측 요구 사항들을 미리 생각해둘 필요가 있다.

"마침 저희도 요구 사항이 하나 있는데, 저희 측 요구 사항을 반영해주시면 귀사의 요구를 받아들일 수 있을 것 같습니다."

협상은 결국
사람으로 귀결된다

＊

처음 협상에 대한 연구를 시작했을 때, 나는 협상의 기술에 초점을 맞추었던 것 같다. 해외 유명 협상학자들의 저서와 논문들에 소개된 협상 기술들을 나름의 체계로 분류하고 이해하고 암기하면 협상력이 향상될 수 있을 것이라 생각했다. 하지만 그 후로 십수 년 동안 협상에 대해 연구하고 교육하고 또 이 책을 쓰면서 한가지 확신을 갖게 되었다.

'협상은 기술의 문제가 아니라 결국 사람의 문제로 귀결된다.'

똑같은 부탁을 받더라도 상대가 누군지에 따라 당신은 이를 승낙하기도 하고 거절하기도 한다. 동일한 협상 상황에서도 누가 협상을 하는지에 따라 전혀 다른 협상 결과가 도출된다. 그 어떤 협상의 기술과 전략도 사람에 대한 이해와 호감과 신뢰를 전제로 하지 않고는 효과를 거두기 힘들다. 결국 협상은 사람의 문제로 귀결되는 것이다.

지금까지 이야기했던 열두 가지 협상 공식도 마찬가지다. 상대를 먼저 인정하고, 상대방의 협상 유형과 욕구를 파악하고, 서로 호감을 나누며 궁극적으로 신뢰를 쌓아가는 과정은 모두 사람에 대한 문제다. 이것이 전제될 때, 구체적인 목표를 설정하고, 기준점을 찾아 제시하고, 창조적 대안을 개발하고, 숨은 이해관계인들을 파악하고, 커뮤니케이션 전략을 짜고, 배트나를 활용하는 것이 의미가 있고, 비로소 서로 만족할 수 있는 합의점에 이를 수 있는 것이다.

한 사람이 협상을 하는 모습을 보면,
그 사람의 인격이 느껴진다.

사람을 깊이 이해하고 배려하면서
서로가 행복할 수 있는 협상을 해나가기 바란다.

━━━━━━━━━━━ 미주 ━━━━━━━━━━━

1   "Why Masayoshi Son Invested $20 Million in a Young Jack Ma", 《Bloomberg》, 2017. 10. 11.; https://www.youtube.com/watch?v =vPt1PG-Kznk/)

2   https://www.rferl.org/a/ukraine-kreminna-russian-losses/31821314. html

3   https://theconversation.com/how-africans-can-assess-the-value-of-the-latest-g7-summit-186070

4   로버트 치알디니, 『초전설득』, 21세기북스, 2018

5   Can Akdeniz, 『Do You Have A Goal: The Art of Goal Setting』, Best Business Books, 2014.

6   도키 다이스케, 『왜 나는 영업부터 배웠는가』, 김윤수 옮김, 다산3.0, 2014, 195쪽.

7   https://www.chosun.com/economy/industry-company/2023/05/14/A7YIHVCDKFFWBNBJEKH2NL7YTY/

8   Mark Milian, "How Steve Jobs Got the iPhone Into Japan", 《Bloomberg》, 2014. 3. 13.

9   김수경, "거절할 수 없는 제안을 하겠다", 소프트뱅크 벤처스코리아 블로그, 2017. 12. 13.

10 문유석, 『개인주의자 선언』, 문학동네, 2015, 39쪽.

11 이철송, 『회사법 강의』, 박영사, 2014.

12 칩 히스, 댄 히스, 『순간의 힘』, 웅진지식하우스, 2018.

13 "5배 증액" 트럼프 다시 올라, 《중앙일보》, 2024. 3. 5. https://www.joongang.co.kr/article/25233018)

14 Steve Martin, "98% of HBR Readers Love This Article", 《Harvard Business Review》 90, 23-25, 2012.

15 "김연철의 협상의 추억: 성공한 협상 오지 않는 평화", 《한겨레21》, 제973호; "이집트 시나이 반도 '중동 화약고'로 회귀하나", 《동아일보》, 2012. 8.

9.; "Sinai Peninsula", 위키백과, 2018. 2. 1.(https://en.wikipedia.org/wiki/Sinai_Peninsula); "Camp David Accords", 위키백과, 2018. 2. 1. (https://en.wikipedia.org/wiki/Camp_David_Accords).

16 로저 피셔, 윌리엄 유리, 브루스 패튼, 『Yes를 이끌어내는 협상법』, 박영환, 이성대 옮김, 장락, 2014.

17 안세영, 『도널드 트럼프와 어떻게 협상할 것인가』, 한국경제신문, 2017.

18 Donald J. Trump & Tony Schwartz, 『The Art of the Deal』, Ballantine Books, 2015.

19 도널드 트럼프, 『CEO 트럼프, 성공을 품다』, 권기대 옮김, 베가북스, 2007.

20 https://www.kita.net/board/totalTradeNews/totalTradeNewsDetail.do;JSESSIONID_KITA=53179A9C4927433EDDBB05F8C35253AC.Hyper?no=58987&siteId=1

21 "말 많던 까르푸, 이랜드에 팔렸다", 《동아일보》, 2006. 4. 29.; "까르푸 '매각협상 더티 플레이'에 비난 봇물", 《프레시안》, 2006. 4. 14.; "이마트, 월마트 삼키고 '부동의 1위' 지킨다", 《한겨레》, 2006. 5. 22.

22 Chad Ellis, "Negotiating with a bad BATNA", 《Negotiation Theory and Practice》, 2011. 5. 23.

23 김규판, "일본, 센카쿠 분쟁을 계기로 희토류 확보에 고심", 대외경제정책연구원, 《지역경제 포커스》 제4권 39호, 2010. 10. 19.; 성연철, "중국 희토류 업계 '아 옛날이여'", 《한겨레》, 2015. 6. 7.

24 "군산공장 폐쇄한 GM의 무책임한 '벼랑 끝 전술'", 《한겨레》, 2018. 2. 13.

25 "엥글 GM 사장 '4월 20일까지 자구안 마련해야…… 부도날 수도", 《연합뉴스》, 2018. 3. 27.

26 "한국GM, 법정관리 신청 준비 착수…… 20일 직후 실행할 듯", 《연합뉴스》, 2018. 4. 13.

27 디팩 맬호트라, 맥스 베이저먼, 『협상천재』, 안진환 옮김, 웅진지식하우스, 2008.

28 "강경화 후보자 장녀 이중국적-위장전입 미리 밝힌 靑…… 청문회 통과할까", 《한국일보》, 2017. 5. 21.

29 김록환, "아베의 '의자 꼼수' 방일 한국 정치인 격 낮추기 시도?", 《중앙일보》, 2017. 12. 18.

30 Jeffrey T. Hancock, Jennifer Thom-Santelli, and Thompson Ritchie, "Deception and Design: The Impact of Communication Technology on Lying Behavior", 《Proceedings, Conference on Computer Human Interaction》, CHI 2004.

31 Sara J. Solnicka, David Hemenway, "Is more always better?: A survey on positional concerns", 《Journal of Economic Behavior & Organization》 Vol. 37, 1998.

32 David Landy, Elliot Aronson, "The influence of the Character of the Criminal and his victim on the Decisions of Simulated Jurors", 《Journal of Experimental social psychology》 Vol. 5, 1969.

33 Chad A. Higgins, Timothy A. Judge, "The Effect of Applicant Influence Tactics on Recruiter Perceptions of Fit and Hiring Recommendations: A Field Study", 《Journal of Applied Psychology》 Vol. 89, 2004.

34 다니엘 샤피로, 로저 피셔, 『원하는 것이 있다면 감정을 흔들어라』, 이진원 옮김, 한국경제신문사, 2013.

35 Allan Filipowicz, Sigal Barsade and Shimul Melwani, "Understanding Emotional Transitions: The Interpersonal Consequences of Changing Emotions in Negotiations", 《Journal of Personality and Social Psychology》 Vol.101, No. 3, 2011.

36 Justin Sink, "Trump Praises North Korea's Kim as 'Very Honorable'", 《bloomberg》, 2018. 4. 25.; "President Donald Trump's letter to Kim Jong Un canceling the summit", 〈CNN〉, 2018. 5. 24.; 신은별, "북한 '마주앉아 해결하자', 회담 취소 트럼프 회유", 《한국일보》, 2018. 5. 25.

37 로버트 치알디니, 『설득의 심리학』, 황혜숙 옮김, 21세기북스, 2015.

38 류재언, 『대화의 밀도』, 라이프레코드, 2023.

39 https://www.donga.com/news/Economy/article/all/20101208/33139941/1 Michael G. Efran & E. W. J. Patterson, "Voters vote beautiful: the effect of physical appearance on a national election", 《Canadian Journal of Behavioural Science》 Vol. 6, No. 4, 1974.

40 "美와 협상 땐 엄청난 압박감…… 정신줄 놓지 않으려면 깡", 《문화일보》, 2017. 7. 7.

41   https://www.donga.com/news/Economy/article/all/20101208/33139941/1

42   "'100억 투자' 이메일로 취소당한 한 개발자의 사연", 《경향신문》, 2017. 5. 13.

43   스튜어트 다이아몬드, 『어떻게 원하는 것을 얻는가』, 김태훈 옮김, 에이트포인
      트, 2011, 43쪽.

44   1990. 3. 2. 워런버핏, 버크셔 헤서웨이 주주서한 중, 원문출처: 원문출처:
      https://www.berkshirehathaway.com/letters/1989.html)

45   도키 다이스케, 『왜 나는 영업부터 배웠는가』, 김윤수 옮김, 다산3.0, 2016,
      26-35쪽. 이 장의 내용은 다산 3.0의 사전 동의를 받아 인용한다.

46   도키 다이스케, 『왜 나는 영업부터 배웠는가』, 김윤수 옮김, 다산3.0, 2014,
      28쪽.

47   켄 블랜차드, 『신뢰가 답이다』, 정경호 옮김, 더숲, 2013.

48   "광군제 신기록 행진…… 하루 거래 28조 원 돌파", 《조선비즈》, 2017. 11. 12.

49   "Facebook의 Instagram 인수 배경과 시장 전망", 《모비즌》, 2012. 4. 15.;
      "'인수 못하면 고사시킨다' 페이스북 키운 'M&A 전략'", 《이코노미조선》,
      2017. 6. 7.

50   "'190억 달러의 비밀은?' 페이스북의 왓츠앱 거액 인수 이해하기", 《CIO》,
      2014. 2. 25.; "페이스북이 사들이는 4개의 기업", 《HUFFPOST》, 2014.
      3. 26.; "Mark Zuckerberg explains Facebook's secrets for acquiring
      companies", 《Business Insider, Alex Heath》, 2017. 1. 18.; "Patience is a
      Winning Negotiation Skill for Getting What You Want at the Negotiation
      Table", 《The President and Fellows of Harvard College》, 2017. 5. 1.

류재언 변호사의
협상바이블

ⓒ 류재언, 2025

초판 1판 1쇄 2018년 6월 25일
전면 개정판 1판 1쇄 2025년 3월 9일

지은이. 류재언
펴낸이. 류재언

편집. 박지혜   디자인. 석윤이
펴낸곳. 라이프레코드(비즈니스인사이트그룹 주식회사)
주소. 서울시 강남구 테헤란로 230, 15층   전화. 02-498-2096
이메일. liferecord.book@gmail.com

ISBN 979-11-981122-1-7 03320